できますか？　教えられますか？

改訂版 家庭科の基本

いまさら聞けない…生活のワザ、満載!

監修　流田　直

執筆　田中京子
亀井佑子
勝田映子

Gakken

はじめに

家庭科の基本は、生活の基本

この本は、当初、小学校で家庭科を教える教師のために企画されました。

現在、小学校では、家庭科のみを教える専科の教師は少なく、専門知識も実践経験も少ない先生方が「家庭科」を教えなければならない状況です。そうした先生方や教師をめざす方のために、なるべく多くのアドバイスやアイディアを盛り込もうと考えました。

ところが、この現状は、小学校教師だけでなく、お子さんを持つすべての家庭にも通じるのではないか、さらに、こうしたアドバイスやアイディアはすべての人に必要なのではないかと気づきました。考えてみればそれは当然のこと。家庭科は日々の生活の科目、つまり「家庭科の基本」は「生活の基本」なのですから。

現代にこそ必要な「家庭科」の知恵とワザ

現代は、消費生活が主流で、お金がなければ生きていけません。命をつなぐための「食」をはじめ、健康な生活を維持するのに必要な「衣・食・住」のほとんどを他に依存しています。お金を払えばおいしいものを食べることができますし、お金で好きな洋服やさまざまな生活用品を手に入れることができます。

しかし、他人任せでは安全性も保証の限りではないことは、近年さまざまな食の問題や災害の場面で証明されています。

またその結果、家庭生活からさまざまな「ワザ」や「知恵」が奪われてしまいました。長年培われてきた生活の中の英知や文化の伝承が減少し、家庭生活が無味乾燥なものになりつつあります。

自分自身の力を十分発揮する必要のない現在の生活を見直し、全身を使って生活する力を取り戻し、人間力を高めていくことが、より自立した豊かな生活を築くために欠かせません。

家庭科という教科は、家庭生活に基盤を置く教科です。人間が自立して生きていくのになくてはならない教科なのです。自分の手でものを作ることで、安全性はもとより作る喜びを生み出す、人生にとっての主要教科とも言えます。

豊かな生活のためにぜひ実践を

この本では、小学校家庭科学習指導要領の「B 衣食住の生活」を中心に、基礎的・基本的な知識や技能の部分に焦点を当てています。

また、この本には2015年9月の国連サミットで採択されたSDGs「Sustainable Development Goals（持続可能な開発目標）」のターゲットに沿った、家庭科でこそできる工夫がちりばめられているのも特徴のひとつです。小学生から大人まで、知らなかったり、忘れてしまっていたりする身近な生活への「ワザ」や「知恵」を呼びさまし、あるいは自らやってみようと思い立ち、すぐさま実践に移せるような内容で構成しています。どれも簡単で、ちょっとした工夫で、よりおいしく、より楽しく取り組めるように作成しました。

一人ひとりの読者の皆さんの家庭生活が、より自立した豊かな意義ある生活になることを願っています。

元・十文字学園女子大学教授
流田 直

この本の使い方

●基本の作り方に必要な材料と用具などです。

●学習に必要な時間のめやすです。

●学習の内容・目的

●すべての読者に当てはまるアドバイスですが、特に子どもにかけたい言葉を紹介しています。スキルアップするためのコツも書いてあります。

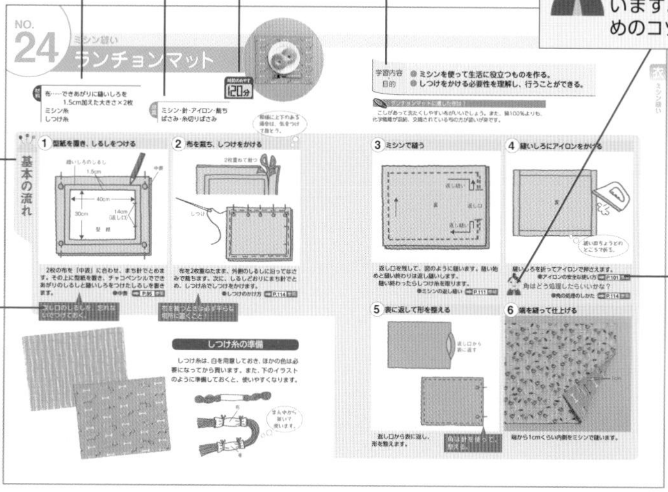

●基本的な作り方・授業の進め方を順を追って説明します。

●基本の流れ・作り方のポイントとアドバイスです。

●より詳しい説明のため、できる限り参照ページを紹介しました。

●「よくある失敗」は、子どもや初心者が陥りがちな失敗を例示しました。「これで解決！」は、そうした失敗の解決法です。

●伝えていきたい日本の文化のワザや知恵を紹介しています。

安全ポイント

●家庭でも学校でも注意したい危険回避のためのアドバイスです。

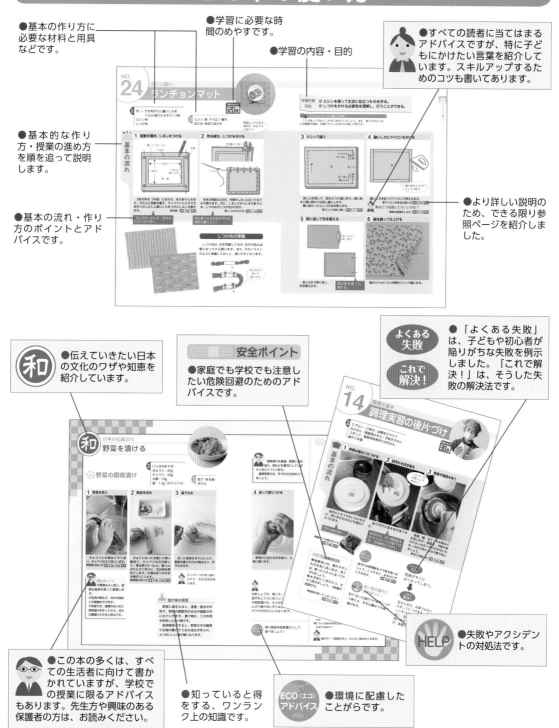

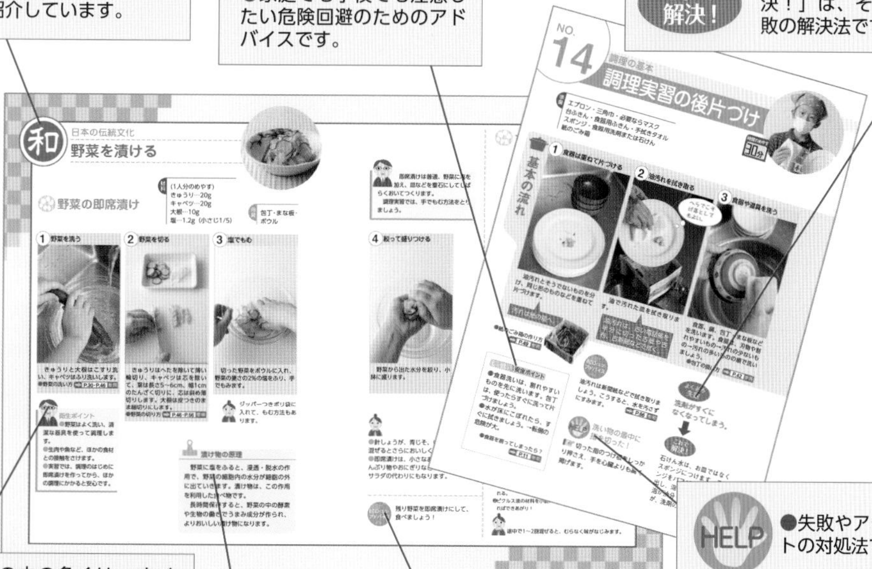

●失敗やアクシデントの対処法です。

●この本の多くは、すべての生活者に向けて書かれていますが、学校での授業に限るアドバイスもあります。先生方や興味のある保護者の方は、お読みください。

●知っていると得をする、ワンランク上の知識です。

ECO（エコ）アドバイス ●環境に配慮したことがらです。

学校内でけがや事故が起きてしまったとき、教師はけがをした子どものそばに必ずついていること。応急処置をして、子どもを落ち着かせ、保健室にもつき添います。処置が一段落したら、保護者への連絡も忘れないでください。

大きいけがや事故のときは、学校管理職にも知らせます（ほかの子どもに知らせに行かせます）。

また、事故が起きた時刻を記録し、できたらカメラで現場を撮影しておくとよいでしょう。もちろん、いちばん大切なのは事故を未然に防ぐこと。そのためにも常にさまざまなことを想定しておきましょう。

もくじ

食 おいしく食べるための知恵とワザ —— 7

衣 服や小物と仲良くなるための知恵とワザ 75

住 快適に住まうための知恵とワザ

食の基本

おいしく食べるための知恵とワザ

小学校家庭科の学習指導要領（平成29年告示）では、「食」に関する内容は「B 衣食住の生活」の中に「(1) 食事の役割」「(2) 調理の基礎」「(3) 栄養を考えた食事」の3項目があります。

(2) の具体的な指導項目はさらに2項目に分けられ、1つ目は「ア 知識及び技能」で、以下の5点が挙げられています。

(ア) 材料の分量や手順、調理計画
(イ) 用具や食器の安全で衛生的な取扱い、加熱用調理器具の安全な取扱い
(ウ) 材料に応じた洗い方、調理に適した切り方、味の付け方、盛り付け、配膳及び後片付け
(エ) 材料に適したゆで方、いため方
(オ) 伝統的な日常食の米飯及び味噌汁の調理の仕方

2つ目は「イ おいしく食べるための調理計画を考え、調理の仕方を工夫すること」とあります。

さらに、調理に用いる食品については、「生の魚や肉を扱わないなど、安全・衛生に留意すること、また食物アレルギーについても配慮すること」とあります。

本書では、子どもたちが調理にチャレンジすることを目的として (2) の内容に絞り、主に調理実習に関する知識や技能を取り上げました。

調理実習については材料、用具、基本的な作り方を提示し、材料の選び方や調理方法、安全性など、調理実習の指導についての知恵や工夫を付記しています。

調理をすることで (1) や (3) とかかわり、食の意義を考える機会が増えます。また、食材の栄養価や扱い方を理解し、調理したものを身近な人たちと食べれば、自ずと食事の役割も見えてくるでしょう。

「食」は生涯人の命をはぐくみ支える大事なものであることに気づき、安全でおいしいものを供給するという点で、手作りは大変有効です。

子どもも大人も忙しい現代、すべてを自分の手で調理することはなかなか難しく、外食や出来合いのものに頼ることがあります。そんなときも、調理の経験や知識があれば、より安全で体によいものを選択することができます。

大いに関心や意欲を持って、調理実習に臨んでいただきたいと思います。

NO.
01
調理の基本
調理実習の身支度

時間のめやす 10分

基本の流れ

1 エプロンをつける

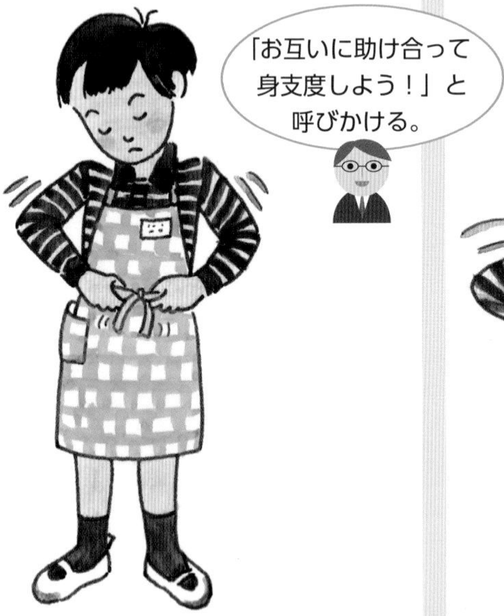

「お互いに助け合って
身支度しよう！」と
呼びかける。

胸当てのついたエプロンを着用します。

P.10 参照

2 三角巾をかぶる

三角巾から髪の毛が出ないようにしっかりとかぶります。

●エプロンにポケットがあれば、手拭き用のタオルを入れる。

●ふきんは、食器用、調理用、台拭き用の3枚を用意する。

●エプロンのひもは、短めに結ぶ。

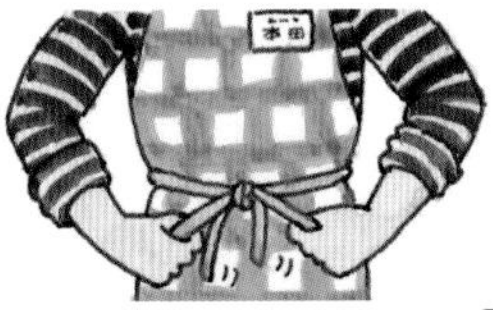

●ひもが後ろでうまく結べない P.11 参照

●クラスと名前を大きめに書いた白布を、左胸のあたりに貼る。

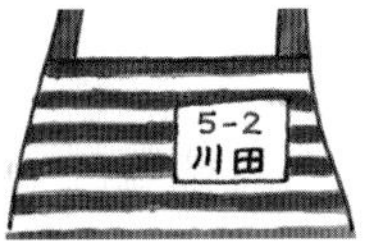

●三角巾は、バンダナを半分に折って使ってもよい。

●三角巾のたれの部分にも名札をつけると、後ろからも名前がわかって便利。アイロン接着などでつけるとよい。

髪の毛の入った料理は、誰もが食欲を失います。清潔に気持ちよく食べるために、身支度は作業の安全と衛生のために必要であることを強調しましょう。

学習内容・目的　● 調理実習に適した、安全で清潔な身支度のしかたを身につける。

3 手を洗う

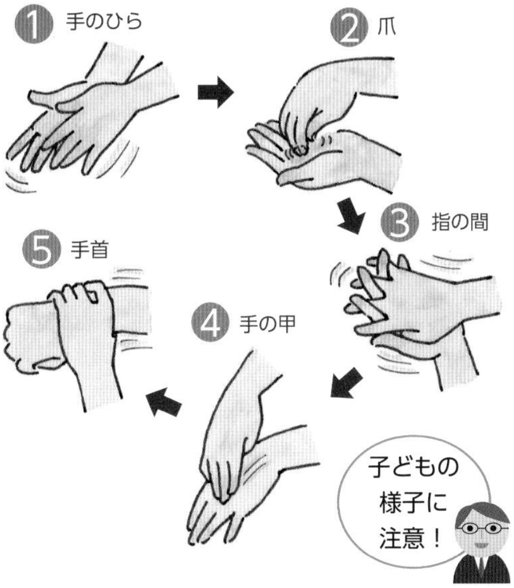

❶手のひら→❷爪→❸指の間→❹手の甲→❺手首と順に洗います。

●殺菌効果のある石けんを使う。

●実習では、石けんを泡立てている時間がないので、できれば泡状の石けんを使う。

●爪は、手のひら側から見て、指先から見えていたら、切る。 ➡ P.10 参照

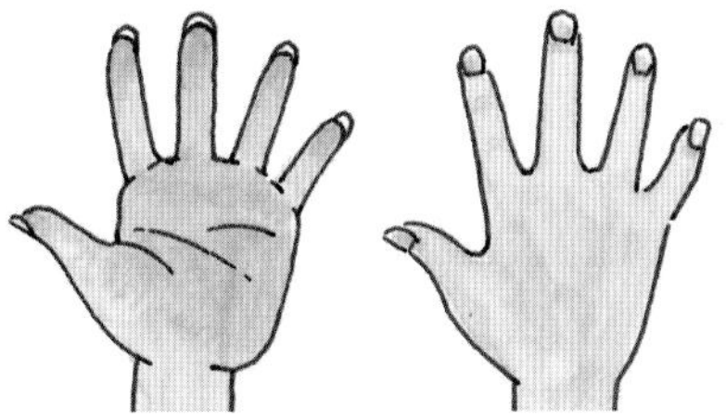

身支度には、言葉をかけるより3分間の音楽をかけるとよいでしょう。テレビの料理番組のテーマ曲や子どもたちの好きな曲など、テンポが速く、のりのよい曲がおすすめです。

準備しておくこと

安全な環境を整えることが大切です。

◆モップ、古紙など

汚したり落としたり、割ったりとさまざまな事故を想定して、そうじ、片づけ用の道具・材料をそろえます。

◆洗剤液

あらかじめ薄めて作った液を容器に入れて教卓に置き、必要な分を持っていかせます。または、「台所用石けん」など固形石けんを使うと使いすぎを防げます。洗剤で手荒れを起こす子どももいるので、原液のまま使わないようにしましょう。

◆ふきん

ふきんは、調理用、食器用、台拭き用の3種類を用意します。また、台拭き用に「台」と書いたり、色を変えたりして一目でわかるようにしておきます。

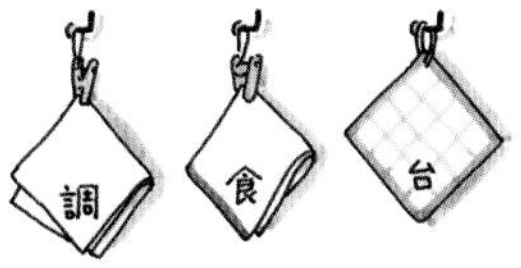

調理中は、換気に十分注意しましょう！

身支度のチェック

互いにチェックし合いましょう。

□ 髪の毛は？

●三角巾の中にしっかり入っているか

長い髪はまとめ、前に垂れてこないようにします。

□ 必要ならばマスクを着ける。

教科書ではマスクを着用しています。しかし、香りをかぐなども調理の学習の一部なので、学習に応じて着脱しましょう。

□ 洋服は？

●毛足の長いセーターやフリルつきなど、火のつきやすい衣服を着ていないか

セーターは、毛足などがこげやすく、レーヨンのブラウスなども燃えやすいので注意します。

●首下に長いひもなどのある衣服を着ていないか

□ 名札は？

●しっかりとついているか

□ エプロンのひもは？

●きちんと結んでいるか

ひもが長すぎてたれていると危険です。

●長すぎたり、肩からずれたりしていないか

胸当てのないエプロンは不可。子どもの衣類に多い化繊は熱で溶けやすいので、木綿の布（エプロン）で覆います。

□ 袖口は？

●袖口がたれ、引火の恐れのある衣服などを着ていないか

袖は折り返すかまくりあげ、食品にふれないようにします。

□ 爪は？

●切っているか

手の爪について

子どもは、手の爪には無頓着です。そこで、「手のひらを自分に向けて、爪が指の先から見えていたら、爪を切っておきましょう」と声がけすると、爪が伸びているかどうか、自分で確認することができます。爪切りは教室に備えておくとよいでしょう。

よくある失敗 三角巾を忘れる。

これで解決!

●忘れないように、三角巾でエプロンを包み、できれば巾着袋に入れておきましょう。 P.92・P.127参照

よくある失敗 エプロンのひもが後ろで結べない!

これで解決!

●後ろで結ぶのが苦手だったら、長いひもに替えて前で結ぶか仲間同士で結び合いましょう。 P.126参照

よくある失敗 三角巾を結べない。

これで解決!

●後ろでうまく結べないときは、前で結んで、いったん頭から取り、かぶり直します。

HELP 着衣に火がついたときは?

すぐに濡れたふきんなどで覆って、火を酸素から遮断する、水をかけて温度を下げるなどする。

HELP 食器を割ってしまったら?

食器を割ってしまったときは、まず、子どもにけがかないかを確認します。割ったことを責めるのは論外です。

片づけは、教師(または保護者)がします。割れた食器は、濡らした新聞紙で丁寧に包むようにして取り除き、その後そうじ機をかけます。破片が残っていないかをよく確かめましょう。

いつどのような状況で事故が起きたかを記録しておき、再発防止の資料にしましょう。

HELP やけどしてしまったら?

P.24参照

身支度名人ゲーム

【ゲームの方法】

❶「3分以内に身支度ができるようになったら、身支度名人だよ!」と声をかけます。

❷ 全員が立ち、2人ひと組になって、身支度ができてペアの子どもにOKをもらったら、座ります。

❸「では、時間を計ります。」と言って、始めましょう。

できたら、大いにほめましょう。(ほとんどできているはずです)。ハンディキャップのある子がいるときは、タイムレースはせず、身支度して座れたらOKとします。

NO.
02 日本食の基本 ごはん

材料
(1人分のめやす)
米…80g（計量カップ1/2）
水…120mL（水は米の重さの1.5倍、
体積では米の1.2倍）

用具
ボウル・炊飯用鍋・ざる・計量カップ・すりきりへら・しゃもじ

時間のめやす
70分

基本の流れ

1 米を量る

※写真は2人分で作っています。

米を計量カップに盛り上げて入れ、カップの上端にすりきりへらをすべらせて、余分な米を落とします。余分な米はボウルなどで受けます。

●計量カップを濡らさないように注意します。容器をはかりにのせ、米の重量を量りましょう。
●給食後の調理実習では、米の量を1人60g（カップ約1/3）に減らすとよいでしょう。

2 米を洗う

❶大きめのボウルにざるを重ね、米を入れます。米がかぶるくらいの水を入れ、指を少し曲げ、大きく5回くらいかき混ぜて、米の表面のぬかや汚れを取ります。
❷ざるを上げてボウルの水を捨てます。米をざるに入れて洗うことで、米をこぼさずに洗うことができます。
❸再びざるをボウルに重ね、米がかぶるくらいの水を入れます。手を❶と同様にして、2回目は水が白くなるまで20回くらいかき混ぜ、ボウルの水を捨てます。3回目以降は軽くかき混ぜて水を捨て、水が澄むまで合計3～4回ほど洗います。
❹ざるを上げて水を切ります。

①でゆっくりしていると米がぬかくさくなるので、手早く水を捨てること。

計量カップと炊飯器用のカップは容量が違う
普通の計量カップは1杯200mLですが、炊飯器用のカップ（無洗米用を除く）１杯は180mLで、伝統的な尺貫法による「一合」に当たります。炊飯器を使う場合は、専用のカップを使って米を量り、炊飯器の目盛りに合わせて水を入れましょう。

学習内容・目的	● ごはんの炊き方がわかり、おいしく炊くことができる。 ● 主食としての米の大切さを理解する。

においに注意しよう！
　焦げを防ぐには、弱火段階でにおいに注意し、焦げ臭がしたら加熱途中でも火を止め、その分蒸らし時間を延長します。ガラスやステンレスの鍋は焦げやすいので、少し弱火加減で炊きましょう。

3 吸水させる

　洗った米を炊飯用の鍋（釜）に入れ、分量の水を加えてふたをします。約30分間おいて米に吸水させます。

　30分間おくと、吸水させる前に比べて米が白くなり、かさも増えてきます。

吸水は、夏は30分間、冬は1時間半位が適当。

　あらかじめ洗米・吸水しておいてから実習に入ると効率的です。

4 炊く

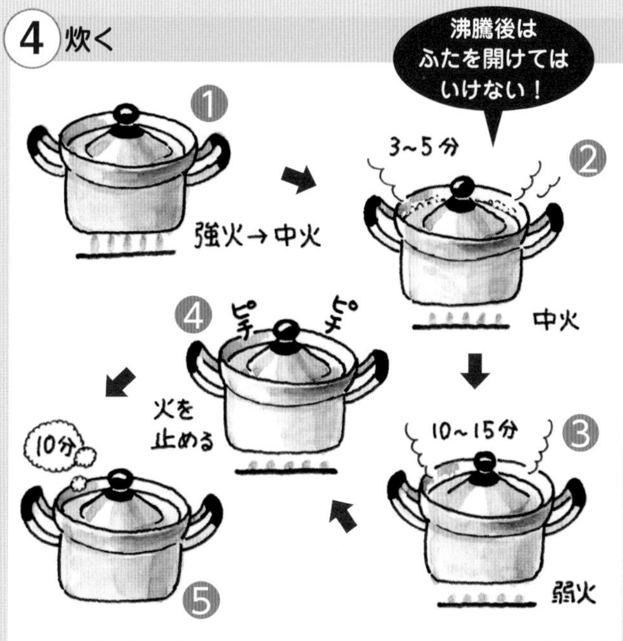

　ふたをしたまま、❶強火～中火にかけて沸騰させ（沸騰まで約5分間）、❷ふきこぼれない程度の中火にして3～5分間加熱します。❸水が引いてふたが動かなくなったら、弱火にして10～15分間熱し、❹ピチピチと音がしてきたら火を止めます。❺ふたをしたまま10分間ほど蒸らします。

米は、炊くと約2.3倍の重さになる。

強火・中火・弱火の見極め

➡ 次ページに続きます。

炊飯だけの実習では、ふりかけや混ぜる具を準備しておにぎりにするとよいでしょう。

5 しゃもじでほぐす

❶鍋とごはんの間にしゃもじを入れ、ごはんの縁をぐるりと回すようにして、鍋からごはんを外し、ほぐしやすくします。
❷しゃもじをごはんの底に入れてすくい上げ、上下を返すようにします。
❸しゃもじの平らな面をたてにして切るように混ぜます。こうするとごはんがつぶれずに間に空気が入り、余分な水分が飛んでふっくらとして、べたつかなくなります。

ごはんがつきにくいように、しゃもじは水で濡らしてから使う。

6 盛りつける

濡らしたしゃもじを使って、茶碗に2回に分けてこんもりと中央を高くして盛ります。

ごはんは、一度に盛るよりも、2回に分けたほうがきれいに盛りつけられる。

後始末も考えよう

炊飯鍋は、ごはんを盛りつけ終わったらすぐに水を入れておくと、洗いやすくなります。しゃもじや食器も水につけてから洗います。

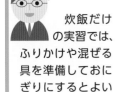

ごはんをおいしく炊こう

炊飯用の鍋の条件

❶ふたがあること。
❷厚手で熱容量が大きいこと。
❸ふきこぼれにくい形であること。

●文化鍋 ➡ P.59 参照

HELP おこげができちゃった！

おこげは失敗ではありません。鍋に接する部分がほんのり黄色いのが最高の炊き上がりです。でも、真っ黒は失敗ですね。

よくある失敗 ふっくらと炊きあがらない。

これで解決! 中火での加熱中にふたがずれてすき間ができると、蒸気が逃げて弱火での加熱がうまくできないので、ふっくらと炊きあがりません。

弱火にするときは、ふたがきちんとしまっているかを必ず確認しましょう。また、火を止めた後の蒸らし時間中も、ふたを開けないようにします。

HELP 弱火で加熱中に火が消えていた！

途中で火が消えていても、炊飯鍋は熱容量が大きいので、内部は高温に保てます。火の消えていた時間も加熱時間に含めて、炊飯続行OKです。火が消えていないか、こまめに確かめましょう。

配膳の基本

●ごはんは左、汁は右

これは、日常食の配膳の基本で、室町時代の本膳料理がルーツです。食べるとき、箸を右手に、茶碗を左手に持ったので、茶碗が左側にあるのが基本となりました。

箸は箸先を左にして、あれば箸置きにのせてごはんと汁の手前に横一文字に置きます。おかずは、ごはんと汁の後ろ側に、主となるおかずを右に、次のもの（副菜）を左に配膳します。

●おいしく食べるためのマナー ➡ P.74 参照

ECO（エコ）アドバイス 米のとぎ汁（洗ったときに出る水）は、たけのこや大根をおいしくゆでるのに役立ちます。打ち水や植物の肥料代わりにも使えます。また、木の床のふきそうじに使うとつや出し効果があります。

食材memo

米のつき方（精米）の違い

「米をつく」とは、ごはんの味や消化をよくするため、玄米の外皮や胚芽を取り除くことをいいます。取り除いたものをぬかといいます。米に含まれるビタミンB_1のほとんどは外皮と胚芽に含まれるので、つきすぎると失われます。5分づき、7分づきなど、つき方を調節するとビタミンB_1が失われるのを防ぐことができます。

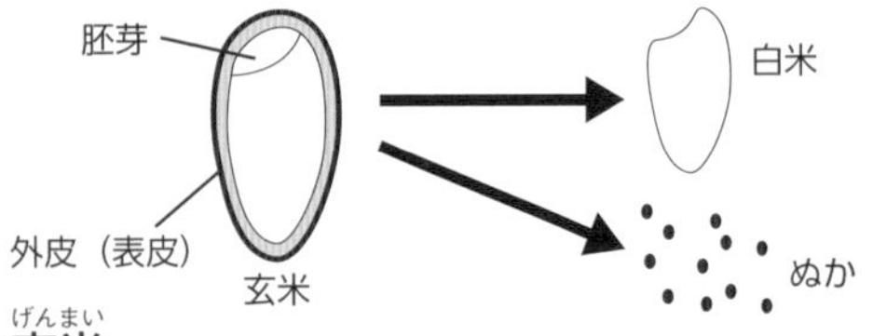

●玄米

稲の果実（種子）であるもみから殻を除いた、精米する前の米が玄米です。表面が淡い茶色で、精白米よりビタミン類や食物繊維が多く、プチプチとした食感が特徴です。圧力鍋や玄米対応の炊飯器で炊きます。

●胚芽米

胚芽は精白米のへこんだ部分についていた、芽になる部分のこと。この部分を残して玄米から表皮を除き、精米した米が胚芽米です。精白米に比べ、ビタミンB_1が多く残っています。精白米と同様に炊け、玄米より消化がよいのが特徴です。

●精白米

最も一般的に食べられている米です。単に白米ともいいます。玄米から表皮、胚芽を除いたものです。

無洗米について

精米後の米の表面に残ったぬかを取り除いて、洗わずに炊けるようにした米が無洗米です。米を洗うときの水や労力を減らせるので、災害時に役立ちます。排水の汚れを減らすことができるので、環境にもよいといわれています。

また、米は、洗う間にも吸水をするので、無洗米の場合は洗米する場合よりも硬めに炊きあがります。加える水を10%ほど増やすと、ちょうどよい硬さに炊けます。

うるち米ともち米

●うるち米

ごはんに使う米は、うるち米といい、粒が半透明なのが特徴です。うるち米は、ごはんのほか、粉にしてだんごやせんべいを作ります。

うるち米ともち米の違いは、含まれているでんぷんの違いによります。うるち米のでんぷんには、粘りの少ないアミロースが約20%、粘りの出るアミロペクチンが80%含まれています。

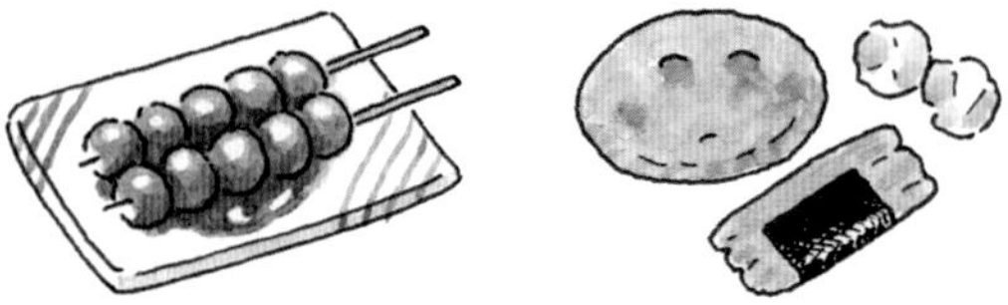

●もち米

赤飯などのおこわやもち、あられを作るときに使われるのがもち米で、粒が不透明で白いのが特徴です。含まれるでんぷんはアミロペクチンが100%なので、粘りが強くなります。白玉粉はもち米の粉です。

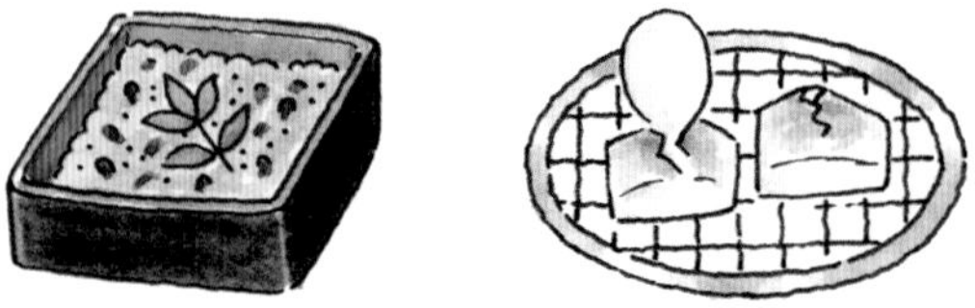

米の保存法

米は精米直後のものを求め、密閉容器やジッパー付きのポリ袋に入れます。このときなるべく空気にふれないように、密閉容器ならいっぱいに、ジッパー付きポリ袋なら袋の空気を抜いて入れ、冷蔵庫の野菜室で保存します。なるべく1か月以内に食べ切りましょう。

応用 炊き込みごはん

米に具や調味料を加えて炊き込みごはんにすると、素材のうまみがしみておいしくなります。米にしょうゆを加えて炊くと、白米より焦げやすくなるので注意しましょう。

■材料（2人分）
米……160g（200mL）（計量カップ１）
しらす干し……大さじ1
にんじん・しめじ……合わせて80g
さやいんげん……2本
しょうゆ……大さじ1
水……220g（220mL）

■作り方
❶米は洗って水気を切り、炊飯用の鍋に入れる。分量の水を加え、30分～１時間半おいて吸水させる。
❷米を吸水させている間に具の準備をする。にんじんは3cm長さの細切りにし、しめじは石づきを切ってほぐし、食べやすい長さに切る。さやいんげんは塩少々を加えた熱湯でゆで、水気を切って斜め薄切りにする。
❸吸水させた米にしょうゆを加えて混ぜ、上にしらす干し、にんじん、しめじをのせて炊き、10分間ほど蒸らす。しゃもじで底から返すように混ぜ、茶碗に盛り、さやいんげんを添える。

●野菜の切り方 ➡ P.46・P.56 参照

●炊き込みごはんと混ぜごはんの違いは？
炊く前に米に具を入れ、いっしょに炊くのが炊き込みごはん。炊いたごはんに別に調理した具を混ぜるのが混ぜごはんです。

応用 かゆ（全がゆ）

かゆは、炊き上がって時間がたつと米が水気を吸ってべったりとし、さらさら感が失われるので、できあがったらなるべく早く食べましょう。

■材料（2人分）
米……80g（100mL）（カップ1/2）
水……600mL（カップ3）
塩……4g（小さじ2/3）
梅干し……2個

■作り方
❶米は洗って水気を切り、深めで厚手の鍋や土鍋などに入れる。分量の水を加え、そのまま30分～１時間以上おいて吸水させる。
❷強火にかけ、煮立ったら底から一度混ぜ、米が鍋底につかないようにする。ふたを少しずらしてのせ、弱火で30分間炊き、塩を混ぜる。
❸器に盛り、梅干しを添える。

●かゆの種類
かゆは、でき上がりの全体積に対する米粒部分の体積の割合で、全がゆから三分がゆに分けられます。
＊おもゆ＝かゆから米を除いたもの

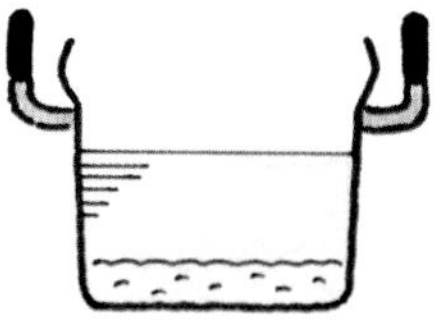

三分がゆ
かゆ：おもゆ＝3:7
炊くとき 米30g：水600mL

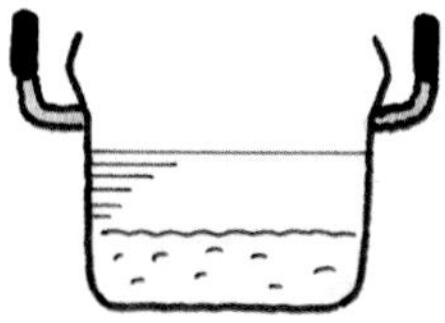

五分がゆ
かゆ：おもゆ＝5:5
炊くとき 米60g：水600mL

七分がゆ
かゆ：おもゆ＝7:3
炊くとき 米85g：水600mL

全がゆ
かゆ：おもゆ＝10:0
炊くとき 米120g：水600mL

NO. 03

日本食の基本

みそ汁

時間のめやす 25分

材料

(1人分のめやす)
だし汁…150mL
　煮干し…5g（中3尾）
　水…180mL（蒸発分30mLを含む）
油揚げ…8g（1/4枚）
長ねぎ…10g（1/10本）
みそ…15g

用具

片手鍋・ボウル・まな板
包丁・玉じゃくし・菜箸（さいばし）

基本の流れ

1 下ごしらえ

煮干しの頭から腹に向かってちぎり、頭と黒いはらわたを取り除きます。残った身を半分に裂き、腹に残ったはらわたも取り除きます。これで苦みや生臭さを防ぎます。

2 煮干しを水に浸す

鍋に水を入れ、下ごしらえした煮干しを入れて20分間以上おき、うまみを出します。煮干しを浸している間に、具を切っておきましょう。

時間がなければすぐに加熱してもよい。

3 具を切る

油揚げは縦半分に切って、1cm幅のたんざく切りに。長ねぎは洗って小口切り（薄い輪切り）にします。

●野菜の切り方 ➡ P.46・P.56 参照
●包丁の扱い方 ➡ P.42 参照

安全ポイント

- 沸騰した鍋を扱うので注意が必要です。だしをこすときは、ボウルやこし器を置く位置や安定を確認します。
- やけどを防ぐため、煮干しは入れたまま仕上げます。
- 切った具をまな板に乗せて鍋まで運ぶと危険です。アルミ皿などにのせて運びましょう。
- 豆腐は、手の上で切ると危険です。まな板を使います。
- 煮干しの骨が刺さることがあるので注意しましょう。

学習内容・目的	
	● 日本の伝統的な汁もの、みそ汁を作ることができる。 ● 煮干しだしのとり方がわかる。 ● 具の取り合わせと適した切り方がわかる。

みその量は、1人梅ぼし1個分がめやす。

4 だしをとる

煮干しを入れた鍋を、ふたをせずに強火にかけます。煮立ったら中火にし、4〜5分間煮て、うまみを出します。

煮干しは取り出さないで食べよう。取り出す場合は、ボウルに万能こし器を重ねたところに入れてこす。

5 具を入れて煮る

だしの鍋に、油揚げ、ねぎを入れて、再び煮立つまで加熱します。

6 みそを溶き入れる

みそは小さな容器に入れ、鍋のだし少々を玉じゃくしで注ぎ、固まりがないように溶きのばします。これを鍋に入れ、玉じゃくしで混ぜます。

片手鍋は、持ち手を斜めにしておくと、ガス台からはみ出さず、体にも当たらず、安全です。

7 再沸騰させて椀に盛る

再び沸騰させて火を止め、全体を混ぜてから、椀に盛ります。

沸騰したらすぐ火を止める。煮すぎるとみその香りが失われる。

HELP 煮立てすぎてだし汁が少なくなった

☞ 水を足して沸騰させましょう。

安全ポイント

●汁をこぼしてやけどをしないように、椀は鍋のそばに近づけて盛りつけます。

食材memo

煮干しとは

「かたくちいわし」や「まいわし」など、小魚を塩水でゆでて干したもの。表面が銀色で硬く、腹切れのないものを選びます。うまみが強いだしがとれ、みそ汁やめんつゆ、野菜の料理などに向きます。

具の工夫

季節や好みに合わせて具の組み合わせを工夫しましょう。

例）油揚げとなす・きのことねぎ・豆腐となめこ
　　じゃがいもとたまねぎ・ゆでたけのことわかめ

●あさりやしじみ、豚肉（細切れ）などを具にすると、だしをとらなくてもおいしいみそ汁ができます。

応用　具だくさんのみそ汁

具だくさんの汁物は、それだけでおかずになります。

■材料（2人分）

煮干しのだし汁……300mL（計量カップ1＋1/2）
油揚げ……8g（1/4枚）
しめじ・長ねぎ……各20g
にんじん・大根……各30g
みそ……30g

■作り方

❶油揚げは縦半分に切り、１cm幅のたんざく切りにする。しめじは石づきを除いて食べやすい長さに切り、長ねぎは小口切りにする。にんじんと大根は半月切りかいちょう切りにする。
❷鍋に煮干しのだし汁を入れて煮立て、ねぎを除く具を加える。再び煮立ったら中火にし、大根が柔らかくなるまで煮る。
❸みそを❷の煮汁で溶きのばして加え、再び煮立ったらねぎを加えてすぐに火を止め、椀に盛る。

みそのいろいろ

みそは加熱した大豆にこうじと塩を混ぜ、発酵・熟成させて作ります。全国各地で、材料の配合割合やこうじの種類、作り方が異なる数々のみそが作られています。

米みそ（米こうじを用いたみそ）
　赤色辛みそ…仙台みそ・越後みそ
　淡色辛みそ…信州みそ
　　代表的なみそ。ほとんどのみそ料理に向く。
　　用途▶みそ料理全般・みそ汁
　白みそ…西京みそ・府中みそ・讃岐白みそ
　　甘味があり、塩分濃度が低い。保存がきかない。
　　用途▶あえもの・みそ汁
麦みそ（麦こうじを用いたみそ）
　田舎みそ・九州みそ
　　農家の自家製みそとして作られ、香りがよく甘味がある。
　　用途▶みそ料理全般
豆みそ（大豆100％のみそ）
　　産地は愛知や岐阜。濃い茶色でうまみが強い。煮すぎると渋味が出る。
　　用途▶赤だし・みそだれ

具とみそを入れる順

●みそ汁は、だしに具を入れて煮て、最後にみそを入れて仕上げるのが基本。でも、具が豆腐など、煮る必要がないか煮すぎないほうがおいしいものの場合は、先にみそを入れて最後に具を入れます。
●豚汁など、具が多く、具にもみその味をしみ込ませたい場合は、具を入れ、みその半量を入れて煮て、具が煮えたら残りのみそを加えます。

学校の実習では、具にしっかり火を通すことを重視するので、最後にみそを入れる方法だけをおさえます。
ねぎや三つ葉などの香りを生かすには、最後に入れます。この場合も、実習では必ず再沸騰させましょう。

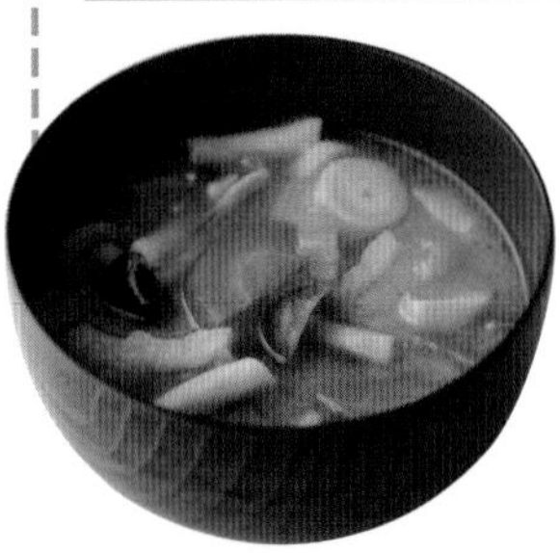

●野菜の切り方
P.46・P.56 参照

煮干し以外のだし

昆布だし

だしをとる昆布としては、羅臼(らうす)や利尻(りしり)、日高昆布などがよく使われています。黒くて厚みのあるものを選びましょう。

うまみ成分はグルタミン酸。水に2〜3時間浸けておくだけで、昆布の水だしとなり、炊き込みごはんや肉・魚料理に使えます。通常は水から入れて加熱し、沸騰直前に取り出します。

かつお節だし

かつおの身を加熱し整形して乾燥・かびつけをして作るかつお節を削って使います。

うまみ成分はイノシン酸。水が沸騰し始めたらかつお節を入れ、20秒〜1分間くらいふつふつと煮立たせて火を止め、かつお節が沈んだらこします。

合わせだし（混合だし）

昆布とかつお節を合わせてだしをとると、昆布のグルタミン酸とかつお節のイノシン酸の相乗効果でうまみが非常に強くなります。水に昆布を入れて沸騰直前に取り出し、かつお節を加えてから１分間ほど煮立たせてこします。汁物や煮物などに幅広く使えます。

その他のだし

昔から、浸け汁や煮汁にうまみが出るものを、だしの材料として使ってきました。干ししいたけ、かんぴょう、するめ、干し貝柱、干しえびなどがあります。

和 **日本のだしの特徴は？**

中国料理や西洋料理のだし（スープストック）は肉や香味野菜を長時間煮て作ります。

日本のだしは、どれも短時間でとれるのが特徴。煮干しや昆布、かつお節は、あらかじめ、加熱や乾燥などの加工がしてあるので、すばやくおいしさを引き出すことができるのです。

ECO（エコ）アドバイス

◆残り汁を排水に流すと水の汚れの原因になるので、分量をきちんと量って作り、食べ切りましょう。

◆火にかける前に鍋の外側を拭いておくこと。鍋の外側の水分を蒸発させるエネルギーが無駄になりません。

◆だしをとった後の煮干しや昆布、かつお節は、少しの水、しょうゆ、砂糖、みりんを加えて煮ると佃煮風になります。だしがらも有効に食べ切りましょう。

NO.
04

ゆでる

白玉団子（豆腐入り）

材料
（1人6個ずつ・5人分）
白玉粉…200g
絹ごし豆腐※…280g
ミックスフルーツ缶詰…適量

用具
大きめのボウル・大きめの鍋・まな板・包丁・穴じゃくし・ざる・ゴムべら

時間のめやす 45分

※豆腐は、絹ごしを使うほうが口あたりがなめらかでよい。

基本の流れ

衛生ポイント

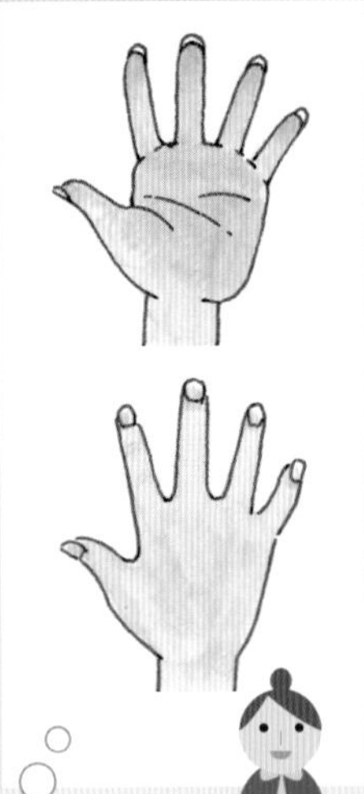

手は、爪の中までしっかり洗ってから調理すること！「黒玉」団子になってしまいます。

➡ P.10 参照

1 白玉粉と豆腐を練る

ボウルに白玉粉と豆腐を入れ、豆腐をつぶしながら手で混ぜます。硬ければ水を加えて練り、耳たぶくらいの硬さになるまで調節します。

水は1滴ずつ入れること。

2 棒状に伸ばして丸める

棒状にすると、1つずつの大きさにばらつきが出にくい。

大きめの鍋に6～7分目位まで水を入れて強火にかけておきます。①を5等分して、それぞれ棒状に伸ばし、1本を6等分にちぎって丸めます。

考えよう 中が粉っぽい団子を見せて、質問します。
「どうしたら、中まで火が通るかな？」

団子の中央を指で押してくぼませることで、少し平らになり、中心にも火が通りやすくなります。

「団子を小さくする」「火を強くする」「水を減らす」など、子どもの考えを生かして、試しにゆでさせてみてもよいでしょう。

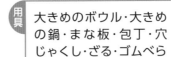

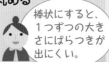

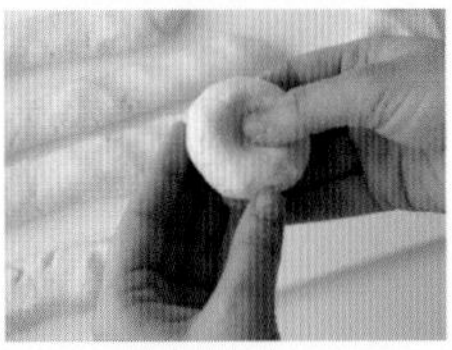

●団子を作るときは、手をふいてから。濡れた手で扱うと、べたべたになってしまいます。

●団子は、伸ばしたり、丸めたりしてそのままにしておくと乾いて硬くなるので、ラップをかぶせておきましょう。

学習内容・目的
- 鍋の中で「沸騰」した水の状態がわかる。
- ゆでたときの食材の変化がつかめる。
- 食材の中まで火を通すにはどうしたらよいかを考え、工夫することができる。

3 団子をゆでる

団子を丸めながら、沸騰した湯の中へ入れていきます。火はずっと強火のままゆでます。

団子を入れたら鍋底につかないように注意する。鍋底についた団子は、ゴムべらで底をこするようにはがす。

4 穴じゃくしですくう

大きめのボウルに冷水を多めに入れて用意しておきます。団子が浮いてから、さらに1～2分間ゆでて、穴じゃくしですくいます。

冷水を入れるボウルは、❶で使ったボウルを洗って使う。

5 団子を水にとる

すくった団子をすぐに冷水に入れて冷やします。水がぬるくなったら、途中で水を替え、冷めたらざるに上げて水気を切ります。器に盛り、缶詰のフルーツを添えて缶詰のシロップをかけます。

安全ポイント

●手で団子を入れると、湯がはねることもあるので、濡らした穴じゃくしに1個ずつのせて、そっと入れるとよい。

沸騰とは？

沸騰の状態をしっかり確認しましょう。さまざまな「ゆでる」学習に活用できます。→鍋の中が左はまだまだ、右が「沸騰」。

小さな泡が内側についたままの状態

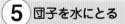

大きな泡が鍋の底から次々とわき立ち、湯の表面が揺れている状態

大きな泡が鍋の底からわいてくる状態になったら沸騰です！

食材memo

豆腐を加えるとよい点

●水を使うより、団子の硬さの調整がしやすいので、失敗が少ない。
●時間が経っても団子が硬くなりにくい。
●栄養価が高くなる。
（豆腐を入れても、豆腐の味は気にならない。）

よくある失敗 中まで火が通らないうちに鍋からすくい上げてしまった！

これで解決！
●1つ取り出して、竹串で刺してみましょう。火が通っていない場合は、ゆで直します。

竹串に何もついていなければ、OKです。

●団子が浮いてから100数えるか、タイマーで2分間計ります。

HELP やけどをした！

☞ すぐに流水につけて冷やします。

応急処置をしたら、子どもに声がけをして、落ち着かせましょう。

白玉粉

白玉粉は、もち米の粉。もち米を水につけて挽き、乾燥させて作ります。水分を加えたら固まりが残らないようにこねるのが、なめらかな団子にするコツです。

実習アドバイス

●白玉粉は、少し多めに用意しておきます。（子どもたちがこぼしたときや、どろどろの生地を調節するのに使います。）

●見本の団子を各班に1つずつ配り、それと比べながら、硬さを調節させるとよいでしょう。

よくある失敗 水を加えすぎて、どろどろになってしまう。

これで解決！
●白玉粉を足して、調節しましょう。
●水は1滴ずつ足します。

応用 あんのせ白玉団子

■材料（5人分）
白玉粉……100g
絹ごし豆腐……140g
水……適量
あん……適量

■作り方
❶白玉粉と豆腐を混ぜてこね、なめらかになったら棒状に伸ばして15等分に切って丸める。1個ずつ中央をくぼませてたっぷりの湯に入れ、浮き上がってから2分間ゆでて冷水に取り、冷ます。
❷❶をざるに上げて水気を切り、上にあんをのせる。

あんの代わりに、缶詰のゆであずきを使ってもよいでしょう。

応用 2色白玉のアイス添え

■材料（5人分）
白玉粉……120g
絹ごし豆腐……150g
無糖ココア（粉末）……小さじ１+1/2
水……適量
アイスクリーム（抹茶味など）……適量

■作り方
❶白玉粉と豆腐を混ぜてこねる。1/3量を別のボウルに入れ、ココアを加えて混ぜる。それぞれ棒状に伸ばして30等分に切り、白いものとココア入りのものを合わせて丸める。1個ずつ中央をくぼませてたっぷりの湯に入れ、浮き上がったら2分間ゆでて冷水に取り、冷ます。
❷❶の水気を切り、器に盛ったアイスクリームに添える。

ココアの代わりに抹茶の粉末を使ってもOK！

応用 みたらし団子風

■材料（5人分）
白玉粉……100g
絹ごし豆腐……140g
水……適量
甘辛あん
　しょうゆ……22mL
　　　　　　（大さじ１＋1/2）
　砂糖……40g（大さじ4）
　かたくり粉……4g
　　　　　　（大さじ1/2）
水……60mL

■作り方
❶白玉粉と豆腐を混ぜてこね、なめらかになったら棒状に伸ばして15等分に切って丸める。1個ずつ中央をくぼませてたっぷりの湯に入れ、浮き上がってから2分間ゆでて冷水に取り、冷ます。
❷甘辛あんを作る。小鍋に甘辛あんの材料を入れて固まりがないようによく溶く。混ぜながら中火にかけ、とろみがついて透き通り、ふつふつと煮立つまで煮る。
❸❶をざるに上げて水気を切り、3個ずつ串に刺して❷をかける。

●かわいい形を作ったら、団子をクッキングペーパーの上にのせて、そのままゆでます。クッキングパーパーは、ゆでると自然にはがれます。

●基本のフルーツ缶詰の代わりに黒みつや、きなこに砂糖を混ぜてかけてもOK。

NO. 05

ゆでる

ゆで卵

時間のめやす 30分

材料
(1人分のめやす)
卵…50～60g (1個)
塩…少々
(水の量の0.2%)

用具
鍋、ボウル、穴じゃくし、菜箸(さいばし)、包丁

基本の流れ

1 卵を洗う

冷蔵庫で冷たくなった卵は事前に出して、室温に戻しておき、割れないようにそっと洗います。鍋に卵と、卵がかぶる位の水、塩 (水の量の0.2%) を入れ、ふたをして火にかけます。

スーパーマーケットなどでパック詰めされている卵は、洗浄されているので洗う必要はないが、学校では洗うこととする。

2 ゆでる

沸騰まではやや強火、沸騰後は卵が踊らないように弱火にして、10～12分間ゆでます。

黄身を真ん中にするには、ふたをせずに菜箸でそっと転がし続ける。加熱して2～3分間で白身が固まるので、その間に転がすこと。

何人分かを一緒にゆでる場合は、卵に鉛筆で名前を書いておくとよいでしょう。

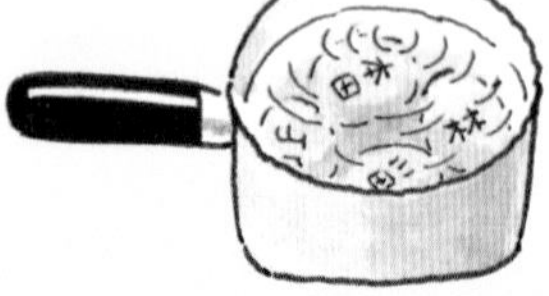

水の量は？

ひたひたの水
鍋やボウルに入れた材料の表面が見え隠れする位の水の量。

かぶる位の水
鍋やボウルに入れた材料がすべて水に浸かり、水面より上に出ていない水の量。

学習内容・目的
- 卵の加熱時間による固まり方の違いを知る。
- ゆで具合が見えない食材は、ゆでる時間を計る必要があることを理解する。

ECO（エコ）アドバイス　沸騰後すぐ火を消して、ふたをしたまま10分間程おくと、余熱で固ゆでになります。ガスや電気の節約になるので、ぜひ試そう。

つけ合わせに、ブロッコリーやグリーンアスパラガスを。

3 水につける

穴じゃくしで卵を鍋から取り出し、水を張ったボウルに入れます。

ゆで上がった卵をすぐに水につけると、卵白と殻の間に空気が入り、卵の殻がむきやすくなる。

4 殻をむく

卵の殻をボウルの側面などにそっと当ててひびを入れ、そこを手がかりにして、水の中で殻をむきます。

水の中でむくと殻が飛び散らない。

卵は、沸騰後の加熱時間によって固まり方が異なります。

3分ゆで

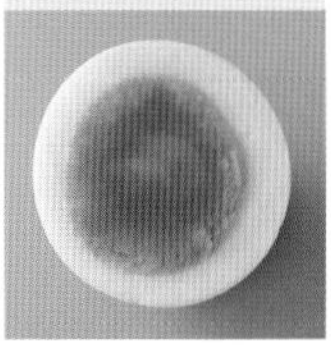

黄身はまだ固まっていない。

5分ゆで

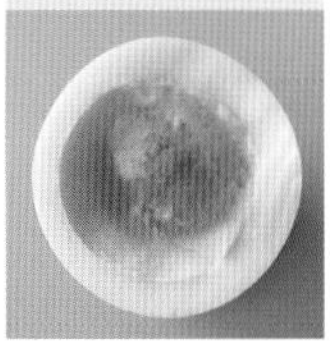

黄身の外側が白っぽくなる。

10分ゆで

黄身全体が白っぽくなる。

15分ゆで

黄身の外側が少し黒っぽくなる。

用途に応じた切り方をしよう

糸を長めに切り、卵に巻くようにして引くと、半分にきれいに切れます。薄い輪切りにするなら、卵切り器を使ってもよいでしょう。

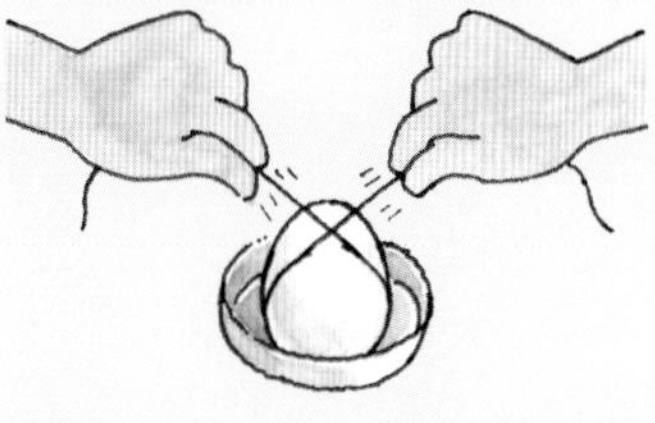

食材memo

卵の名称

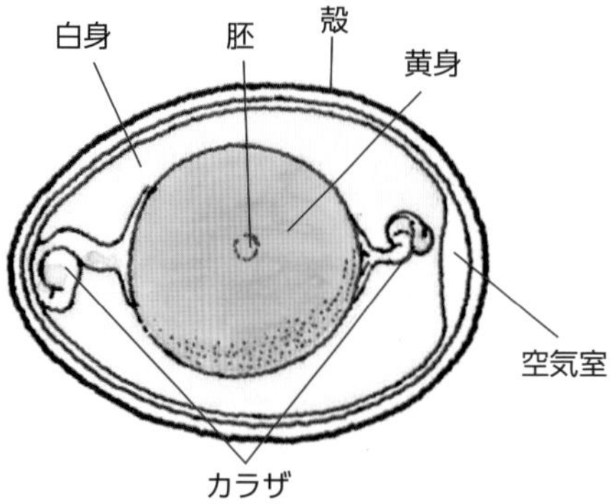

よくある失敗 ゆでる途中で殻が割れた！

これで解決！ ゆで湯に少量の酢を入れると、流れ出た卵白がすぐに固まって、広がりません。

よくある失敗 卵が固まっていなかった！

これで解決！ ポーチドエッグ（落とし卵）にしましょう！

ポーチドエッグ

沸騰している湯に少量の酢を入れ、卵を割り入れて白身が固まるまで熱し、穴じゃくしで取り出します。

新鮮な卵の選び方

鮮度の見分け方

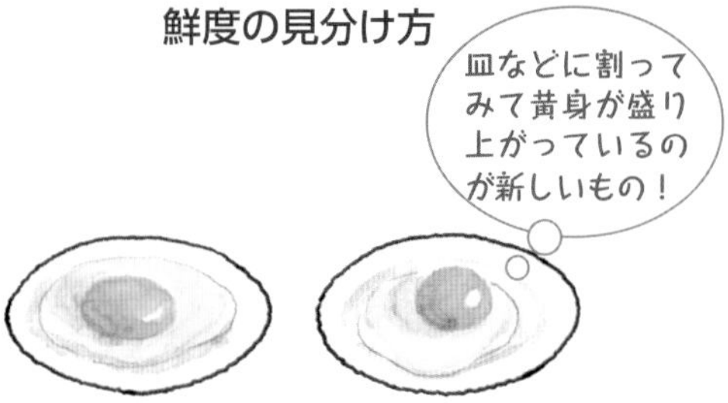

皿などに割ってみて黄身が盛り上がっているのが新しいもの！

●汚れやひびがないか確認し、表示の日付を見て、新鮮なものを購入しましょう。

●新鮮な卵は、空気室が小さいので、塩水につけると沈みます。

●洗浄されていない新鮮な卵は、殻の表面がざらざらしています。これは、卵の内部を細菌から守るために殻の表面に「クチクラ」という薄い膜がついているためです。

●白や赤茶色などの殻の色の違いは、にわとりの種類によるもの。栄養的にはあまり違いがありません。

●卵の賞味期限は、生卵で食べられる期限のこと。賞味期限が切れても、完全に火を通して食べれば、だいじょうぶです。ただし、なるべく早く食べ切りましょう。

●卵の保管と保存の方法 ➡ P.54 参照

安全ポイント

●熱した鍋や熱湯でのやけどに注意！
　沸騰すると湯が飛び散ることがあるので、沸騰を続ける場合でも火を弱めます。やけどをした場合、すぐ流水で冷やし続けます。

➡ P.24 参照

●電子レンジに生卵を入れない！
　卵は、電子レンジで加熱すると、爆発するので危険です。

卵はなぜ固まるの？
　卵の中に含まれているたんぱく質が、加熱によって変化し、固まります。

応用 ゆで卵のサンドイッチ

サンドイッチの定番です。

■材料（1人分）

食パン（サンドイッチ用）……2枚
バター……10g
ゆで卵……1個
塩……0.5g
こしょう……適量
マヨネーズ……10g（小さじ2）
ミニトマト……2個

■作り方

❶パンの片面に柔らかく練ったバターをぬる。
❷ゆで卵は殻をむいてボウルに入れ、フォークで粗くつぶす。塩、こしょうをふり、マヨネーズを加えてあえる。
❸パンのバターを塗った面に❷を広げ、もう1枚のパンをのせる。ラップをかぶせてからまな板などの重石をのせて少しおき、落ちつかせる。パンの耳を切り落として、食べやすい形に切り、ミニトマトを添えて盛る。

バターに洋がらしを少し加えてもいいですね。また、ゆで卵以外にレタス、キュウリ、ハム、チーズなどをはさむとミックスサンドになります。

応用 ゆで卵のカナッペ

絵を描くように楽しく作ろう。

■材料（1人分）

クラッカー……3枚
ゆで卵……1/2個
きゅうり・ミニトマト……各少量
トマトケチャップ……少量

■作り方

❶ゆで卵は殻をむいて卵切り器で輪切りにする。
❷クラッカーにゆで卵をのせ、きゅうりやミニトマト、ケチャップで好みに飾る。

チーズやハムなどを飾ってもよいでしょう。飲み物を添えると食べやすくなります。

卵が割れない工夫を！
　生卵は、輪ゴムを利用すると、コロコロと転がりません。

NO.
06 ゆでる
ゆで野菜のサラダ

時間のめやす **40分**

材料

(1人分のめやす)
ブロッコリー…40g
にんじん・大根・キャベツ
…各30g

フレンチドレッシング
酢…5mL（小さじ1）
塩…1g (小さじ1/6)
こしょう…適量
サラダ油…8g（小さじ2）

用具

鍋・ボウル・穴じゃくし・小さめの泡立て器・菜箸・ざる・まな板・包丁

基本の流れ

1 野菜を洗う

ブロッコリーは使う分だけ切り、キャベツは１枚ずつはがします。ともにボウルに流水を受けてふり洗いします。にんじん、大根は皮つきのまま手で表面をこすり洗いします。

ふり洗い

水や塩水の中でふるように洗う方法。ブロッコリーやキャベツなど汚れが細かい所に入りこむものは、水を流しながらふり洗いするとよい。

2 野菜を切る

ブロッコリーは食べやすい大きさの小房に切ります。茎の硬い部分は皮をむき、薄切りにします。にんじんは3mm厚さの半月切り、大根は5mm厚さのいちょう切りにします。

●野菜の切り方 ➡ P.56 参照

キャベツはゆでてから切るので、ここでは切らない。また、この間に湯を沸かす。

3 にんじんと大根をゆでる

にんじんと大根を鍋に入れ、材料がかぶる位の水を加えます。ふたをして中火にかけ、沸騰後5分間ゆでます。竹串などを刺してゆで加減をみて、ざるに上げて冷まします。

●かぶる位の水 ➡ P.26 参照

野菜のゆで加減をみるときは、竹串を垂直に刺す。または、試しに1個取り出し、まな板にのせて竹串で刺してみる。

学習内容・目的	
	● 食品の種類や調理の目的に応じた洗い方ができる。
	● 野菜を色よくおいしくゆでることができる。
	● いろいろな野菜を食べやすく工夫して切ることができる。
	● 彩りや食べやすさ等を考えた盛りつけをすることができる。

4 キャベツとブロッコリーをゆでる

鍋に深さ5cm程度の水を沸騰させ、キャベツを入れます。再沸騰したらキャベツを取り出し、ざるに広げて冷まします。同じ鍋にブロッコリーを入れて3〜5分間ゆで、ざるに上げて水気を切って冷まします。キャベツは、冷めてから食べやすい大きさに切ります。

●野菜の種類とゆで方 P.32 参照

ゆで水には下味をつける以外、塩は入れない。ブロッコリーはボウルの上にざるを重ねてゆで湯ごとあけ、ざるを上げて水気を切る。

5 フレンチドレッシングを作る

ボウルに酢、塩、こしょうを入れて、小さめの泡立て器で混ぜ、塩を溶かします。最後にサラダ油を少しずつ入れ、白っぽくなるまで混ぜます。

野菜を彩りよく器に盛りつけ、できたフレンチドレッシングをかけます。

ドレッシングは、時間が経つと分離するので、かける直前にもう一度混ぜましょう。

ECO（エコ）アドバイス ゆで水の量が多すぎると、時間とエネルギーの無駄です。鍋底の水気を拭き取り、緑色でない野菜は鍋にふたをしてゆでましょう。

安全ポイント

●ゆであがった野菜を取り出すとき、やけどに注意

蒸気や熱い湯でやけどをしないように、長めの菜箸（さいばし）や穴じゃくじですくい上げたり、ボウルとざるを使うなど、工夫しましょう。

●ゆで鍋は安定のよいものを使うこと

HELP 蒸気でやけどした！ P.24 参照

野菜の種類とゆで方

根菜（こんさい）　根の部分を食べる野菜で、大根やにんじん、里いも、さつまいもなどのいも類、ごぼう、れんこん、かぶなどが代表的です。水から入れてゆでるのが原則です。

●じゃがいも
皮つきのままかぶる位の水に入れてゆで、皮をむいてひと口大に切ります。または皮をむいてひと口大に切り、水から入れてゆでます。

葉菜（ようさい）　葉の部分を食べる野菜で、ほうれん草や小松菜、水菜、春菊などの青菜類、キャベツや白菜、にらや長ねぎ、ブロッコリー、レタス、セロリなどがこの仲間です。ほかに、茎の根元がふくらんだ玉ねぎ、葉や枝が出る前の若芽と茎を食べるグリーンアスパラガスも葉菜に含まれます。

緑色の野菜が多く、火の通りが早いので、ゆで水が沸騰してから入れ、短時間でざるに上げて、水にとって冷ますと、色がきれいにゆで上がります。

●青菜のゆで方 ➡ P.36 参照

果菜（かさい）　実の部分を食べる野菜で、きゅうりやピーマン、さやえんどう、さやいんげん、なす、トマト、かぼちゃ、とうもろこしなどがおなじみです。

生で食べられるものが多く、ゆで方も野菜によってそれぞれ違います。ピーマンやさやえんどう、さやいんげんは湯に入れてサッとゆでますが、かぼちゃやとうもろこしはいも類のようにでんぷん質が多いので、水からゆでます。トマトやなすはゆでる調理より、炒め物や煮込み料理に使われることが多いです。

●さやいんげん
へたと筋を除いて沸騰した湯に入れてゆで、ざるに広げて冷まし、食べやすい長さに切ります。

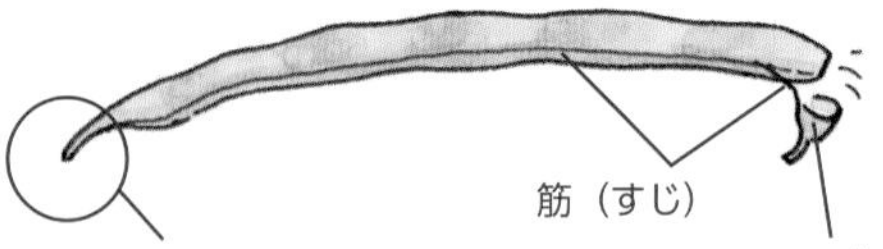

ECO（エコ）アドバイス
◆数種の野菜を、同じ湯でゆでると燃料の節約になります。ゆで上がり時間をそろえるために、時間差をつけて材料を鍋に入れましょう。
◆野菜の皮には不足しやすい食物繊維が豊富に含まれているので、傷や汚れの部分以外は、むかないで使います。その代わり、手でこするようにしてよく洗うこと。気になる汚れがあったら、包丁のみねでこすり落としましょう。

●残菜の捨て方と活用 ➡ P.35 参照

旬の野菜

野菜や果物が自然にとれる時期を「旬（しゅん）」といいます。栄養価が高く、値段も安めです。旬の野菜で食卓に季節感を取り入れましょう。

春 グリーンアスパラガス、さやえんどう、グリンピース、新にんじん、新玉ねぎ、春キャベツなど。

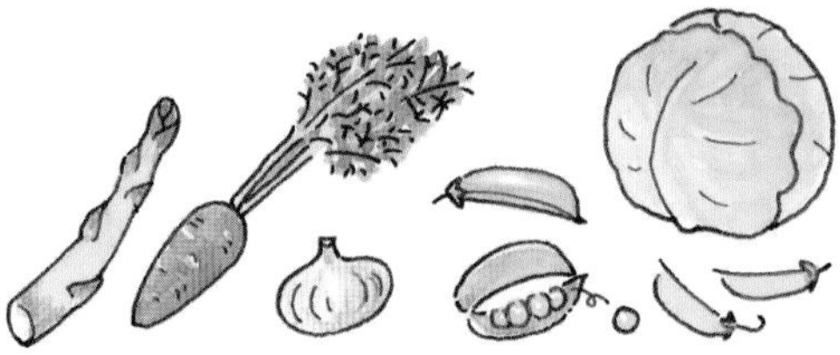

秋 いも類（さつまいも、里いもなど）、ブロッコリー、カリフラワー、きのこ類（しめじ、しいたけ、まいたけ、マッシュルームなど）など。

夏 かぼちゃ、じゃがいも、トマト、ピーマン、オクラ、とうもろこし、枝豆など。

冬 大根、白菜、ごぼう、青菜類（ほうれん草、小松菜、春菊、青梗菜（チンゲンサイ）など）、れんこん、ねぎなど。

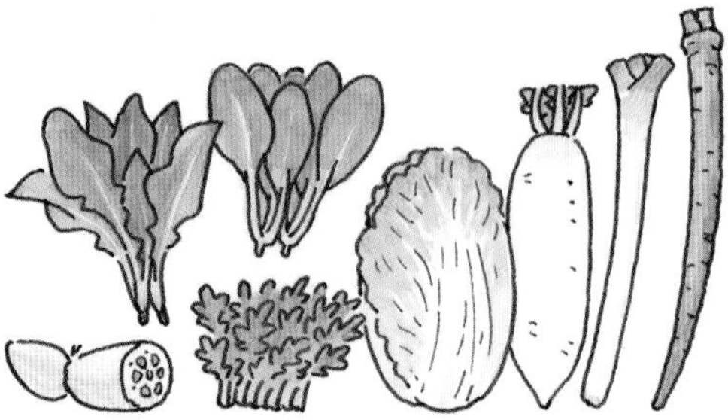

速くゆでるための工夫

ゆでるとは、食べ物の表面から中心まで湯の熱を伝えること。表面から中心までの距離を短くすると、速くゆでられます。

速くゆでるために、薄く切ったり、細く切ったり、表面積の大きい乱切りにするなど、工夫しましょう。

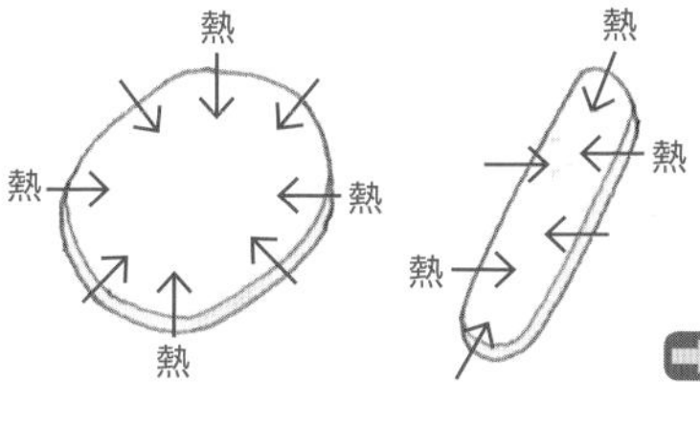

●野菜の切り方
P.46・P.56参照

食の安全のために

細菌やウイルスによる食中毒の多くは、食品や手指に付着した菌から起こります。これを防ぐには、食品をよく加熱し、加熱後の取り扱いに注意することが大事です。盛りつけるときは、なるべく手をふれないようにします。生野菜は、加熱せずに手をふれて調理するので、特に注意が必要です。小学校の実習ではさけたほうがよいでしょう。

応用 もやしのナムル風

ごまの風味が食欲をそそるあえ物。

■材料（1人分）

もやし……50g
塩……0.6g（小さじ1/10）
長ねぎ（みじん切り）……3g（小さじ1/2）
すりごま（白）……2.5g（小さじ1）
ごま油……2g（小さじ1/2）

■作り方

❶もやしはざるに入れて洗い、水気を切る。
❷鍋にもやしが浸る位の水を入れ、沸騰させる。もやしを入れて１分間ほどゆで、ざるに上げる。
❸もやしをボウルに入れて塩、長ねぎ、すりごまを混ぜ、最後にごま油を加えて全体をあえる。

ごま油を先に混ぜると、味がからみにくくなるので注意。あえてから少しおくと味がなじみます。

応用 マカロニサラダ

パスタにゆで野菜を混ぜると彩りもきれい。

■材料（1人分）

マカロニ（乾燥）……20g
マヨネーズ……10g（小さじ2）
塩……適量
こしょう……適量

■作り方

❶マカロニの10倍の重量の湯（200mL）に、0.5%の塩（1g）を入れて沸騰させ、マカロニを入れて袋の表示時間どおりにゆで、ざるに上げる。
❷マカロニが温かいうちに塩、こしょうを加えて混ぜる。ゆでた野菜と合わせてマヨネーズであえる。

ほかに、ゆで卵やソーセージを加えてもよいでしょう。

ゆで野菜におすすめ！ ソースバリエーション

いろいろな味で楽しむと、あきずに毎日野菜がとれます。
（材料はすべて1人分：ゆで野菜100gあたり）

中国風ドレッシング

酢・しょうゆ……各小さじ1
砂糖……小さじ1/2
いりごま（白）……少々
ごま油……小さじ2

しょうゆドレッシング

酢・しょうゆ……各小さじ1
サラダ油……小さじ2

カレードレッシング

カレー粉……小さじ1/2～1/3
酢……小さじ1
塩・こしょう……各少々
サラダ油……小さじ2

ヨーグルトソース

プレーンヨーグルト……大さじ1
マヨネーズ……小さじ1
塩・こしょう……各少々

オーロラソース

トマトケチャップ・マヨネーズ……各小さじ2

ECO（エコ）アドバイス　生ごみを減らす工夫・生ごみの捨て方と活用

P.158参照

◆生ごみとは

「生ごみ」とは、野菜や果物の皮や芯、魚の骨など、水分の多いごみのこと。

生ごみを減らすには、食べ残しをなくすことと、食材を無駄なく使い切ることが大切です。

◆生ごみの捨て方

生ごみは、ぬらさないで、広告紙（ちらし）を利用した紙箱などに集めましょう。

捨てるときに紙に包むと紙が水分を吸収するので、臭気を防ぐことができます。

●ちらしでごみ箱を作ろう　P.49参照

◆生ごみの活用

専用の容器（コンポストなど）に入れるか土中に埋めて堆肥（たいひ）にします。

計量器具のいろいろ

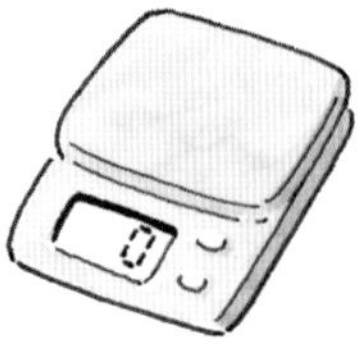

上皿自動ばかり

計量カップ
（200mL）

計量スプーン
大さじ（15mL）
小さじ（5mL）

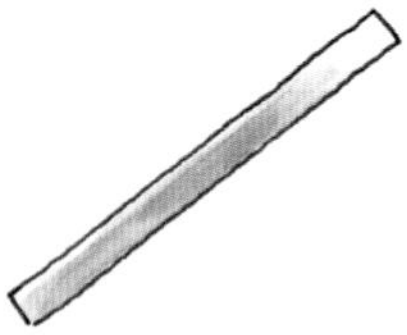

すりきりへら

すりきりへらの使い方
カップやスプーンの上端をすべらせて、すりきる。

P.12参照

計量スプーン・カップ1あたりの調味料や食品の重さ（g）

	小さじ1（5mL）	大さじ1（15mL）	カップ1（200mL）
塩	6	18	240
さとう（上白糖）	3	9	130
しょうゆ	6	18	230
みそ	6	18	230
油	4	12	180
小麦粉	3	9	110

よく使う食品や調味料などは、小さじ・大さじ・計量カップ1あたりの重さを覚えておくと便利。

●食品のおよその重さ　P.51参照

NO. 07

ゆでる

青菜のおひたし

材料 (1人分のめやす)
青菜(ほうれん草) …60g
しょうゆ…小さじ2/3
削り節…0.5g

用具 ボウル・ざる・鍋・菜箸(さいばし)・まな板・包丁

時間のめやす 15分

基本の流れ

1 青菜を洗う

青菜は水をためた洗いおけや大きめのボウルに浸し、１株ずつ葉のつけ根を広げて、水を流しながら両手でふり洗いして汚れを落とします。水を取り替えてもう一度洗い、根元をそろえてざるに上げ、水を切ります。

●ふり洗い ➡ P.30 参照

青菜はゆでた後に切る。根がついている場合は株をばらさないようにして、根だけを切る。

2 青菜をゆでる

大きめ（直径23cm）の鍋に、ひたひた（約7cm）の水を入れ、ふたをして中火〜強火にかけます。沸騰したら中火にし、青菜を束ねて両手で持ち、茎を下にし、立てるようにして、まず茎を入れます。30秒位したら茎が柔らかくなるので、菜箸で全体を湯に沈めます。

➡ P.38 参照

青菜を入れたら、ふたはしない！

HELP 青菜がしおれた！

☞ しおれた青菜は、水につけてパリッとさせてから調理する。

よくある失敗 ゆでる前に青菜を切ってしまった！

これで解決！

●青菜をゆでた後取り出さずに、ゆで湯ごとざるに上げ、水をかけて冷まします。

鍋を運ぶときは、「熱い湯が通ります！」などと言いましょう。

学習内容・目的
- 青菜の種類と選び方がわかる。
- 青菜の洗い方、緑色の野菜を色よくゆでる方法「青ゆで」を極める。

盛りつけ上手

小鉢に、青菜を高く盛り上げるように盛ります。削り節は盛り上げた中央にのせます。削り節のほかにいりごま（白）やしらす干し、もみのりなどをのせてもよいでしょう。

3 青菜を引き上げ、冷ます

再沸騰後、30秒～1分間ゆでます。菜箸で青菜を引き上げ、ボウルに重ねたざるに取り、流しに運びます。ボウルに水を入れて冷まし、さらに2～3回水を取り替えて素早く冷ますとともにアクを抜きます。

4 青菜を絞る

このとき、青菜の重量は、ゆでる前の90%になっている。

水の中で青菜の根元をそろえて持ち、引き上げます。もう一方の手で上から下にしごくようにして絞ります。

水の中で青菜の根元をそろえる。水から出してそろえると、葉がからんでちぎれやすい。

5 青菜を切って盛りつける

青菜をまな板にのせ、4cmほどの長さに切ります。切った後もう一度手で水気を絞り、小鉢に盛りつけ、削り節をのせます。

- 葉と茎を均等に盛りつけるためには、青菜を半量ずつに分け、根元を左右交互に置くとよい。
- 根元が硬いときは切って除いてもよいが、硬くなければそのまま食べる。

安全ポイント

鍋のゆで湯の扱い方

- 鍋にふたをして、鍋の柄ともう一方の手でふたを押さえ、ゆっくり流しまで運んで捨てます。周りの人に声をかけて注意をうながし、ぶつからないように運びましょう。
- ゆでた青菜は、熱いゆで湯がたれるので、必ずざるをボウルに重ねて取ります。ゆでた後の青菜は清潔に扱いましょう。

よくある失敗 しょうゆをかけるのが早く、水っぽくなってしまった！

これで解決！ もう一度水気を絞り、もとの半量のしょうゆをかけます。

食材memo

青菜の種類（代表的なもの）

ほうれん草

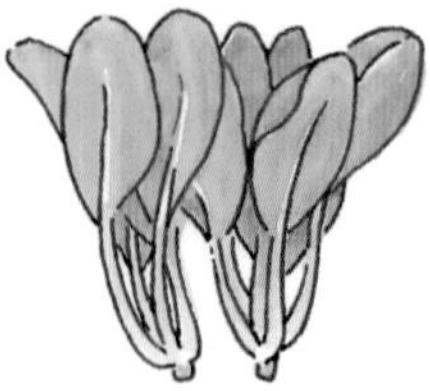

小松菜

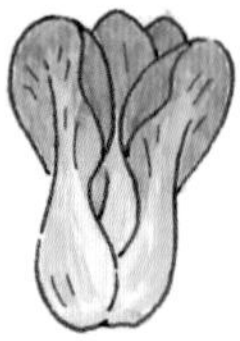

青梗菜（チンゲンサイ）

水菜

●青菜とは

葉の部分を食べる野菜（葉菜）のうち、緑色が濃いものを一般に青菜といいます。

●野菜の種類とゆで方 ➡ P.32 参照

●地元の青菜を使ってみよう

小松菜は、実は東京都の特産品です。青菜は、各地で栽培される間に交配をくり返し、独自のものがたくさん生まれています。地元で長く栽培されてきた青菜にはどんなものがあるかを調べて、ぜひ使ってみましょう。

農家の人に聞いてみよう

地元の青菜の名前

特長

食べ方

●青菜を色よくゆでるには？

青菜の緑色の成分クロロフィルは、熱や酸によって変色します。青菜を色よくゆでるには、高温にさらされる時間をできるだけ短くすることが大切です。

熱湯で素早くゆで、取り出してすぐ水に浸けて冷ますと、鮮やかな緑色が保たれます。ブロッコリーやさやいんげん、グリーンアスパラガスなどは、水に取らず、ざるに広げて冷ますと水っぽくなりません。

班ごとに青菜の種類を変えてゆでてみよう

ゆでた青菜を、調味をせずに味わい比べると、特徴や味の違いがよくわかります。

ゆで時間を変えたものを食べ比べよう

沸騰後30秒、1分、3分と、ゆで時間を変えたおひたしを作り、食べ比べます。食感や味覚の違いを調べ、どのゆで時間がいちばん食べやすくおいしいか話し合いましょう。

応用 青菜のごまあえ

葉菜と相性のよいごまを使うと、料理のバリエーションが広がります。

■材料（1人分）
青菜（小松菜）……60g
ごまだれ
　すりごま（白）……小さじ1
　しょうゆ……小さじ2/3
　砂糖……小さじ1/2

■作り方
❶青菜（小松菜）は洗ってざるに上げる。鍋に青菜が浸るくらいの水を入れて煮立て、中火にして小松菜の茎まで湯に入れる。30秒ほどしたら葉を菜箸などで湯に沈める。
❷再沸騰したら30秒～1分間ゆでて水に取り、2～3回水を替えて冷ます。水の中で根元をそろえて引き上げ、上から下にしごくようにして水気を絞る。
❸まな板にのせ、4cm長さに切る。
❹ごまだれを作る。ボウルにすりごま、しょうゆ、砂糖を入れて混ぜる。青菜をもう一度絞って入れ、ごまだれであえる。

あえもの

　ほとんどの青菜は、ごまあえに合います。特にほうれん草、根三つ葉、せり、春菊などはおいしくできます。
　青菜のほか、さやえんどう、さやいんげん、にんじん（細切り）、れんこん、ごぼうなどもゆでてごまあえにするとよいでしょう。

ほうれん草のアク

　ほうれん草のアクはシュウ酸。水で冷ますだけでは渋みが残ることがあるので、2～3回水を替えてさらしましょう。ただし、さらし過ぎはうまみが抜けてしまうので、注意。小松菜など他の青菜はシュウ酸を含まないので、長くさらさずに冷ますだけでOKです。

ECO（エコ）アドバイス　◆ゆで水が多すぎるのはエネルギーと時間の無駄！ ひたひたの水（青菜1束の直径くらいの深さ）でゆでましょう。蒸しゆでなら、ゆで水を使いません。

●ひたひたの水 ➡P.26 参照

応用 青菜の蒸しゆで

　ふたのある鍋を使います。速くて省エネでおすすめのゆで方です。

■作り方
❶青菜を洗い、水がついたまま空の鍋に入れ、ふたをして中火で加熱する。
❷蒸気が上がったらふたを開け、菜箸で青菜の上下を返す。
❸再びふたをして蒸気が上がるまで熱する。青菜がしんなりしたら、水を入れたボウルに取り、水を取り替えて冷やす。
❹水の中で根元をそろえて引き上げ、水気をしぼる。まな板にのせ、4cmほどの長さに切る。
❺盛りつけたら削り節をのせ、しょうゆをかける。

NO.
08
ゆでる
粉ふきいも

時間のめやす 30分

材料

(1人分のめやす)

じゃがいも…100g（中1個）
塩…0.6g（小さじ1/10）
こしょう…適量
パセリ…少量

用具

ふたつきの鍋・ボウル・菜箸（さいばし）・包丁・まな板・竹串・ざる

基本の流れ

1 じゃがいもを洗って皮をむく

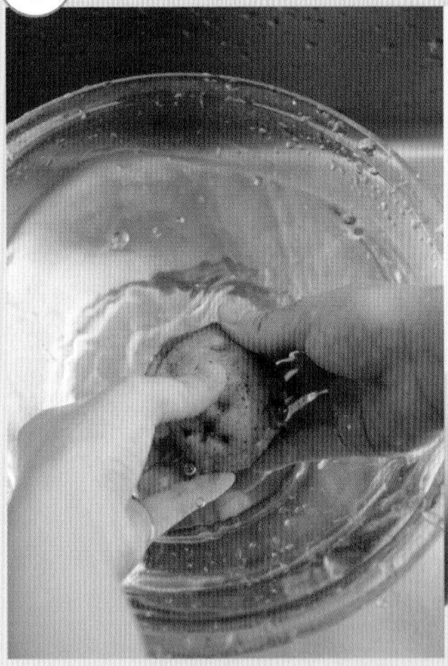

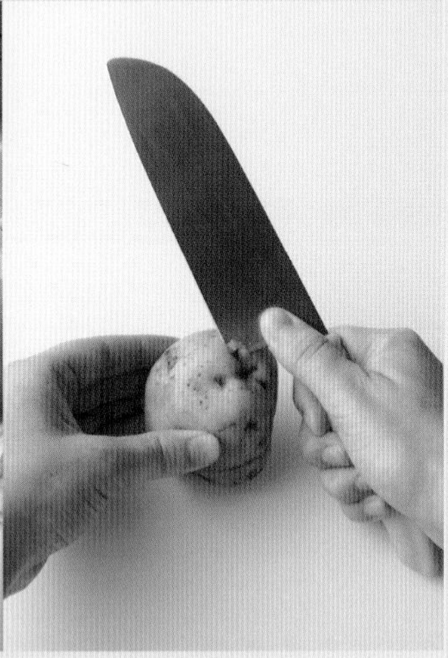

じゃがいもは手でよくこすり洗いします。皮をむき、包丁の「あご」で芽をくりぬいて除き、四つ切り（十文字）にし、さらに同じ大きさの一口大に切り分けます。

●包丁の扱い方 ➡ P.42 参照

じゃがいもは同じ大きさに切ると、加熱時間がそろい、効率よくゆであがる。煮くずれもしにくい。

2 切って水に浸ける

切ったじゃがいもは容器やボウルに入れ、変色を防ぎます。

水に浸ける時間は、2〜3分間。

じゃがいもの皮は、切ってからむくこともできます。

食材memo

じゃがいもの種類

じゃがいもは、ゆでるとホクホクする男爵いもと、煮くずれしにくいメークインが代表的な品種です。男爵いもは粉ふきいもやコロッケに、メークインは煮物やカレー、シチューに向いています。

学習内容・目的	●じゃがいもを中まで火を通しておいしくゆでることができる。

3 鍋に入れてゆでる

じゃがいもを鍋に入れ、かぶる位に水を入れて強火にかけます。沸騰したら火を弱めてふたをし、竹串で刺してスッと入るようになるまでゆでます。

●かぶる位の水 ➡ P.26 参照

4 ざるに取って湯を切る

湯を運ぶときは
「熱い湯が通ります！」
などと言います。

ゆで湯ごとボウルに重ねたざるにあけて湯をよく切り、じゃがいもをゆでた鍋に戻し入れます。

安全ポイント

やけどに注意！

ゆで湯を運ぶときは、こぼさないように注意しましょう。 ➡ P.37 参照

5 粉をふかせる

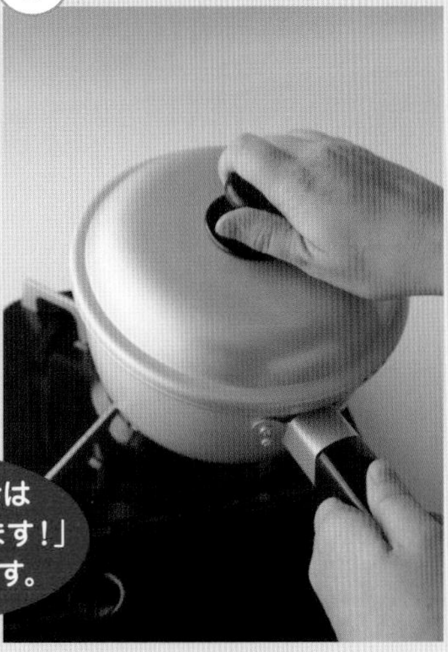

塩、こしょうをふってふたをせずに中火にかけ、水分を蒸発させます。ふたをして押さえたまま鍋を数回軽くふり、じゃがいもの表面に粉をふかせます。火を止めて皿に盛ります。

彩りにはみじん切りしたパセリがおすすめ。

塩・こしょうを入れすぎないために

塩は小さじで量ること。じゃがいも中１個で約0.6ｇ（小さじ1/10）。こしょうは、手のひらに取ってからふり入れると失敗が少なくなります。

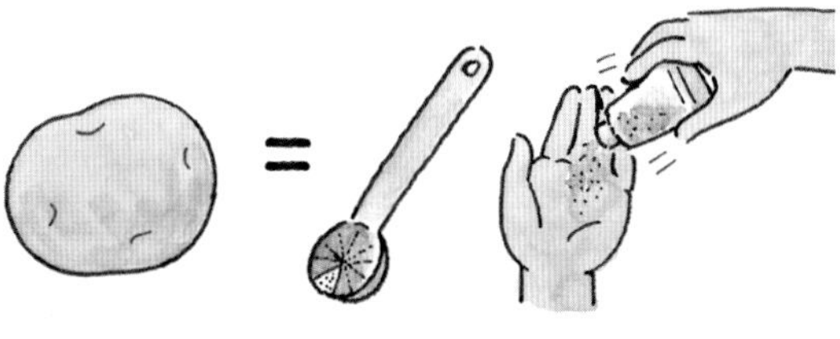

よくある失敗 粉がふかない！

これで解決！ じゃがいもを選ぶ！ゆで湯をしっかり切る！

●未熟なじゃがいもは水分が多く、でんぷん粒が発達していないので粉がふきにくくなります。

●ゆで湯をしっかり切らないと、水分が残り粉がふきにくくなります。

包丁の扱い方

●部位の名称

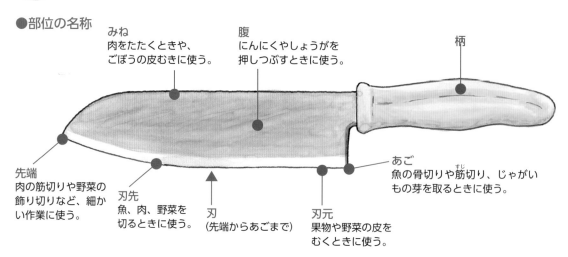

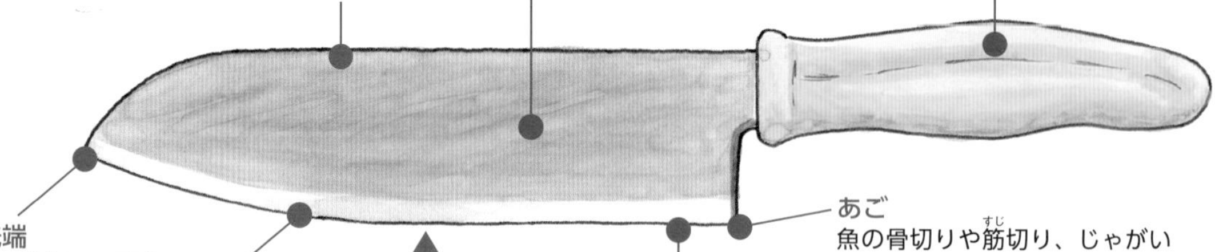

みね
肉をたたくときや、
ごぼうの皮むきに使う。
腹
にんにくやしょうがを
押しつぶすときに使う。
柄
先端
肉の筋切りや野菜の
飾り切りなど、細か
い作業に使う。
刃先
魚、肉、野菜を
切るときに使う。
刃
(先端からあごまで)
刃元
果物や野菜の皮を
むくときに使う。
あご
魚の骨切りや筋(すじ)切り、じゃがい
もの芽を取るときに使う。

●包丁の使い方

【姿勢】肩幅と同じくらいに足を開き、まな板に対して45度くらいの角度で、包丁を持つ手の方向に向いて立ちます。これで包丁とまな板が直角になります。

【切り方】材料は、まな板に真横にまっすぐに置きます。材料を押さえる手の第一関節と第二関節をまっすぐにして、包丁の「腹」の部分を当てて切ります。このとき、ほかの指はしっかりしまいましょう。

指先は、
猫の手のように
丸めます！

●包丁の洗い方

包丁の柄を利き手の反対の手で持ち、刃の部分を包丁の「みね」を手前にしてまな板にぴったりねかせてのせます。洗剤をつけたスポンジなどで手前から向こう側にこすり洗いします。

次に、刃を手前にして固定させ、スポンジで向こうから手前に洗い、水洗いして拭きます。

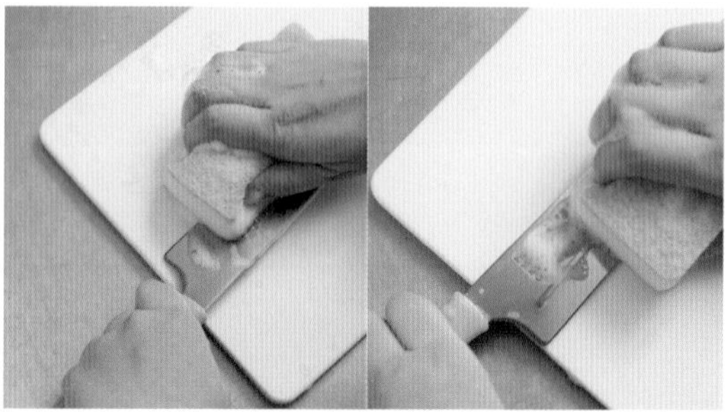

●包丁の置き方

刃を向こう側に向けて置きます。

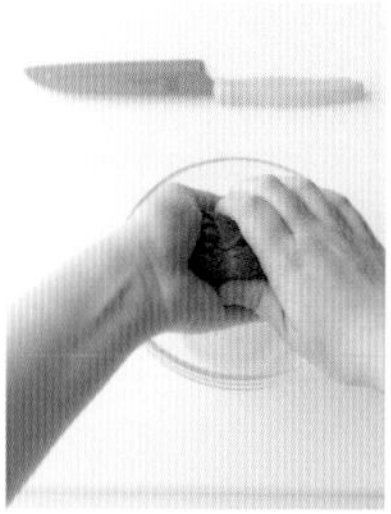

●包丁の運び方

むき出しにならないように刃の部分をすべてふきんで包み、バットに入れるなどして運びます。

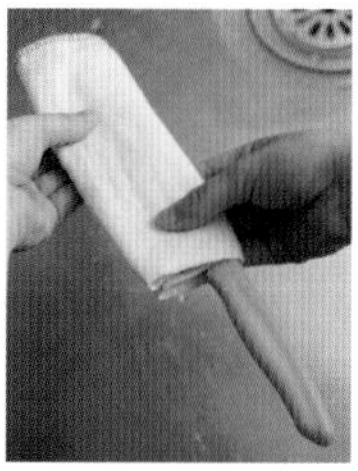

よくある失敗　じゃがいもの皮がうまくむけない！

これで解決!

●じゃがいもは表面がゴツゴツしています。慣れないうちは一度にむく面積を小さくしてみましょう。

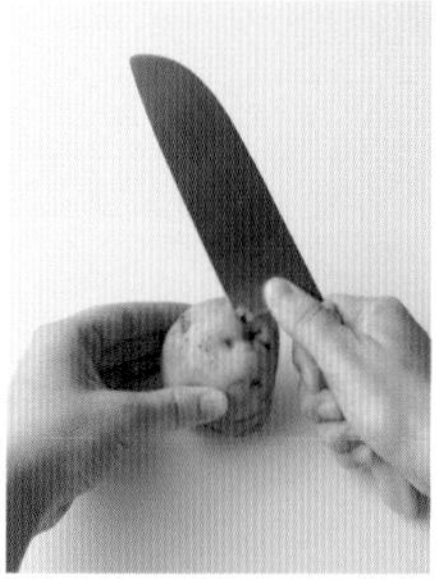

まな板の扱い方

●使う前
使う前にまな板を濡らして固く絞ったふきんで拭いておきましょう。食材の汁や匂いがしみ込みにくくなります。

●使っているとき
使っている間も、こまめにふきんで拭きましょう。

ベーコンやソーセージなど、油分の多い食材を切るときは、まな板シートや切り開いた牛乳パックをまな板にのせ、その上で切りましょう！

●使った後
使い終わったら、洗剤を泡立てたたわしやスポンジなどで表面と側面、角までしっかり洗い、汚れを落とします。水を切り、立てかけて日光に向けて干して、日光消毒をします。

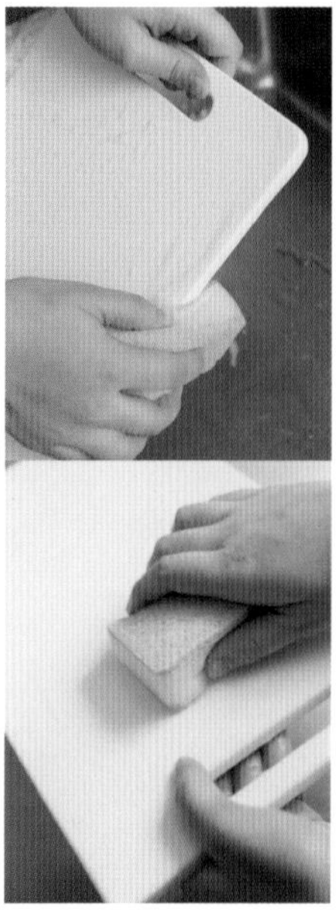

皮をむくワザを高める

野菜の皮むきは、初心者や子どもにとっては難しいものです。
まずは果物で練習するとよいでしょう。

●果物の皮むきでワザをみがこう
果物でもむきやすいものと少し難しいものがあります。キウイ、梨、りんご、柿などいろいろな果物をむき、コツを身につけましょう。

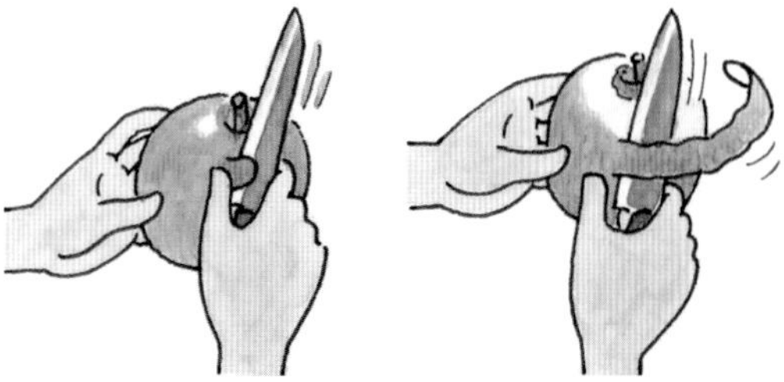

りんご皮むきコンクール
包丁づかいがうまくなれば、調理への抵抗感や負担感が減少します。コンクールなどを行って、楽しみながらワザをみがきましょう。学校の場合、夏休みなど期間を決めて皮むきの課題を出し、休み明けにコンクールをすることを伝えます。下のように評価規準を決めておくとよいでしょう。

りんご皮むきコンクールの評価基準（例）

評価の観点	5点	3点	1点
1個むくのにかかった時間	3分未満	3分以上5分未満	5分以上
むいた後の皮、芯の重さ	50g未満	50g以上80g未満	80g以上
つながっている皮の長さ（最長）	30㎝以上	10㎝以上30㎝未満	10㎝未満
むいた後のりんごの様子	A　きれい	B　ふつう	C ゴツゴツ

応用 じゃがいもはさまざまな料理に用いられます。

ポテトサラダ

子どもたちに人気のマヨネーズ味。

■材料（１人分）

じゃがいも……100g（中１個）
にんじん……20g
きゅうり……25g（1/4本）
ハム……10g（1/2枚）
塩……1g（小さじ1/6）
こしょう……適量
マヨネーズ……小さじ2

■作り方

❶じゃがいもは皮をむき、8mm厚さのいちょう切り、にんじんは3mm厚さの半月切りかいちょう切りにする。鍋にじゃがいもとにんじんを入れ、かぶる位の水で柔らかくなるまでゆで、湯を切って冷ます。
❷きゅうりは薄い輪切りにし、塩をふってもみ、水気を絞る。ハムはたんざく切りにする。
❸じゃがいもとにんじん、きゅうり、ハムを合わせ、こしょうをふってマヨネーズであえる。

●かぶる位の水 ➡ P.26 参照
●野菜の切り方 ➡ P.56 参照

●薄くスライスした玉ねぎを水でさらしてよく絞って加えると、一味違ったポテトサラダになります。
●一口大に切った皮つきのかぼちゃをゆでて（じゃがいもより短時間でゆで上がる）あらくつぶし、湯で洗ったレーズンを混ぜ、塩、こしょう、マヨネーズであえてかぼちゃサラダを作ってもよいでしょう。

さつまいもの茶巾絞り

甘納豆やレーズンをのせて見た目と味のアクセントに。

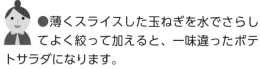

■材料（3個分）

さつまいも……100ｇ
砂糖……3g（小さじ１）
甘納豆（小）……3粒

■作り方

❶さつまいもは皮をむいて2cm角のさいの目に切り、かぶるくらいの水を入れてゆで、湯を切る。
❷マッシャーなどでさつまいもをつぶし、熱いうちに砂糖を混ぜる。
❸さつまいもの1/3の量を丸めて正方形に切ったラップの中央に置き、上に甘納豆を1粒のせる。ラップの端をまとめて包み、強くねじって絞り、茶巾にする。これを3個作る。

●野菜の切り方 ➡ P.56 参照

●くりかぼちゃでも同様にして作ることができますが、皮はゆでてからはずす方が楽。
●さつまいもはつぶした後、バター、砂糖、少量の牛乳を混ぜて形を整え、溶き卵を塗ってオーブンなどで焼くと、スイートポテトになります。

じゃがバター

熱いうちに食べるのが、おいしい。

■材料（1人分）

じゃがいも……100g（中1個）
塩……0.6g（小さじ1/10）
バター……7g（大さじ1/2）

■作り方

❶じゃがいもを洗い、皮つきのまま上部に十字の切り目を入れる。ラップで包み、電子レンジで柔らかくなるまで加熱する。
❷塩とバターをじゃがいもの切り目にはさむ。

じゃがいもをふきんで包み、切り目を開くようにすると、バターをのせやすくなります。

安全ポイント

●じゃがいもの芽と緑の部分に注意！

じゃがいもの芽や緑化した部分には、ソラニンという有毒成分が含まれています。しっかり切り取りましょう。また、保存中、光に当たると室内でも緑化が起きるので要注意！

➡ P.42 参照

ジャーマンポテト

ボリュームがあり、軽食感覚で食べられる。

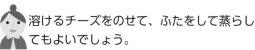

■材料（1人分）

じゃがいも……100g（中1個）
ベーコン……10g（1/2枚）
たまねぎ……20g
塩……0.6g（小さじ1/10）
こしょう……適量
サラダ油……4g（小さじ1）
パセリ（みじん切り）……少量

■作り方

❶じゃがいもは皮をむき、5mm厚さのいちょう切りにする。たまねぎは薄切りにし、ベーコンは1cm幅に切る。
❷フライパンにサラダ油を熱してベーコンを炒め、たまねぎ、じゃがいもを入れて2分間炒める。
❸塩、こしょうをふって混ぜ、ふたをして弱火でじゃがいもが柔らかくなるまで蒸し焼きにする。器に盛り、パセリをふる。

●野菜の切り方 ➡ P.46・P.56 参照

溶けるチーズをのせて、ふたをして蒸らしてもよいでしょう。

NO. 09

炒める

野菜炒め

時間のめやす 30分

材料

(1人分のめやす)
キャベツ…50g
ピーマン…30g（1個）
にんじん…20g（1/5本）
塩…1g（小さじ1/6）
こしょう…適量

※野菜の合計が100gになるようにする。
※サラダ油は材料の5～10％使用をめやすに。

用具

フライパン・包丁・まな板・小皿など・菜箸（さいばし）・ボウル・計量スプーン

基本の流れ

1 野菜を洗う

キャベツは1枚ずつはがし、流水で洗います。にんじんは皮つきのまま、こすり洗いします。

●野菜の洗い方 ➡ P.30 参照

2 野菜を切る

まな板は、使う前によくふいておく！

キャベツの葉は1cm幅、5cm長さのたんざく切り、芯は斜め薄切りにします。にんじんは3～4cm長さの細切りに。ピーマンは洗ってたて半分に切り、へたと種を除いて斜め細切りにします。

野菜は洗ったら水気を切り、切った後はバットや皿に入れて用意すると、手順よく炒められる。

野菜の切り方

●たんざく切り

キャベツは、芯をとり、葉を5cm幅に切り、重ねて1cm幅のたんざく形に切る。芯は斜め薄切りにする。

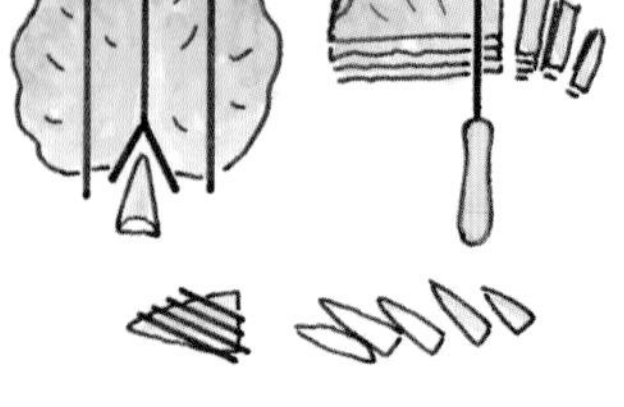

●細切り（せん切り）

にんじんは、たてに薄切りにし、重ねて細切りにする。

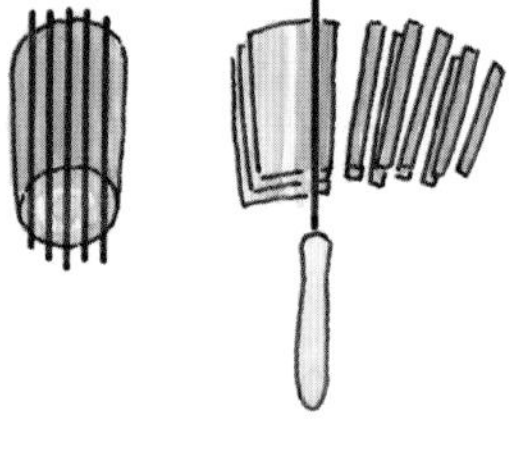

●斜め細切り

ピーマンは、たて半分に切り、へたと種をとる。重ねて斜め細切りにする。斜めに切ると長さをそろえやすい。

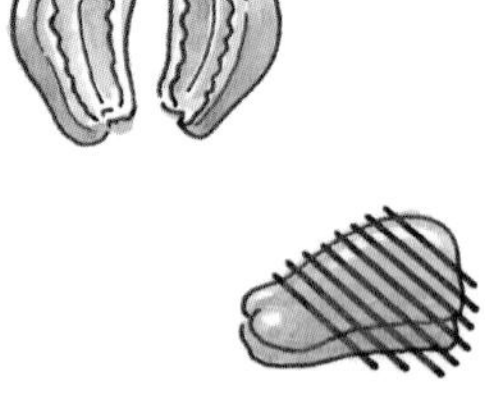

学習内容・目的
- 野菜の硬さや食べやすさを考えて切り方を工夫する。
- 野菜をおいしく炒めることができる。

炒めものは強火で手早くが原則ですが、焦げやすいので、授業では中火で炒めます。

油は、こぼしやすく危険なので、包丁をしまった班から渡すとよいでしょう。

3 フライパンでにんじんを炒める

樹脂加工のフライパンは、空焚きしないように油を入れてから加熱すること！

フライパンを中火にかけて熱し、サラダ油を入れます。油が温まったら、にんじんを入れ、菜箸やフライ返しなどで炒めます。

にんじんは火が通りにくいので、はじめに炒める。

4 野菜を順に加えて炒める

にんじんが少ししんなりしたら、ピーマン、キャベツの順に加え、炒め合わせます。

5 味をつけて仕上げる

全体にしんなりしたら、塩、こしょうをふり、最後に上下を返すようにしてひと混ぜし、すぐに皿に盛ります。

HELP フライパンから煙と火が出た！

☞ 油は熱し過ぎて300℃以上になると、煙が出て、フライパンに引火しやすくなります。もし引火したら、すぐに加熱の火を止め、ふたをしましょう。

炒める材料をそろえてから、フライパンを火にかけるようにしましょう。

安全ポイント

油はねに注意！

- フライパンの油に水分が落ちるとはねるので、注意します。野菜は、切る前によく水を切っておきましょう。
- 炒めるとき、野菜を少しずつ入れると油はねを起こしやすくなります。野菜で油にふたをするようにまとめて入れ、一気に炒めましょう。

炒めものをおいしく

炒めるときの姿勢

フライパンで炒めものをするときは、フライパンの柄を持つ手と、菜箸やフライ返しを持つ手が、ハの字（時計の針が8時20分になるように）にして調理すると、安定します。

野菜炒めの応用

ほかに、たまねぎ、もやし、青梗菜（チンゲンサイ）などの青菜、きのこなどを使ってもおいしく作ることができます。

調味料・香辛料として、トマトケチャップやウスターソース、カレー粉などを加えて変化をつけてもいいでしょう。

おいしく炒めるコツ

●強火で手早く加熱

熱しておいた鍋に油を入れ、材料から水分が出ないように、強火で手早く加熱します。

（樹脂加工のフライパンを使う場合は、空焚きしない、火を強くしすぎないなど注意します。）

●炒める時間をそろえる

火の通りにくい材料は先に炒めたり、薄く切ったり、下ゆでしたりしておくと、火が通って仕上がる時間がそろいます。

●できあがったらすぐに食べる

食べる直前に炒めて、すぐに食卓へ。

よくある失敗　ベチャベチャになってしまう！

これで解決！

●時間をかけずに手早く炒めることです。

●火力はずっと中火以上で。

●事前に材料の水気をよく切っておきます。（洗った後の水切りを十分にする・水気をよく拭き取ったまな板を使う・切った材料はざるに入れておくなど。）

●炒める前に下ゆでするもの、しないもの

じゃがいもやかぼちゃは、火が通りにくい野菜です。切ったら、炒める前に硬めに下ゆでしておきましょう。

（下ゆでは電子レンジを使ってもよいでしょう。）

●ほうれん草はなぜ、ゆでてから炒める？

ほうれん草以外の青菜やキャベツなどは、生のまま炒めますが、ほうれん草はゆでてから炒めます。これは、ほうれん草が他の青菜より多くのシュウ酸を含み、そのまま炒めると渋味が出るからです。ゆでてシュウ酸を取り除いてから炒めましょう。 ➡P.39参照

食べやすい長さに切った春雨などを炒めものの最後に加えると、水気を吸ってくれて、べたつきにくくなります。

緑黄色野菜を食べよう

野菜の種類

野菜には、根菜・葉野菜・果菜という分け方のほかに、色の違いによる分類もあります。

P.32 参照

「緑黄色野菜」は、赤やオレンジ、緑など色の濃い、にんじん、かぼちゃ、ピーマン、青菜類のこと。色の薄い、大根やキャベツ、きゅうりなどは「淡色野菜（その他の野菜）」と呼ばれます。

「緑黄色野菜」は、体に吸収されるとビタミンAの働きをするカロテン、ビタミンCのほか、青菜類にはカルシウムや鉄分も多く含まれています。料理の彩りもよくなるので、カレーや炒めもののほか、スープやおひたしなどで積極的にとりましょう。

「淡色野菜（その他の野菜）」はくせがないので、生食のサラダで食べることが多いのですが、「緑黄色野菜」と組み合わせて調理することもおすすめです。

また、「いも類」にもビタミンや無機質が多く含まれます。料理にボリュームが出るほか、加熱によるビタミンの損失が少なく、食物繊維も多いので、ぜひ使ってみましょう。

1日に食べる野菜の量

野菜には、ビタミン、無機質（カルシウムや鉄分など）、食物繊維などが多く、ほかの栄養素の働きを助けたり、病気から身体を守ったりする働きがあります。

厚生労働省では、1日にとる野菜量のめやすを350g以上としています。このうち「緑黄色野菜」を120g以上とるのが理想とされています。

野菜に多く含まれるビタミンは加熱によって失われやすいのですが、加熱するとかさが減ってたくさん食べられるメリットもあります。

「淡色野菜（その他の野菜）」も炒めものやスープなど火を通してかさを減らし、無理なくとれるように工夫しましょう。カロテンは油で調理すると吸収がよくなるなどの特長を理解して、上手に調理してとり入れましょう。

フードマイレージ

ECO（エコ）アドバイス

産地から各家庭まで、食物が運ばれてきた距離のことを「フードマイレージ」といいます。この距離が短いほうが輸送等でかかる環境への負荷が少ないので、国産の食品や地元の野菜を積極的に使用し、CO_2の削減につなげようという趣旨で提唱されています。

地元で産出された食物を、地元で消費しようという「地産地消」も同じような考え方です。

●地元の青菜を使ってみよう P.38 参照

ECO（エコ）アドバイス

ちらしでごみ箱を作ろう

生ごみは濡らさないように、広告（ちらし）を折って作った箱に入れて箱ごと捨てましょう。

P.35・P.68・P.77・P.158 参照

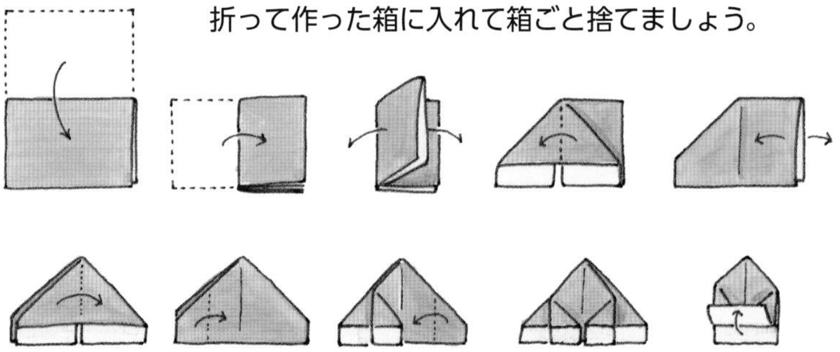

応用 焼きそば

野菜たっぷりでヘルシーに。

■材料（1人分）

蒸し中華めん……2/3玉
魚肉ソーセージ……1/3本
キャベツ……40g
ピーマン……20g（大1/2個）
にんじん……20g
サラダ油……8g（小さじ2）
ウスターソース……18g（大さじ1）
塩……1g（小さじ1/6）
こしょう……適量

■作り方

❶魚肉ソーセージはたて半分に切り、斜め薄切りにする。キャベツは1cm幅のたんざく切り、ピーマンとにんじんは細切りにする。
❷中華鍋を熱してサラダ油を入れ、油が温まったらにんじんを入れて炒め、ピーマンとキャベツ、ソーセージを加えてさらに炒める。
❸めんをほぐし入れて炒め、ウスターソース、塩、こしょうで調味する。

●野菜の切り方 ➡ P.46 参照

麺は水洗いしてほぐし、水気をよく切ってから使うと、すぐにほぐれてぶつぶつ切れることが少なくなります。

応用 キャベツとちくわのカレー風味ソテー

食欲をそそるカレー風味で。

■材料（1人分）

ちくわ……40g（小1本）
キャベツ……50g
にんじん……20g
ピーマン……30g
サラダ油……12g（大さじ1）
カレー粉……小さじ1/3
塩……1g（小さじ1/6）
こしょう……適量

■作り方

❶ちくわは5mm厚さの斜め切りにする。キャベツは5cm長さ、1cm幅のたんざく切りにする。にんじんは3〜4cm長さのたんざく切り、ピーマンは斜めに細切りにする。
❷フライパンを熱してサラダ油を入れ、油が温まったらにんじんを入れて炒め、ピーマン、キャベツ、ちくわを加えて炒め合わせる。
❸カレー粉、塩、こしょうで調味する。

にんじんを油で炒めると、油の色が朱色になります。これはにんじんに含まれるビタミンの一種カロテンが油に溶け出したから。油に溶けるビタミンには、他にビタミンDやEがあり、これらを含む野菜はどれも油を使って調理をすると、ビタミンが吸収されやすくなります。

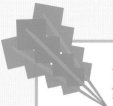

盛りつけ上手「盛りつけのアイディア」

普通の白い皿やかごも、ひと工夫のアレンジで、ぐんとおしゃれになります。実習で作った料理などを持ち寄って、みんなでチャレンジしてみましょう。

平皿に、オーロラソース（P.34）を入れたココットやミニカップをのせます。周りにゆで卵や焼きアスパラガス、ミニトマトなどを彩りよく並べ、ソースをかけて食べます。

パンやチーズを切るカッティングボードを皿にして、ひと口サイズの野菜を並べます。写真はゆでたにんじんとミニトマトにクリームチーズをはさんだもの。

ガラスのボウルと平らなガラス皿にそれぞれフルーツを並べ、重ねてテーブルにセット。食べる時に上の皿を外して取り分けます。

オーブンペーパーや紙ナプキンを敷いたかごに、ポテトサラダやスティック野菜を詰めたグラス、薄切りのフランスパンを入れます。

食品のおよその重さを知ろう！

食べ物のおよその重さがわかると、材料を買うときに便利なだけでなく、食べた量がわかって健康管理にも役立ちます。市販食品の重さの表示を見たり、食品の実際の重さを量ったりして、およその重さがわかるようになりましょう。

卵（小1個▶50g）
卵と同じ位の大きさなら、いもや魚、肉なども約50gです。

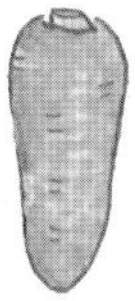

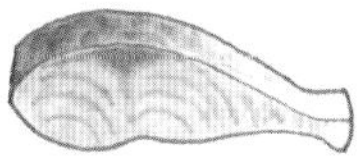

りんご（中1個▶250g）

●200mLの飲み物のパックと同じ位の大きさの大根やにんじん、こんにゃくなどは200g

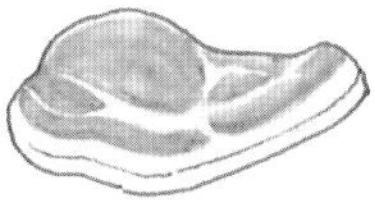

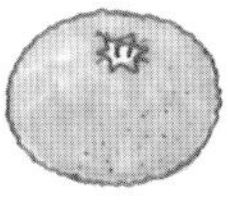

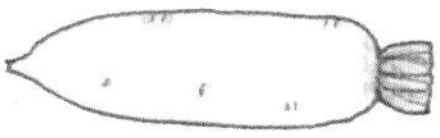

みかん（中1個▶100g）
コンビニのおにぎりは100g
とんかつ用のロースは1切れ100g
魚の切り身は1切れ約80g

●1Lのペットボトルと同じ位の大きさの大根は1kgです。

NO.
10 炒める
スクランブルエッグ

時間のめやす 40分

材料（1人分のめやす）
- 卵…50〜60g（1個）
- 牛乳…5mL（小さじ1）
- 塩…0.6g（小さじ1/10）
- こしょう…適量
- バターまたはサラダ油…4g（小さじ1）

用具 ボウル・菜箸・フライパン

基本の流れ

1 卵を割って、ほぐす

卵をそっと洗い、器に割り入れて菜箸で溶きほぐします。

カラザはとらなくてよい。あまりほぐしすぎると卵が固まる力が弱まる。
➡ P.28 参照

2 牛乳と調味料を加える

牛乳、塩、こしょうを加えて混ぜ、卵液を作ります。

3 バターを溶かす

フライパンを弱火にかけて温め、バターを入れます。フライパンを回しながらバターを溶かして広げます。

実習で使うフライパンは樹脂加工のものが適していますが、樹脂加工のフライパンは空焚きしないように注意しましょう。

卵の割り方

卵は平らな台に中央を軽く打ちつけてひびを入れ、ひびに両手の親指の先を当て、第一関節を曲げて、そっと広げて割ります。角に打ちつけるとひびがくぼんで殻が中に入りやすくなります。

複数の卵を使うときは、1個ずつ小さな器に割り、傷みなどがないか確認してからまとめます。

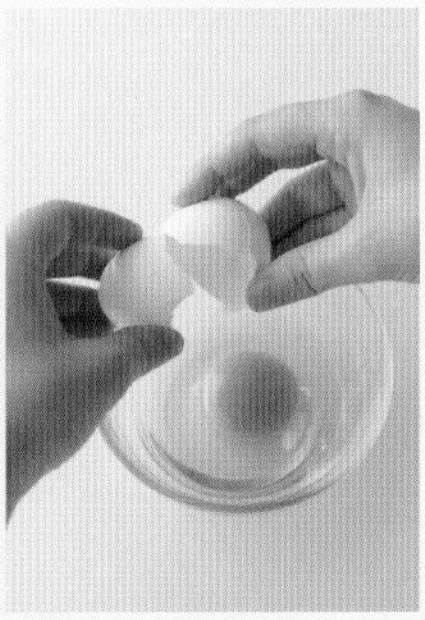

学習内容・目的 ● フライパンを使って卵を焼く。

4 卵液を入れる

バターが溶けて少し泡立ってきたら、卵液を一度にフライパンに流し入れます。

5 炒める

トーストにのせれば、オープンサンドになる。

菜箸で大きく円を描くように混ぜて火を通します。皿に盛ります。

調理実習では卵を半熟ではなく完全に火を通して仕上げる。ただし、焦げやすいので、ずっと弱火で調理すること。

つけ合わせは、ブロッコリーやミニトマトを。

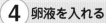

盛りつけ上手

洋風の料理ではつけ合わせは、メイン料理の向こう側（皿の後方）に盛ります。

よくある失敗 バターを焦がしてしまった!

これで解決! 焦げたバターのにおいが卵に移るので、バターを拭き取ってフライパンを洗い、はじめからやり直します。

よくある失敗 炒めすぎて、ぽろぽろになってしまった!

これで解決! マヨネーズ少々であえると食べやすくなります。

食材memo

卵の保管と保存の方法

●新鮮な卵の選び方 ➡ P.28 参照

●冷蔵庫では空気室側を上に

卵は、空気室側（丸みがゆるやかなほう。とがっている側の反対）の空間で呼吸をしています。空気室を下にして冷蔵庫で保存すると、呼吸がしにくく、鮮度が落ちやすくなるのです。

店で売られているパックに詰められた卵も空気室側を上にしてあります。確かめてみましょう。

●濡らさない！

卵は新鮮でも、殻や内部がサルモネラ菌に汚染されていることがあります。殻を濡らすと細菌が通過する場合もあるので、濡らさないように保存しましょう。

●ほかの食品に触れさせない

卵の殻から雑菌が移る危険があるので、パックごと冷蔵するなど、ほかの食品に触れないようにします。また、調理するときも盛りつけ用の食器に割り入れると、危険です。

●割ったらすぐ使う

卵は割ったらすぐに使うこと。ひびが入ったものは、完全に火を通し、半熟では食べないようにしましょう。

ECO（エコ）アドバイス　卵の殻は燃えるごみ！

応用　チーズ入り オムレツ

具をのせて半分に折るだけ。

■材料（1人分）

卵……1個
牛乳……5mL（小さじ1）
プロセスチーズ……15g
ミニトマト……2個
バターまたはサラダ油……4g（小さじ1）

■作り方

❶プロセスチーズは1cm角に切り、ミニトマトはへたを除いて洗い、水けを拭いて四つ切りにする。
❷卵は容器に割りほぐし、牛乳を加えて混ぜる。
❸フライパンを中火にかけて温め、バターを入れて回しながら溶かす。❷の卵を入れてフライパンの底全体に広げ、❶のチーズとトマトを散らす。卵の表面が乾いてきたら半分に折る。

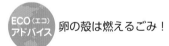

●みじん切りしたパセリなどをふると彩りがきれいです。

●バターを使う場合、焦がさないよう、バターがある程度溶けたら、まだ固まりがあっても卵液を入れるようにしましょう。サラダ油を使うほうが失敗は少なくなります。

応用 和風 ポロポロ炒り卵

細かく炒るので、卵白の固まりがなくなるまでよく混ぜておくこと。

■材料（1人分）

卵……１個
砂糖……3g（小さじ1）
塩……0.6g（小さじ1/10）
サラダ油……2g（小さじ1/2）

■作り方

❶卵は容器に割りほぐし、砂糖と塩を加えてよく混ぜ、卵液を作る。
❷小さめのフライパンまたは小鍋にサラダ油を入れ、中火にかけて温める。
❸❶の卵液を入れ、菜箸3〜4本で絶えず混ぜながら細かくし、ポロポロになるまで火を通す。

焦げそうになったら、フライパンを濡れぶきんにあてて冷ますと、細かく、きれいな色に仕上がります。

応用 卵アレルギーの子どもに 炒り豆腐

卵アレルギーの子どもにを対象にした実習のほか、お弁当のおかずにも便利。

■材料（1人分）

木綿豆腐……50g
長ねぎ、きのこ（しめじなど）……各10g
ごま油……2g（小さじ1/2）
砂糖・しょうゆ……各小さじ1

■作り方

❶長ねぎ、きのこは粗いみじん切りにする。
❷小鍋にごま油を熱し、中火にして豆腐を入れ、ほぐしながら炒める。豆腐がポロポロにほぐれたら❶も加え、炒め合わせる。
❸きのこがしんなりとしたら砂糖、しょうゆを加えて混ぜ、汁気がなくなるまで炒り煮にする。

干し桜えびを1gほど入れて炒めると、うまみが出て香ばしくなります。

NO. 11

煮る

野菜スープ

時間のめやす 40分

材料

(1人分のめやす)
ウインナーソーセージ…30g (2本)
にんじん…10g
じゃがいも・キャベツ…各20g
たまねぎ…30g
セロリ…5g
水…200mL (1カップ)
固形スープの素…1/4個
塩…0.6g (小さじ1/10)
こしょう…適量

用具

ふたつきの鍋・ざる・玉じゃくし・菜箸・包丁・まな板・小皿・竹串

基本の流れ

1 材料を切る

野菜は洗って水気を切り、ソーセージとともに、それぞれの形や大きさに切り、小皿などに入れておきます。

●野菜の切り方 ➡ P.46 参照

2 火の通りにくい野菜を先に煮る

鍋に水を入れて中火にかけ、固形スープの素、火の通りにくい野菜（たまねぎ、にんじん、じゃがいも）を入れ、ふたをして沸騰させます。

野菜の切り方

➡ P.46 参照

●にんじんは皮つきのまま洗い、2mm厚さのいちょう切り。

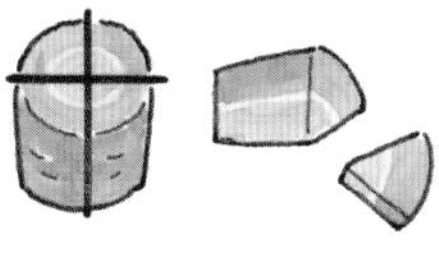

●じゃがいもはこすり洗いして皮をむき、芽を取り除いて2cm角のさいの目切り。2〜3分間水にさらして水気を切る。

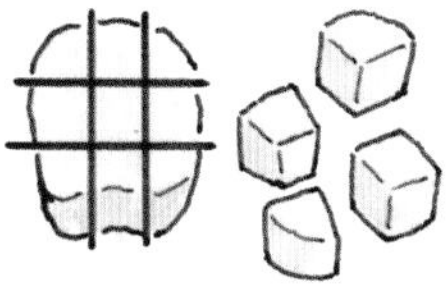

●たまねぎは皮をむいて洗い、根のつけ根を切り取って2cm角のさいの目切り。

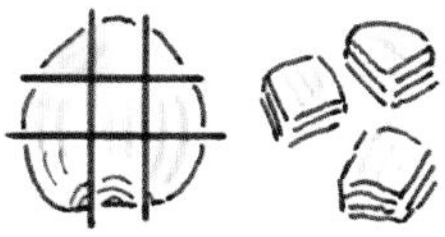

●キャベツは1枚ずつはがして、流水にかけて洗い、水気を切る。芯を切り取り、薄切りに。葉は2cmの色紙切り。

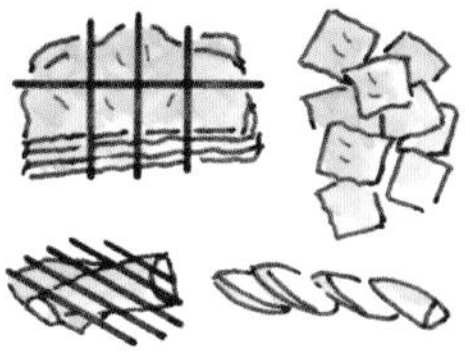

●セロリはたての斜め切り。

●斜め細切り ➡ P.46 参照

●ウインナーソーセージは1cm幅の小口切り。

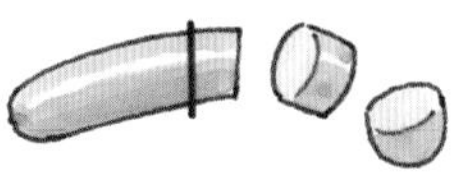

●野菜を洗う ➡ P.30・P.32 参照

学習内容・目的
- 野菜を入れた洋風の汁ものを作る。
- 野菜の種類別の扱い方・煮る順序を理解する。
- 汁ものの基本の調味ができる。

安全ポイント
●吹きこぼれに注意！
ふたをして煮る場合、煮たったら火を弱め、ふたを少しずらしてふきこぼれを防ぎます。

3 残りの具を加える

弱火にして5分間沸騰させたらアクを取り、野菜に火が通っているかどうか、竹串などを刺して確かめます。キャベツとセロリ、ソーセージを入れて再び沸騰したら、5分間煮て、塩、こしょうで調味します。 ●アクを取る ➡ P.59 参照

4 味見して仕上げる

玉じゃくしで少量の汁を小皿にとり、味をみて、薄ければ塩、こしょうを足してからスープ皿に盛ります。好みで粉チーズをふってもいいでしょう。

味見のしかた
小皿に汁を少しとり、味をみます。塩味は最初控えめにするのがポイント！

安全ポイント
●できあがりを盛りつけるときは、鍋に皿を近づけて台においたまま玉じゃくしで注ぎます。

●椀の場合は、椀を手に持って玉じゃくしで盛りつけます。椀は深さがあり、木製なので熱が手に伝わりにくいためです。

よくある失敗 スープが少なくなった！

これで解決！ 水を足します。これは、強火で煮すぎて水分が蒸発してしまったせい。火加減は、沸騰までは強〜中火、沸騰したらふたをして弱火にしましょう。

応用 パンのせスープ

スープを吸ったパンがふわふわトロリ。

■材料（1人分）

ウインナーソーセージ……30g（2本）
にんじん……10g
たまねぎ……30g
じゃがいも・キャベツ……各20g
セロリ……5g
さやえんどう……5g
フランスパン……1切れ
水……200mL（カップ1）
固形スープの素……1/3個
塩……1g（小さじ1/6）
こしょう・粉チーズ……各適量

■作り方

❶野菜とソーセージは野菜スープと同様に切る。
❷鍋に水と固形スープの素、にんじん、じゃがいも、たまねぎを入れ、ふたをして煮立てる。弱火にして5分間煮て、キャベツ、セロリ、ソーセージを加える。
❸さらに5分間煮込み、塩、こしょうで調味し、再び煮立ったらスープ皿に盛り、フランスパンをのせて粉チーズをふる。

応用 ミネストローネスープ

たっぷり野菜でお腹いっぱい、体もポカポカ。

■材料（1人分）

ウインナーソーセージ……30g
　※またはベーコン 20g
にんじん……10g
たまねぎ……30g
キャベツ……20g
セロリ……5g
パセリ……少量
トマトまたはミニトマト……20g
スパゲッティ……5g
水……200mL（カップ1）
固形スープの素……1/4個
こしょう・粉チーズ……各適量

■作り方

❶ソーセージ、にんじん、たまねぎ、キャベツ、セロリは野菜スープと同様に切る。トマトはヘタを取って5mm角に切り、スパゲッティは短く（2～3cm）折る。
❷鍋に水とスープの素、にんじん、たまねぎ、スパゲッティを入れ、ふたをして煮立てる。弱火にして5分間煮て、キャベツ、セロリ、ソーセージ、トマトを加える。
❸さらに5分間煮込み、塩、こしょうで調味し、再び煮立ったらスープ皿に盛り、パセリ、粉チーズをふる。

ECO（エコ）アドバイス　野菜スープには、残り野菜を利用しましょう！

ミネストローネ

　ミネストローネはイタリアの野菜スープで、「具だくさん」という意味。名前の通り、たっぷりの野菜を小さめに切って煮込み、うまみを出します。地方によって、トマトを加えたり、パスタやゆでた豆、米を使ったりと具はさまざまですが、仕上げに粉チーズをふるのはどこも同じです。

名前を知っていますか？

主な調理器具

●上段左から
玉じゃくし・穴じゃくし・フライ返し・泡立て器・しゃもじ・菜箸（さいばし）・上皿自動ばかり・片手鍋・両手鍋
●下段左から
バット・ボウル・ざる・計量スプーン・計量カップ・洗いおけ・文化鍋

主な食器

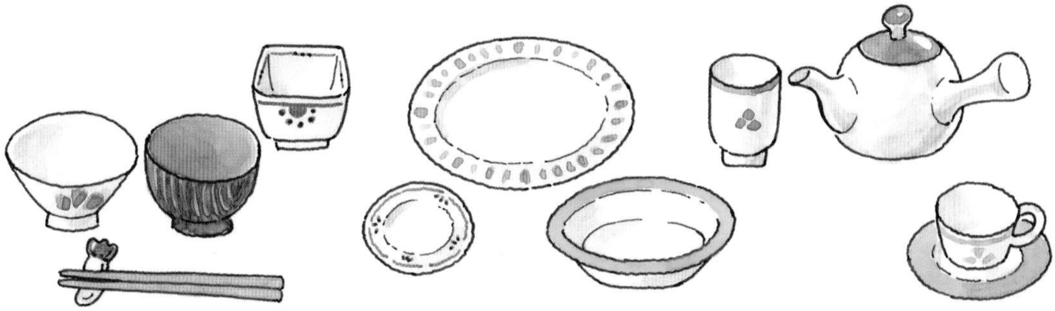

●左から
茶碗・箸置き・箸・汁椀・小鉢・小皿・大皿・スープ皿・湯のみ・急須（きゅうす）・カップと受け皿（ソーサー）

アクを取る

アクとは、食材に含まれる、えぐ味や渋味などの不快な味の成分のこと。これを除くと、汁のにごりが防げ、味もすっきりとします。

アクを取るには、沸騰している鍋の表面に浮く泡を、玉じゃくしですくいます。水を入れたボウルに玉じゃくしを入れ、ついたアクを落としてから、くり返しすくい取ります。汁まですくわず、泡だけをすくうように注意しましょう。

●ほうれん草のアク P.39 参照

NO.
12 煮る にんじんのグラッセ

材料
(1人分のめやす)
にんじん…50g
砂糖…3g (小さじ1)
塩…0.3g (小さじ1/20)
バターまたはサラダ油
…4g (小さじ1)

用具
ふたつきの小鍋※・まな板・包丁・菜箸(さいばし)・竹串
※片手鍋が使いやすい

基本の流れ

1 にんじんを切る

にんじんは皮つきのままこすり洗いし、8mmの厚さの輪切りにします。

●こすり洗い ➡ P.32 参照

本来はシャトーに切りますが、面取りなどで材料に無駄が出るので、日常では輪切りが好ましい。にんじんが太い場合は半月切りでもよいでしょう。

さつまいも、かぼちゃは一口で食べられるくらいの大きさに切ります。

●野菜の切り方 ➡ P.46・P.56 参照

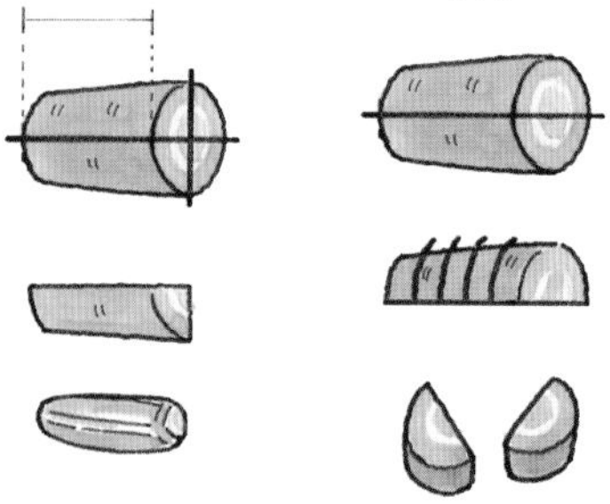

2 鍋ににんじんと水を入れる

鍋ににんじんを平らに並べて、にんじんの表面が見え隠れするくらいの水を入れます。

この水の量(ひたひた)が煮物に加える水の基本量。 ➡ P.26 参照

面取り

煮くずれを防ぐため、野菜の角(かど)を細く切り落とすことを「面取り」といいます。見た目も美しく仕上がります。

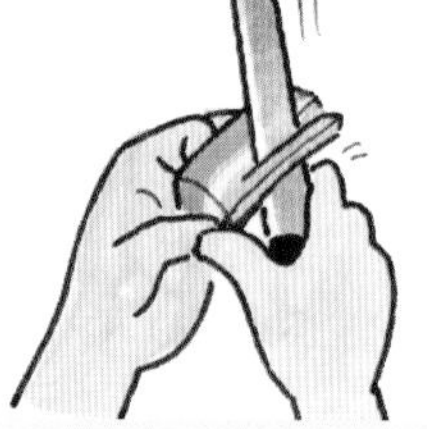

学習内容・目的　● 野菜をおいしく煮る。

盛りつけ上手

肉や卵、魚などの主料理を皿に盛り、その向こう側にいくつかのつけ合わせとともに並べて盛ります。弁当のおかずにも合います。

3 煮る

　砂糖、塩、バターまたは油を加えてふたをし、中火にかけて煮立てます。沸騰後5分間煮て、にんじんがやや柔らかくなったら、ふたを取ってさらに煮て、水分を蒸発させます。

柔らかさは、竹串で刺して調べる。スッと刺さったら、OK。

4 できあがり

　水分が蒸発して、にんじんがつやよくなったらできあがり。

●焦げないように火加減に注意する。
●煮汁が少なくなったらふたを取って鍋をゆすりながら仕上げる。

グラッセを焦がさないために

にんじんのグラッセの失敗でいちばん多いのは、焦げてしまうこと。仕上げのときは特に鍋から目を離さないようにしましょう。

よくある失敗

煮汁がなくなった！

これで解決！

材料がまだ煮えていないのに煮汁がなくなったときは、焦げる前に、水かだし汁を足して煮ましょう。

煮汁を蒸発させすぎると煮物の表面が揚げたようになり、見た目も味も落ちてしまいます。

よくある失敗

焦げてしまった！

これで解決！

水や煮汁を足すと、焦げ臭さが広がるので、にんじんだけを取り出します。

焦げた鍋は水を入れてしばらくおいてから洗います。

ひどく焦げたにんじんは、体に悪いのでごみ箱へ。焦げ目が少なければ、焦げた部分を削って食べましょう。

グラッセ

にんじんのグラッセは、洋風料理のつけ合わせでおなじみの煮物です。フランス語でglacéは、「氷のように表面にキラリと光沢の出るつやのある料理」のことをいいます。

マロングラッセなど、砂糖衣をつけてつやを出したお菓子もグラッセといいます。

煮物の基本

作り方

材料を鍋に入れ、だし汁か水を入れてふたをし、強火～中火で加熱します。

煮立ったら中火にし、調味料を入れてふたをして、材料が柔らかくなるまで煮ます。

日本の煮物は、煮豆以外は強火～中火できりっと仕上げるのがコツです。

調味料の割合（%）のめやす

●砂糖は、材料の3%
（材料100gにつき小さじ１）

●塩分は、1.2～1.5%
（1.2%塩分の場合、塩は材料100ｇにつき小さじ1/5、しょうゆで味をつける場合は小さじ1＋1/2、みその場合は大さじ3/4）

水やだし汁の量は？

きんぴらごぼうなど、硬い歯ざわりを残す場合を除き、鍋に入れた材料の高さの80%がひたる程度の水かだし汁を入れます。後でしょうゆや砂糖などを加える場合は、その分少なめにします。

ECO（エコ）アドバイス

材料は、火の通りを考え、種類ごとに大きさをそろえて切り、煮立ったら火を弱めましょう。また、ふたをして加熱すると熱や蒸気が逃げにくくなって速く煮え、加熱時間が短縮できるので、燃料の無駄が防げます。

●速くゆでるための工夫 ➡ P.33 参照

さつまいもやかぼちゃなど、もともと甘味がある野菜でおいしいグラッセを作るには、甘味を足すのがコツ。バターを加えると味にコクが出ます。お弁当など冷えた状態で食べる場合は、バターをサラダ油やオリーブ油に代えましょう。

お茶をいれよう

煎茶（せんちゃ）和

【材料（１人分）】
茶葉……2g（小さじ１）
熱湯……150mL
（急須を温める湯は含まない）

①湯を沸かす。
②人数分の茶碗に沸騰した湯を8分目注ぎ入れ、茶碗を温める。その際、湯が約85℃くらいに冷める。
（湯冷ましという道具に湯を入れて冷ますこともできる。その場合、茶碗を温めた湯は捨てる。）
③急須にも湯を入れ、急須が温まったら湯を捨てる。
④急須に茶葉を入れ、茶碗の湯を注ぎ入れてふたをし、１分間おく。

⑤全部の茶碗にまず半分の量の茶を注ぎ、残りは逆の順番で注ぐと濃さが同じになる。急須のお茶は最後まで注ぎきる。
⑥茶たくにのせて、あればふたをして、人にすすめる。

番茶・ほうじ茶

【材料（１人分）】
茶葉……2g（小さじ１）
熱湯……150mL
（急須を温める湯は含まない）

❶湯を沸かす。
❷急須に湯を入れて温め、湯を捨てる。
❸急須に茶葉を入れ、熱湯を注いでふたをし、30秒おく。
❹温めた湯のみに、濃さが同じになるように茶を注ぐ。

紅茶

【材料（１人分）】
茶葉……2g（小さじ１）
熱湯……150mL

❶湯を沸かす。
❷ポットとカップに熱湯を注ぎ入れて温め、湯を捨てる。
❸ポットに茶葉を入れ、熱湯を注ぎ入れてふたをし、１～3分間蒸らす。
❹ポットの中をスプーンなどで軽く混ぜ、茶こしを通してカップに注ぐ。
❺カップを受け皿（ソーサー）にのせ、スプーンを添えてすすめる。

NO. 13 煮る

カレー

時間のめやす 50分

材料

(2人分のめやす)
ウインナーソーセージ…80g
にんじん…30g
たまねぎ…40g
じゃがいも…50g
カレールー…2人分
サラダ油…4g（小さじ1）
水…300mL

用具

ふたつきの鍋・まな板・包丁・菜箸（さいばし）・玉じゃくし・木べら・ボウル・ざる・小皿

基本の流れ

1 野菜を洗う

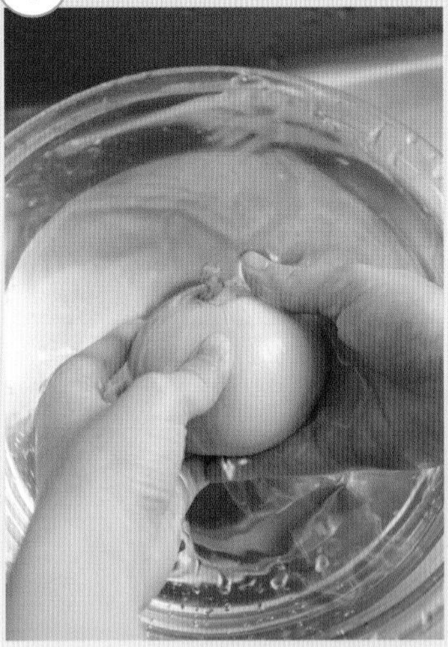

にんじんとじゃがいもは皮つきのまま、流水でこすり洗いし、たまねぎは茶色の皮をむいて、こすり洗いします。

●こすり洗い ➡ P.30 参照

2 材料を切る

にんじんは、皮つきのまま1.5cm角のさいの目切りにします。じゃがいもは皮をむいて芽をえぐり取り、2cm角のさいの目切りにして水にさらします。たまねぎは皮と根の付け根を切り、2cm角に切ります。ウインナーソーセージは1cm幅に切ります。切った野菜は、ざるに入れて水気を切ります。

野菜はそれぞれの大きさにそろえて切り、じゃがいもは水にさらし、ほかの野菜と一緒にざるに上げておく。

3 野菜を炒める

鍋を中火にかけて熱し、サラダ油を入れてにんじん、たまねぎ、じゃがいもを炒めます。

炒めるのは、全体に油がからまるくらいまで。

盛りつけ上手

カレーライスは皿の片側にごはんを寄せて盛り、カレーをごはんに少しかけます。ごはんは型抜きにしてもきれいです。

学習内容・目的 ● 市販のルーやカレー粉を利用して、おいしいカレーを作る。

安全ポイント

●とろみのある料理は、沸騰の勢いで飛び散ることがあるので、やけどに注意します。肌につかないように長袖を着る、鍋を覗き込まないなど、気をつけましょう。

4 煮る

分量の水とソーセージを入れてふたをし、強火で煮立てます。沸騰したら中火にし、約10分間煮て、野菜に火を通します。

5 ルーを入れて煮る

火を止めてルーを割り入れ、再び弱火にかけます。

6 味を調える

焦げないように木べらで底をこするように混ぜながら、5分間煮ます。味をみて、薄ければ塩（分量外）で味を調えます。カレーライスにするなら皿にごはんを盛り、カレーをかけます。

●味見のしかた ➡ P.57 参照

●野外で調理をする場合は、事前に洗って切った野菜の水気を切って、ジッパーつきポリ袋などに密閉して持って行きましょう。
●ソーセージは現場で切りましょう。

よくある失敗 ルーを入れて加熱したら、焦げそう！

これで解決!

●火を弱め、木べらで、鍋底と側面を「なで、はがすように」混ぜましょう。

具の話

●季節の野菜を使ってカレーを作ってみよう

旬の野菜をたくさん使って、いろいろなカレーに挑戦してみましょう。なす・トマト・さやいんげん・オクラ・ピーマン、豆の水煮缶詰めを入れてもおいしくなります。

また、最後にりんごやバナナを入れると、甘味が出ます。

●生肉に注意！

生の肉や魚は小学校の調理実習では使いません。生肉や魚にはサルモネラや腸炎ビブリオなどの食中毒菌が付着している危険性があり、小学生では衛生的な取り扱いが難しいからです。野外活動などの行事でも、生肉の使用はさけましょう。

紹介したようにソーセージやツナなどで代用しましょう。

ECO（エコ）アドバイス

カレーの鍋や皿は、古新聞やチラシ、古布などでふきとってから洗うと水の汚れを減らせます。

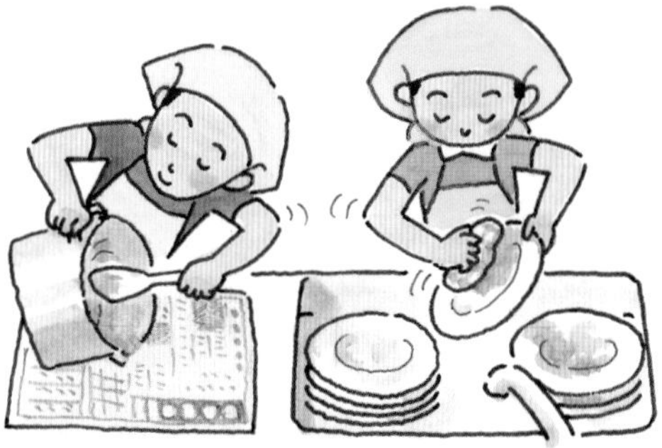

スパイスの話

●スパイスの効用

スパイスには、肉や魚の匂いやくせを消す、食物の保存に役立つ、香りや辛味で食欲を増す、体を温めるなど、薬と同じような効果があります。

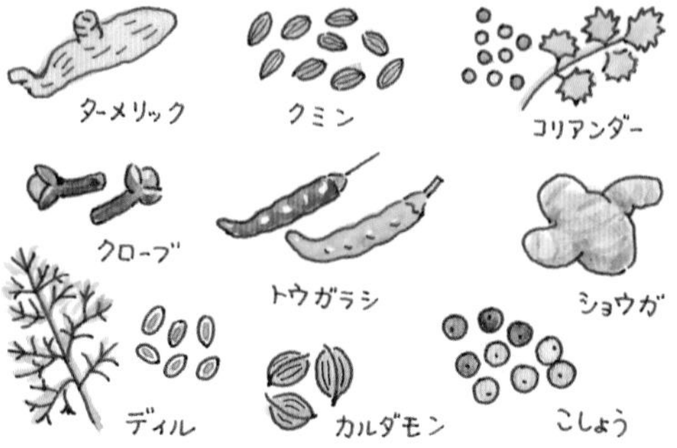

●市販のカレー粉にはどんなスパイスが使われている？

カレー粉はさまざまなスパイスを混ぜて作られるミックススパイス。色や辛味、香りなど、それぞれの特徴を生かして配合されています。

代表的な組み合わせは、以下のとおり。

黄色い色→ターメリック
香　　り→クミン、コリアンダー、クローブ、ディル、カルダモンなど
辛　　味→しょうが、とうがらし、こしょうなど

●市販のカレールーには何が入っている？

市販のカレールーはカレー粉に、油、とろみやうまみ成分、塩などの調味料を加えて作られています。スパイスの割合によって、辛さの度合が変わります。

応用 シチュー

カレールーをシチューの素に替えるだけ。

■材料（1人分）

ウインナーソーセージ……3本
にんじん……30g
たまねぎ……40g
じゃがいも……50g
ブロッコリー……40g
サラダ油……4g（小さじ1）
シチューミックス（顆粒）※……2.5〜3g
水……300mL
※市販のシチューミックス（シチュールー）はメーカーによって加える分量が異なるので、表示に従って加えること。

■作り方

❶野菜は洗い、にんじんは皮つきのまま1.5cm角のさいの目切りに。じゃがいもは皮をむいて芽をえぐり取り、2cm角のさいの目切りにして水にさらす。たまねぎは茶色の皮と根を取り、2cm角に切る。ソーセージは1cm幅に切る。ブロッコリーは小房に分ける。
❷鍋を中火にかけて熱し、サラダ油を入れ、にんじん、たまねぎ、じゃがいもを炒める。
❸分量の水とブロッコリーとソーセージを入れてふたをし、強火で煮立てる。沸騰したら中火にし、約10分間煮る。
❹火を止めてシチューミックスを入れた後、弱火で5分間、木べらで混ぜながら煮る。味を調えてできあがり。

●野菜の切り方 ➡ P.46・P.56 参照

応用 カレーうどん

ゆでうどんを使って短時間にできる主食。

■材料（1人分）

ゆでうどん……2/3玉
ウインナーソーセージ……1〜2本
にんじん……20g
たまねぎ……30g
サラダ油……4g（小さじ1）
カレールー……10g（1/2人分）
うどんつゆ（ストレートタイプ）……150mL
水…150mL

■作り方

❶にんじんは薄いいちょう切り、たまねぎは薄切りにする。ソーセージは1cm幅に切る。
❷鍋にサラダ油を熱し、中火でにんじん、たまねぎを炒める。分量の水を加えてにんじんが柔らかくなるまで煮る。
❸火を止めて、うどんつゆとウインナーソーセージを加え、カレールーを割り入れ、弱火で5分間煮る。
❹うどんは分量外の熱湯に入れてほぐし、ざるに上げて湯を切り、どんぶりに入れ、❸をかける。

●野菜の切り方 ➡ P.56 参照

好みで小口切りにした長ねぎを薬味に添えてもよいですね。

NO. 14

調理の基本

調理実習の後片づけ

時間のめやす 30分

準備
エプロン・三角巾・必要ならマスク
台ふきん・食器用ふきん・手拭きタオル
スポンジ・食器用洗剤または石けん
紙のごみ箱

基本の流れ

1 食器は重ねて片づける

油汚れとそうでないものを分け、同じ形のものなどを重ねて片づけます。

汚れは紙の箱へ。

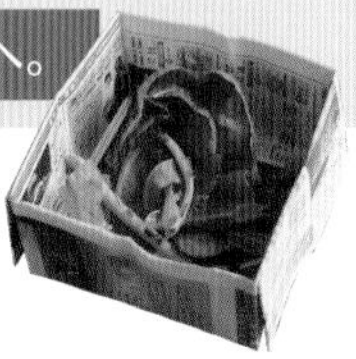

●紙のごみ箱の作り方 ➡ P.49 参照

2 油汚れを拭き取る

油で汚れた皿を拭き取ります。

油汚れは、古い電話帳を半分に切った古紙や古布、古新聞などで拭く。

3 食器や道具を洗う

食器、鍋、包丁・まな板などを洗います。食器は、刃物や割れやすいもの→汚れの少ないもの→汚れの多いものの順で洗いましょう。

●包丁の扱い方 ➡ P.42 参照

安全ポイント

●食器洗いは、割れやすいものを先に洗います。包丁は、使ったらすぐに洗って片づけましょう。
●水が床にこぼれたら、すぐに拭きましょう。→転倒の危険が大。

●食器を割ってしまったら？ ➡ P.11 参照

ECO（エコ）アドバイス

油汚れは新聞紙などで拭き取りましょう。こうすると、水を汚さずにすみます。 ➡ P.66 参照

HELP 洗い物の最中に指を切った！

☞ 切った指のつけ根をしっかり押さえ、手を心臓よりも高く掲げます。

よくある失敗

洗剤がすぐになくなってしまう。

これで解決！

石けん水は、お皿ではなくスポンジにつけます。スポンジをパフパフもんで泡を出し、泡で洗いましょう。泡が油分を包んで落とすのが、洗剤のしくみです。

学習内容・目的

● 調理実習の後片づけを、衛生面や安全面に注意しながら協力して手早く行うことができる。

元栓の閉め忘れを防ぐために、「元栓を閉めた班から雑巾を取りに来てください」と呼びかけ、その後の作業と組み合わせましょう。

4 水気を拭き取る

食器は縁や裏側、糸底まできれいに拭き、同じ形のものを重ねます。包丁とまな板もしっかり水気を拭き取っておきます。

●まな板の扱い方 ➡ P.43 参照

5 食器を収納し、調理台周りをそうじする

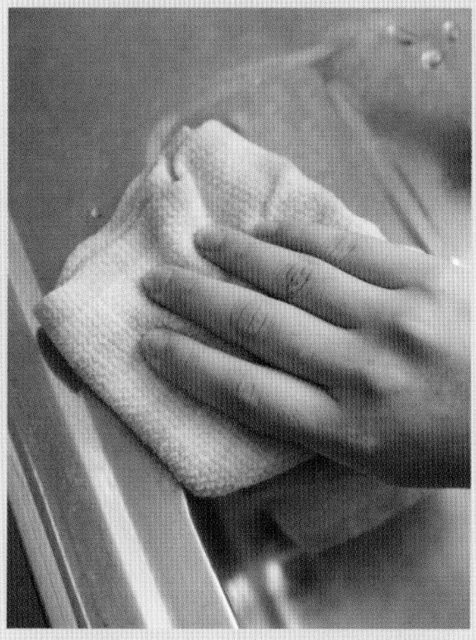

食器を収納し、ガス台、調理台をそうじします。ガス台のそうじの際には、元栓が閉まっているかどうかも確認します。

6 残菜を始末し、流しと床をそうじする

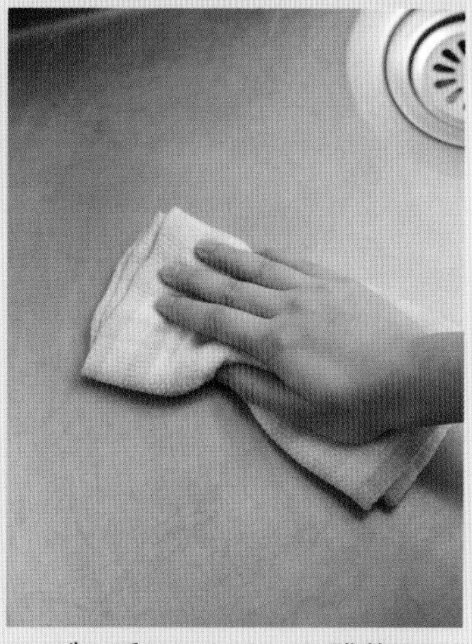

ごみ受けにたまった残菜は、水気をよく切って始末します。流しの中も洗い、水を拭き取っておくと、水あかがつきません。最後に床を拭きそうじします。

ガス台や調理台は、台ふきんで拭く。

流しの中のごみ受けも忘れずに洗う。

水滴は一滴残らず拭けましたか？

後片づけの「3つの点検ポイント」

①**ガス台**（元栓を閉めたか、ガスコンロの下を拭いたか。）

②**食器洗い**（皿や鍋の裏も洗ったか、水粒が一滴もついていないか。）

③**流しと床**（流しと流しのごみ受けを洗ったか。床にごみがないか。）

作業前に子どもに教えておきます。この3つを教師が点検し、「合格！」判定を受けた班から実習の反省や記録を書くようにするといいでしょう。

よくある失敗

台ふきんと食器用ふきんがごちゃごちゃになる。

⬇

これで解決！

台ふきんは「台」、食器用は「食」などと書いておくか、色分けしておきましょう。

➡ P.9 参照

和

日本の伝統文化

野菜を漬ける

野菜の即席漬け

材料 (1人分のめやす)
きゅうり…20g
キャベツ…20g
大根…10g
塩…1.2g（小さじ1/5）

用具 包丁・まな板・ボウル

1 野菜を洗う

きゅうりと大根はこすり洗い、キャベツはふり洗いします。

●野菜の洗い方 P.30・P.46 参照

2 野菜を切る

きゅうりはへたを除いて薄い輪切り、キャベツは芯を除いて、葉は長さ5～6cm、幅1cmのたんざく切りに、芯は斜め薄切りします。大根は皮つきのまま細切りにします。

●野菜の切り方 P.46・P.56 参照

3 塩でもむ

切った野菜をボウルに入れ、野菜の重さの2%の塩をふり、手でもみます。

ジッパーつきポリ袋に入れて、もむ方法もあります。

衛生ポイント

●野菜はよく洗い、清潔な器具を使って調理します。

●生肉や魚など、ほかの食材との接触をさけます。

●実習では、調理のはじめに即席漬けを作ってから、ほかの調理にかかると安心です。

漬け物の原理

野菜に塩をふると、浸透・脱水の作用で、野菜の細胞内の水分が細胞の外に出ていきます。漬け物は、この作用を利用した食べ物です。

長時間保存すると、野菜の中の酵素や生物の働きでうまみ成分が作られ、よりおいしい漬け物になります。

即席漬けは普通、野菜に塩を加え、皿などを重石にしてしばらくおいてつくります。
調理実習では、手でもむ方法をとりましょう。

4 絞って盛りつける

野菜から出た水分を絞り、小鉢に盛ります。

●針しょうが、青じそ、いりごまなどを混ぜるとさらにおいしくなります。
●即席漬けは、小さなおかずとして、どんぶり物やおにぎりなどに添えるほか、サラダの代わりにもなります。

ECO（エコ）アドバイス
残り野菜を即席漬けにして、食べましょう！

大根のしょうゆ漬け

■材料（2人分）
大根……100ｇ
漬け汁
　しょうゆ……7.5mL（大さじ1/2）
　砂糖・ごま油・酢……各小さじ1

■作り方
❶大根を洗い、皮つきのまま5～6cm長さ、6～7mm太さの拍子木切りにする。
❷漬け汁の材料を合わせた液に漬け、汁気を軽く切って器に盛る。漬けて30分後くらいからが食べごろ。

即席ピクルス

■材料（2人分）
赤ピーマン・きゅうり・セロリ……各30g
ピクルス液
　酢・水……各20mL（大さじ1+1/3）
　塩……2g（小さじ1/3）
　砂糖……3g（小さじ1）
　こしょう……適量
　ローリエ……1/5枚

■作り方
❶赤ピーマンはへたと種を取って１cm幅の斜め切りにする。きゅうり、セロリは細長い乱切りにする。すべてボウルに入れる。
❷ピクルス液の材料を小鍋に入れて煮立て、❶にかける。冷めればできあがり！

途中で1～2回混ぜると、むらなく味がなじみます。

和

日本の伝統文化

乾物(かんぶつ)を使う

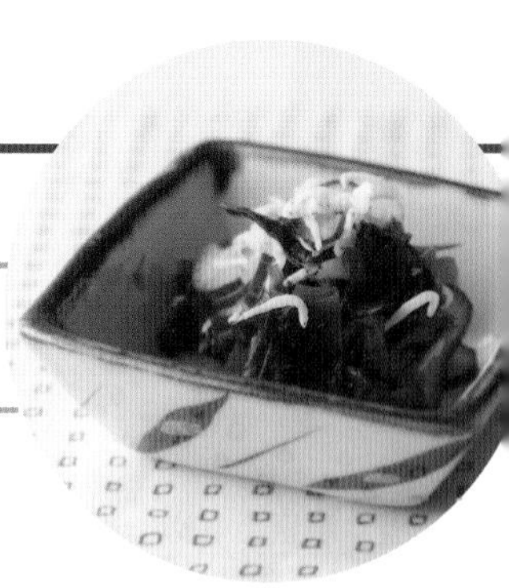

わかめときゅうりの酢のもの

材料
(1人分のめやす)
乾燥わかめ※…2g（戻すと20g）
きゅうり…30g（1/3本）
しらす干し…10g
塩…1g（小さじ1/6）
酢…5mL（小さじ1）
砂糖…1.5g（小さじ1/2）
※塩蔵わかめを使う場合は、流水で塩を洗い流してから水に浸して塩分を抜く。

用具
包丁・まな板
ボウル・菜箸(さいばし)

●調味料や食品の量と重さ ➡ P.35 参照

1 わかめを戻す

乾燥わかめをボウルに入れ、水に約10分間浸して戻します。

長時間水につけたままにしておくとべとべとになるので注意。

2 わかめを絞る

わかめが柔らかくなったら、水を替えて洗い、水気をよく絞って2cm幅に切ります。

カットわかめは、ざるに上げて絞る。

3 きゅうりを切る

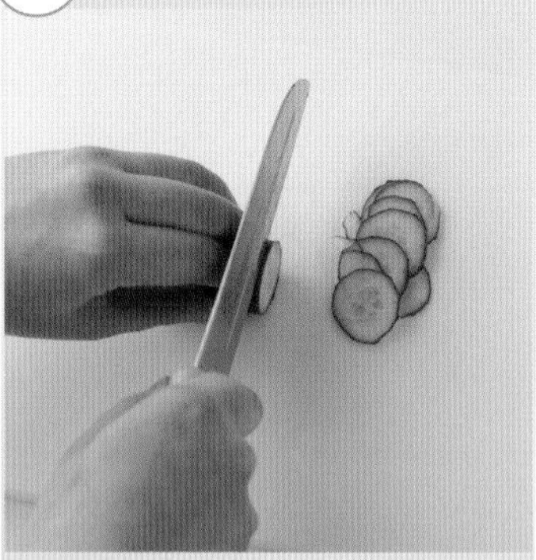

きゅうりは洗ってヘタを切り、薄い輪切りにします。

4 きゅうりをもむ

きゅうりはボウルに入れて塩をふり、手でもみ、水気を絞ります。水分は捨てます。

5 材料と酢をあえる

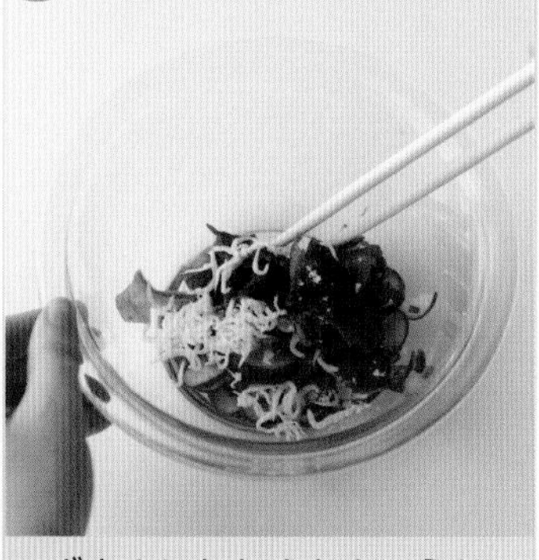

ボウルにわかめときゅうり、しらす干しを入れ、酢と砂糖を入れて混ぜます。

乾物は水につけて戻す

わかめは、戻すともとの重さの10～15倍になります。

わかめやひじきの戻し汁は捨てますが、干ししいたけや干しえびは、戻し汁にうまみ成分が溶け出すので、だしとして使いましょう。

ひじきと油揚げの煮物

■材料（1人分）

ひじき（戻して）※…30g
にんじん…15g
油揚げ…10g（1/4枚）
だし汁…30mL
砂糖…小さじ1/2
しょうゆ…小さじ１+1/2
サラダ油…小さじ1/2

※ひじきは戻すと8.5倍位の重量になる。
乾物で3.5g→戻すと30g

■作り方

※砂やごみが底にたまるから。

❶ひじきはたっぷりの水で洗い（汚れやごみを除く）、すくい上げて水気を切る。※再びたっぷりの水に浸して20～30分間おいて戻し、ざるに上げて水気を切り、食べやすい長さにする。
❷にんじんは3～4cm長さの短冊切りにし、油揚げはたて半分に切り、端から１cm幅に切る。
❸鍋にサラダ油を入れて中火にかけ、❶❷を入れて炒める。油が回ったらだし汁を入れて煮立てる。
❹砂糖、しょうゆの順に加えて再び煮立てる。中火にして汁気が少なくなるまで煮て器に盛る。

●野菜の切り方 ➡ P.46 参照

さまざまな保存食

野菜や魚・肉などの生鮮食品は、そのままでは鮮度が落ち、食品として利用できなくなります。

食品を無駄なくおいしく利用するため、さまざまな保存法が開発されました。

乾燥（乾物・干物）

魚の干物・干し果物・干しいもなど

食品を干し、水分を減らして細菌の増殖を抑えます。乾燥により、味が濃くなり、食感が変化します。

漬　物

塩漬け・酢漬け・味噌漬け・砂糖漬けなど

塩や砂糖で漬け込むことにより、食品細胞内の浸透圧を高め、細菌の増殖を防ぎます。

また、発酵により生成した酸やうまみ成分が、独特のおいしさを作り出します。酢漬けは酸の殺菌力を利用しています。

佃　煮

塩昆布・小魚の佃煮など

魚や野菜を濃度の高い調味液で煮て、細菌の増殖を防ぎます。

燻　製

ベーコン・スモークサーモン・いかの燻製

樹木を蒸し焼きした煙で食物をいぶし、水分を減らすと同時に、煙の殺菌成分を表面につけて保存性を高めます。

独特の香味がつき、おいしさが増します。

缶詰・びん詰め・レトルト

食品を気密性の高い容器や袋に入れ、高温で殺菌した後、密閉します。

長時間の保存が可能です。

冷　凍

食品を急速に凍らせて、細菌の増殖を防ぎます。冷凍後乾燥させた真空凍結乾燥（フリーズドライ）食品は、常温で保存でき、即席食品として便利です。

おいしく食べるためのマナー

楽しくおいしく食べるためには、食卓の雰囲気や、一緒に食べる人への心配りが大切です。
料理の並べ方のルールや、好ましい食事マナーを確認し、身につけましょう。

お椀の持ち方

4本の指の腹にのせて、親指を添えます。
やさしく包み込むように持ちましょう。

箸の持ち方

手前の1本（静箸）は親指のつけ根と薬指に渡した箸のほぼ中間を親指でおさえて固定します。もう1本（動箸）は、親指と人差し指と中指の3本の指でつまむようにして持ちます。
コツは、薬指を曲げること。

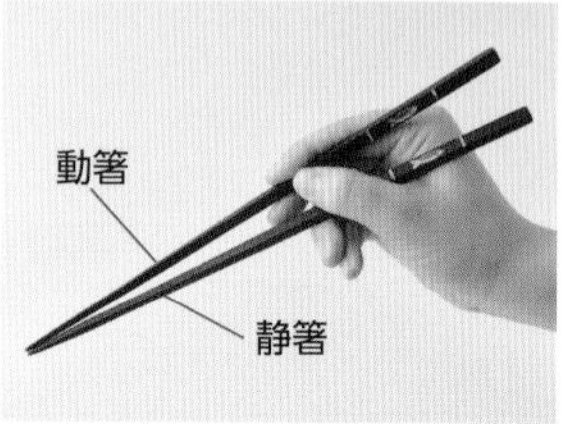

盛りつけの基本

盛りつけ（和風の料理）

●つけ合わせを前に

盛りつけ（洋風の料理）

●つけ合わせを後ろに

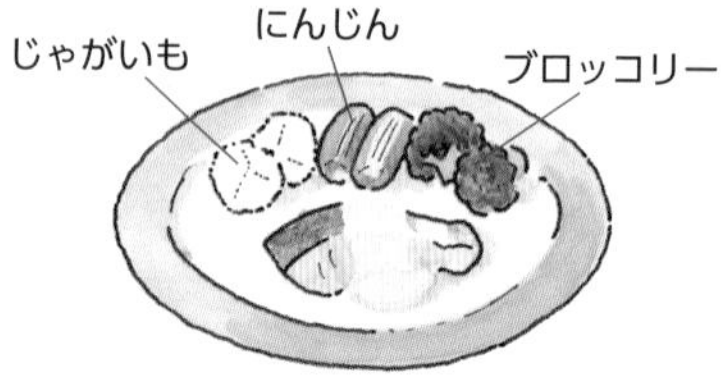

料理の並べ方（和風の配膳）

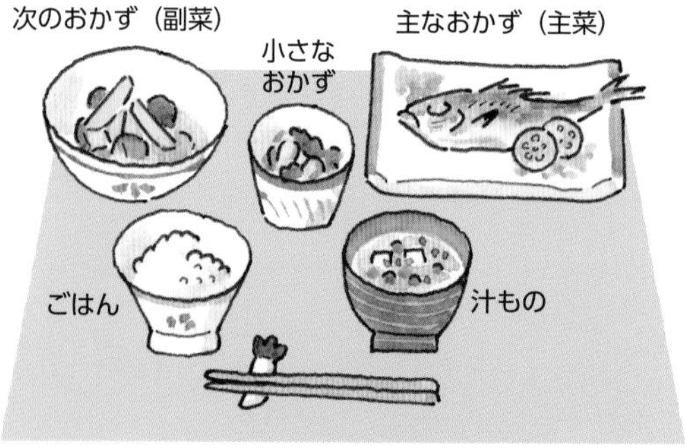

＊おかずが洋風や中国風のときでも、ごはんや汁ものがあるときは和風の配膳にするとよい。

料理の並べ方（洋風の配膳）

おやつと飲みもの

衣の基本

服や小物と仲良くなるための知恵とワザ

小学校家庭科の学習指導要領（平成29年告示）では、「衣服」に関する内容は「B 衣食住の生活」の「(4) 衣服の着用と手入れ」「(5) 生活を豊かにするための布を用いた製作」の2項目に分けられています。それぞれの具体的な内容は以下の通りです。

(4) ア…（ア）衣服の主な働き、日常着の快適な着方
　　　　（イ）日常着の手入れ、ボタン付け及び洗濯の仕方
　　イ…日常着の快適な着方や手入れの工夫
(5) ア…（ア）製作に必要な材料や手順、製作計画
　　　　（イ）手縫いやミシン縫いによる縫い方、用具の安全な取扱い
　　イ…生活を豊かにするための布を用いた物の製作計画及び製作の工夫

また、(4) の一部と (5) の指導を計画する際、「学習の効果を高めるため、2学年にわたって取り扱い、平易なものから段階的に学習できるよう計画すること」とあります。

本書では、主にこの (4) の一部と (5) の内容を提示しています。「ものを作る」という人間のもつ創造性の啓発は、いつの時代でも忘れてはならない重要なことだと考えるからです。

頭を使って考え、手を使って「ものを作る」能力は、子どもから大人に至るまで継続して磨きはぐくんでいきたいものです。

ただ、現代の生活では、身にまとう衣服の多くは既製品でこと足りるので、生活の中でわざわざ作ることはほとんどないかもしれません。まして日本の代表的な衣服とも言える着物については、日常的に着ることすらままなりません。

しかし、西洋から洋服が伝わる以前は、自ら飼育・栽培した原料で糸を紡ぎ、機で織り、家族みんなの着物を仕立てなければならなかったのです。それは気の遠くなる工程です。そうした衣服製作にまつわる知恵やワザをもう一度見直し、日本の文化に目を向けたいと思います。

とはいえ、衣服の製作は簡単ではありません。人間の体型が複雑なうえ、動きも加わり、また布そのものが素材として扱いが容易ではないからです。

ここでは、衣服に限らず簡単な小物をいくつか紹介し、作り方を提示しています。1つでも作ってみたいものが見つかれば、ぜひお試しください。

NO.
15
手縫いの基本
裁縫道具と後片づけ

基本の流れ

1 裁縫箱に必要な道具がそろっているか、確かめる

2
4
3
5
8
1
6
7
山崎
箱は、お菓子の缶などを利用するとよい。
裁縫箱の中身がそろっていれば、手順よく縫い物ができる！

裁縫道具

縫う

❶糸　50番か60番のミシン糸
手縫い糸

❷針　縫い針 長針（ながばり、ちょうしん）
短針（みじかばり、たんしん）
まち針

❸針刺し（ピンクッション）

❹指抜き

安全ポイント

●針は使用前後で数を確認します。また、針先を他人に向けないように注意！

切る

❺裁ちばさみ

裁ちばさみは、布を切るときにだけ使います。刃がいたむので、決して紙などを切らないように注意。

➡ P.95 参照

布を切ることを、「裁つ」という。

❻糸切りばさみ

糸を切るときにだけ使います。

安全ポイント

●はさみを人に渡すときには、決して刃先を相手に向けないように注意！

学習内容・目的	● 裁縫するときに必要な道具とその使い方を知り、適切に管理をすることができる。

2 作業が終わったら机の上や床に縫い針や糸くずが落ちていないか、点検する

糸くずは、
糸くず入れに。

糸くずや布の切れ端は「糸くず入れ」に。折れ針は、ふたつきのびんかケースに入れましょう。

3 きれいに片づいたか確認する

OK!
きれいに片づいていれば、次に使うときに楽です。

HELP 針の数が足りない！

☞ 針刺しの中に入り込んでいないか、机の上に残っていないか、床に落ちていないか、必ず点検する。

測る

体などの計測はメジャーで、布はものさしで測ります。場合によって50cmや1mのものさしを使うこともあります。

❼メジャー（巻き尺）

❽ものさし（20cm）

しるしをつける

布に型紙を写したり、合いじるしをつけたりするのに次のような道具を使います。チャコペンシルでつけたしるしは水洗いで簡単に消えます。

チャコペンシル

細いシャープペンシルタイプのものもあります。

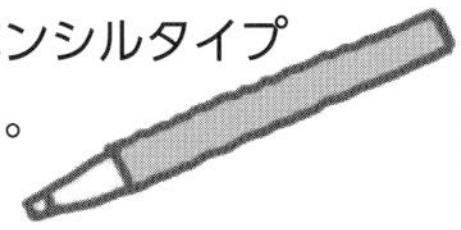

布用複写紙

ルレットを使って、布に写すのに使います。片面用･両面用があります。

ルレット

歯車で布や紙に点線状の印をつけます。

へら

布を汚さずにしるしをつけられます。

その他の道具

折れ針入れ

折れた針はすぐに入れておきます。

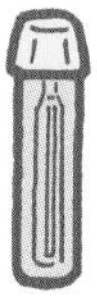

ひも通し

さまざまなひもを通すときに使います。

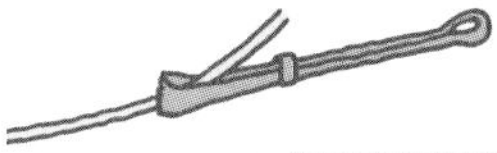

●ひも通しの使い方 ➡ P.95 参照

リッパー ➡ P.111 参照

布を傷つけることなく縫った糸を切ることができます。

糸くず入れ

小さいものでかまいません。ちらしなどで作ると便利です。

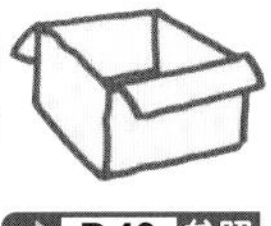

➡ P.49 参照

手縫いの基本

縫い始め

糸の先を短針に通し、玉結びをします。糸の長さは、50〜60cmくらいがよいでしょう。

●糸がからんでしまう！ P.106 参照

■ 針に糸を通す

糸は、数本の細い糸をよってあるので、はさみで斜めに切り、なめて先をとがらせて針に通します。糸通しを使って、糸を通す方法もあります。

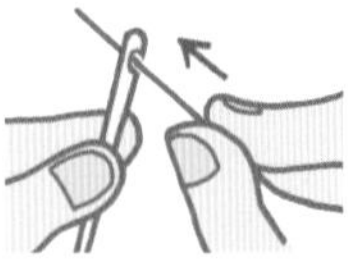

バックに黄色い紙を敷くとうまくできます。

■ 1本どり

1本の糸を玉結びして縫います。糸が抜けないように注意します。途中で糸が2本になってきたら、長さを調節して1本にしましょう。

■ 2本どり

2本の糸を一緒に玉結びにして縫います。

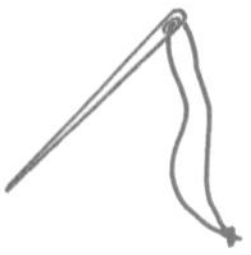

■ 玉結び

❶糸の端を人差し指の先に１回巻きます。

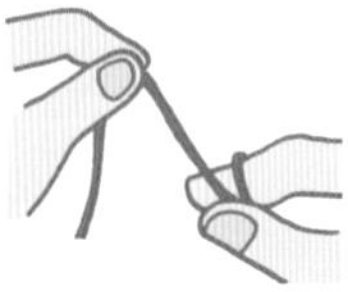

❷人差し指をずらしながら、親指と人差し指で糸をより合わせます。

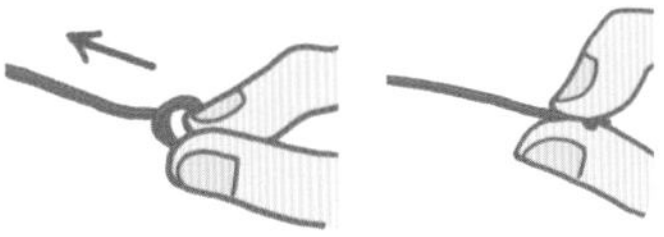

❸より合わせたところを親指と中指で押さえながら、糸を引きます。

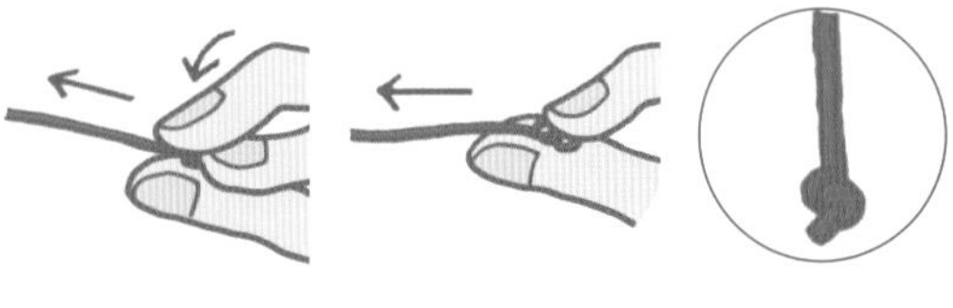

安全ポイント

糸を引くときは、周りの人に危険がないように針の先を下に向けること！

縫い終わり

糸こきをしっかりして、玉どめをします。

●糸こきのしかた P.99 参照

■ 玉どめ

❶縫い終わりの位置に針を当て、左手の親指で針を押さえます。

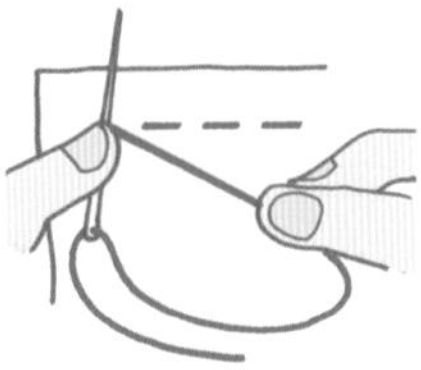

❷針をしっかり押さえて、2、3回糸を針に巻きます。

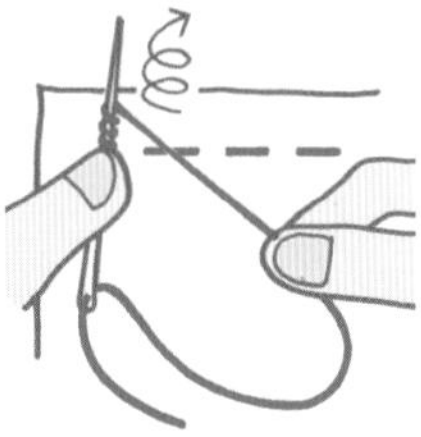

❸巻いたところを親指で押さえ、針を引きます。

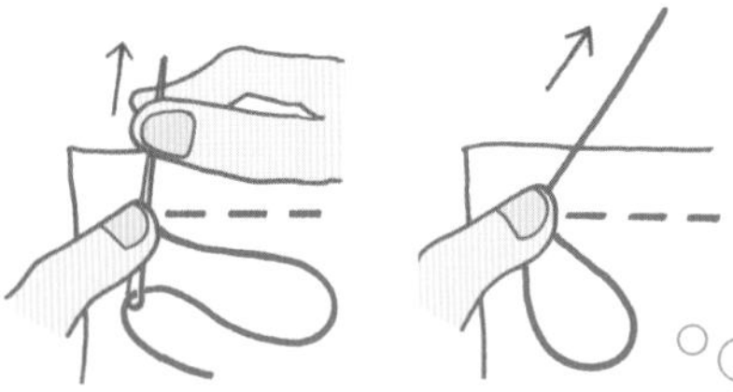

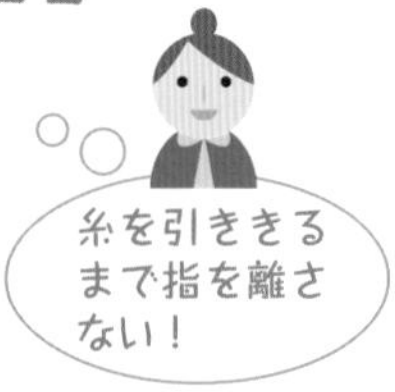

❹糸の端を0.5cm位残し、糸切りばさみで切ります。

糸の端は短めに。

●簡単な玉結び

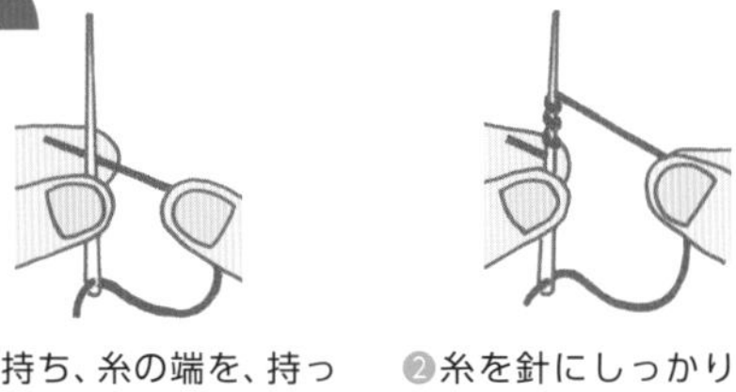

❶針を持ち、糸の端を、持った針と人差し指の間にはさみ込む。

❷糸を針にしっかり2〜3回巻く。

❸巻いたところを親指で強く押さえ、針を引き抜く。

❹押さえたまま、糸玉ができるまで針を持った手を引く。

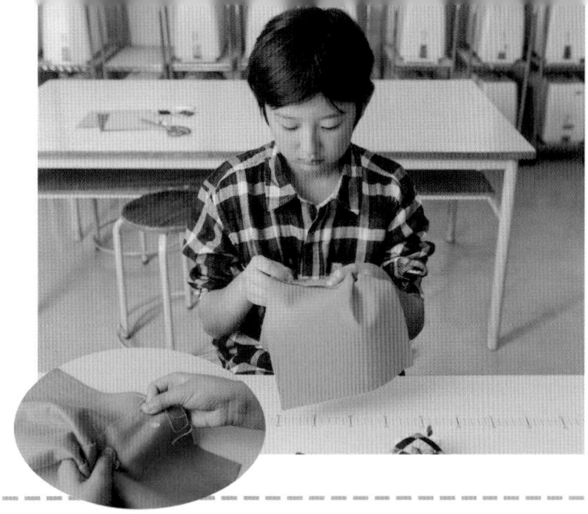

縫うときの姿勢

【右利きの場合】　背筋を伸ばして布を左手にたくしこんで持ち、右手の親指と人差し指で針を上下に動かし、右から左へ縫っていきます。

左利きの人は、左右を反対にしましょう。

●布の持ち方 ➡ P.101 参照

よくある失敗 玉どめが、布から離れたところでできてしまう。

⬇

これで解決！ 巻いた糸は針の根元まで下ろして、布につけます。針の上でつめを立てて、糸を引ききるまで指を離さないことです。

よくある失敗 玉結び、玉どめが、ぬけてしまった！

⬇

これで解決！ しっかりとめるために、縫い始めと縫い終わりは半返し縫いにします。

●半返し縫い ➡ P.79 参照

手縫いのいろいろ-1

作るもの、布の種類などによって、さまざまな縫い方があります。

なみ縫い

表と裏の目の長さが同じになるように縫う、基本の縫い方です。ふつう0.5cmくらいの目（作る物によって針目の大きさは変える）で、表と裏に糸を出して縫い進みます。ある程度縫ったら、親指と人差し指で布をしごいて糸こきをしましょう。

表

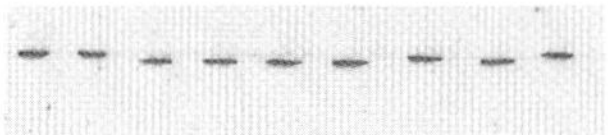

裏

●糸こきのしかた ➡ P.99 参照
●運針 ➡ P.101 参照

半返し縫い

しっかり縫えます。下の図の❶～❻の順に縫っていきます。

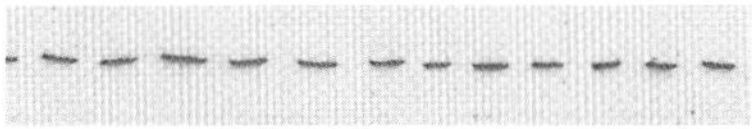

表

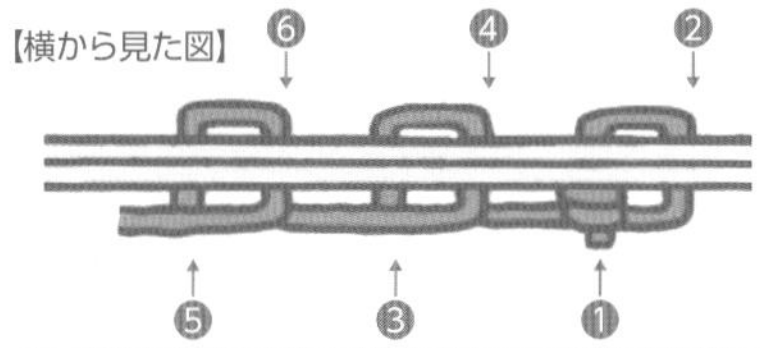

裏

本返し縫い

ミシン縫いのように針目が連続して見えます。しっかりとめて縫う場合に適しています。下の図の❶～❽の順に縫いましょう。

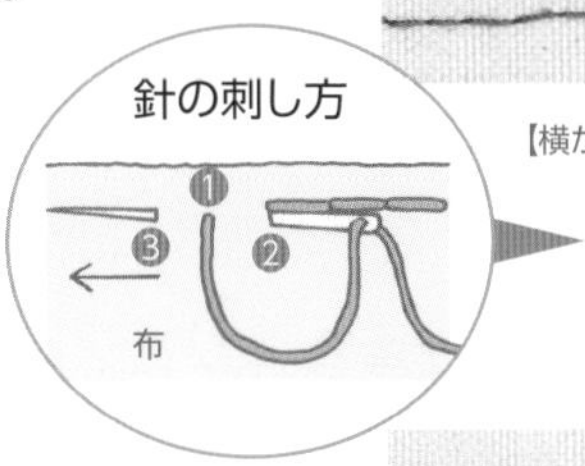

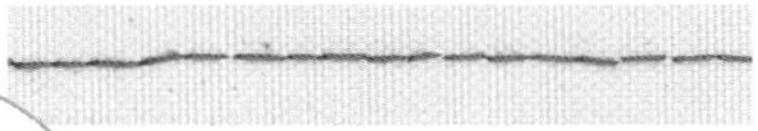

表

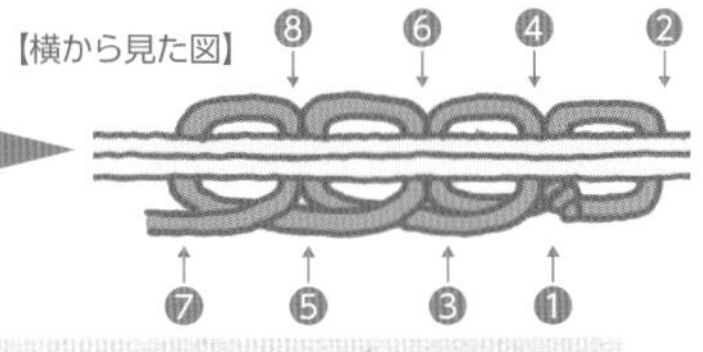

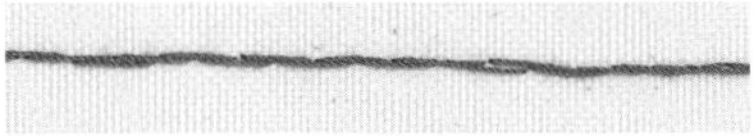

裏

NO. 16

手縫い

マスコット

時間のめやす 80分

材料
布（フェルト）……白・黒
丸ひも（細）……20cm
手縫い糸……白・黒
黒ボタン……1個
接着剤（布用）
型紙用の紙
綿

用具
針・裁ちばさみ・
糸切りばさみ

基本の流れ

1 型紙を作る

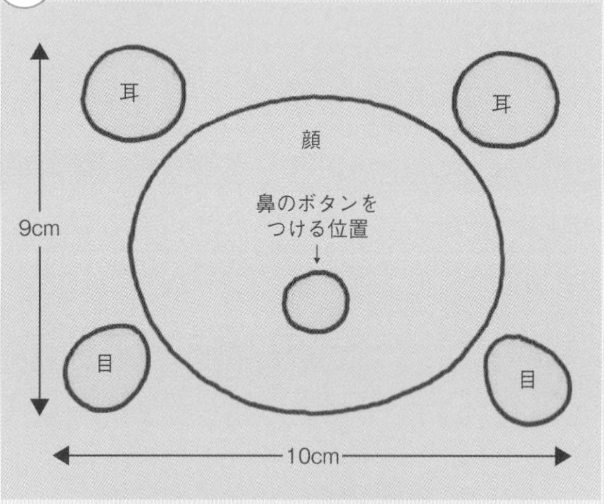

形や大きさを決めて、型紙を作り、はさみ等で切ります。 ●実物大型紙 P.81 参照

使い方を考えて、大きさを決めること。

2 型紙どおりに布を切る

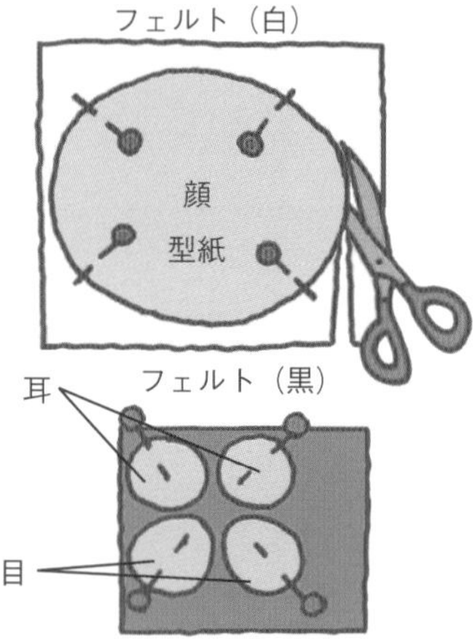

白のフェルトの上に顔の型紙を置き、型紙がずれないようにまち針でとめて、型紙どおりに切ります。表と裏の2枚作ります。黒のフェルトの上に耳2枚、目の周り2枚の型紙を置き、しるしどおりに切ります。 ●裁ちばさみの使い方 P.95 参照

ECO（エコ）アドバイス

型紙を布の端にまとめて置くと、余り布が大きく残り、活用のチャンスが増えます。

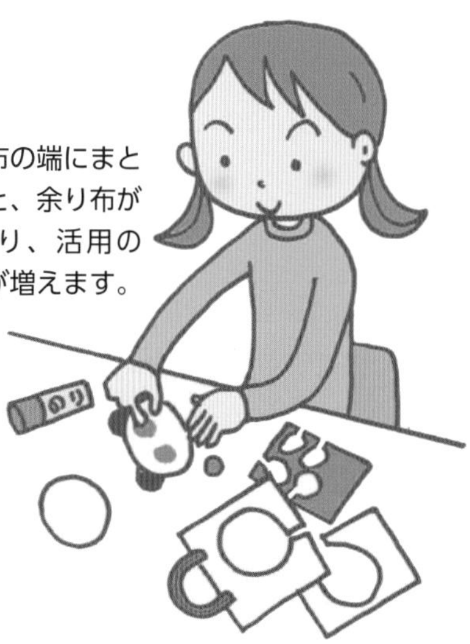

●実際に布で作る前に、紙を使って作ってみて、できあがりをイメージすると、型紙の意味や作り方がよく理解できます。
●型紙には、いらなくなった包装紙や紙袋などを使いましょう。

針刺しに針を刺すときは

使わないまち針は、横から刺し入れます。縫い針は、中にもぐってしまいがち。ひと目すくってから刺すと、抜けにくくもぐってしまうこともありません。また、糸が余った場合は、針につけたまま針さしに巻きつけておくと、次回利用できます。

学習内容・目的	● 基本的な手縫いの方法とフェルトの扱いを知る。 ● ボタンつけの方法を知り、ボタンつけができる。

3 目と鼻をつける

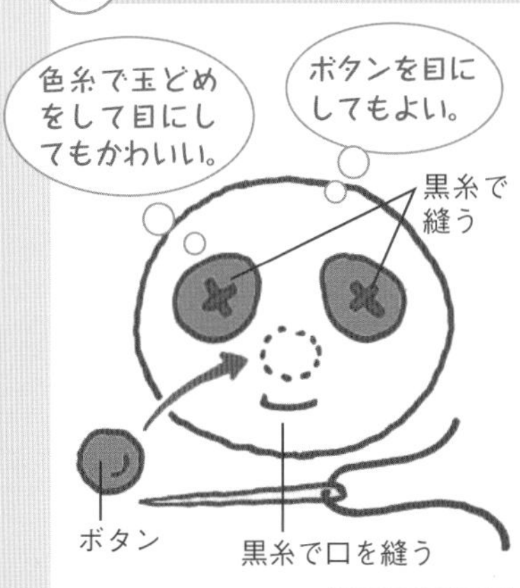

●ボタンのつけ方 P.82 参照

両目の黒のフェルトを接着剤で軽くとめ、黒糸で×になるように縫いつけ、鼻の黒ボタンをつけます。

顔全体のバランスを見てから、口を黒糸で好きな形に縫う。

4 耳をつけて両面を合わせ、中に綿を入れる

もう1枚の白のフェルトの上に黒の耳のフェルトを置き、白糸で軽く縫いつけます。その上に③の顔のフェルトを置き、綿をはさみます。

耳は、顔の2枚のフェルトにはさみこむ。

5 周りをかがって、ひもをつける

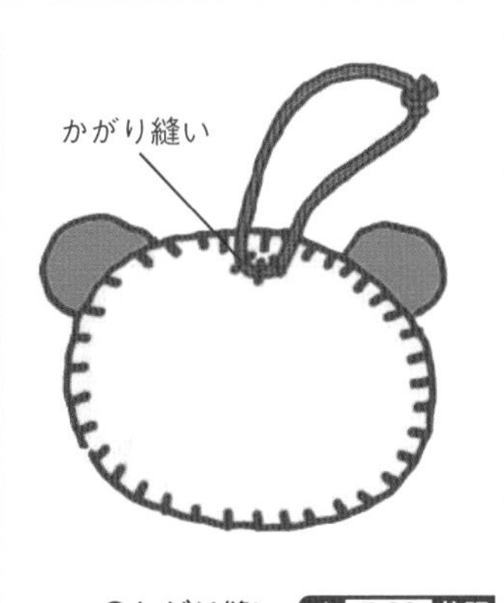

●かがり縫い P.83 参照

白糸で顔の周りをかがり縫いをして、ひもを裏に糸で縫いつけて、できあがり。

ひもは、用途や使い方を考えて、使いやすい長さに。

糸の色と布の関係

糸の色は、布と同色を選ぶのがいちばんですが、同色の糸がない場合は、濃い色の布には布より少し濃い糸、淡い色の布には布より少し淡い色の糸がいいでしょう。

たくさんの色を使った布の場合は、面積のいちばん多い色に合わせると落ち着きます。

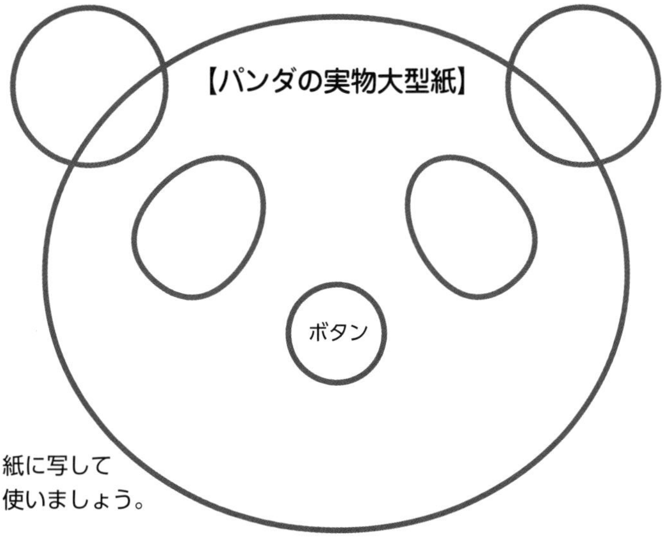

紙に写して使いましょう。

ボタンの種類とつけ方

ボタンは、衣服の開いている部分を止めるとともに、装飾も兼ねます。

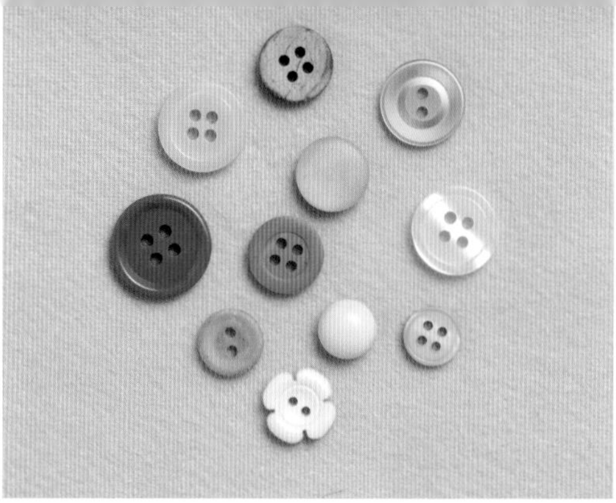

二つ穴ボタン

❶ 布の裏から針を刺し、ボタンの穴に通します。

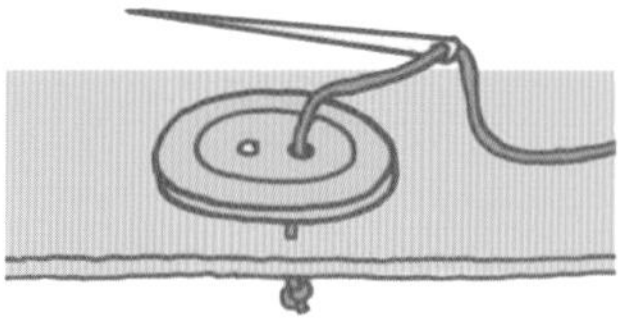

❷ ボタンを布の厚さだけ浮かして、3〜4回、糸を穴に通します。

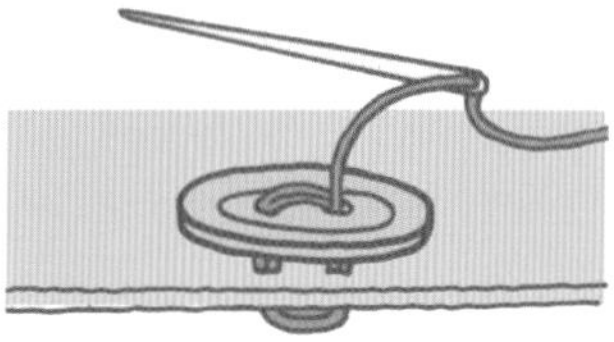

ボタンと布の間に爪ようじを1本はさむとうまくいきます。

❸ ボタンと布の間に針を出します。

❹ 糸を3回ほどきつく巻きます。

布の厚さ分だけ、ボタンが浮きます。

❺ 布の裏に針を出し、玉どめをして、ひと針すくって糸を切ります。

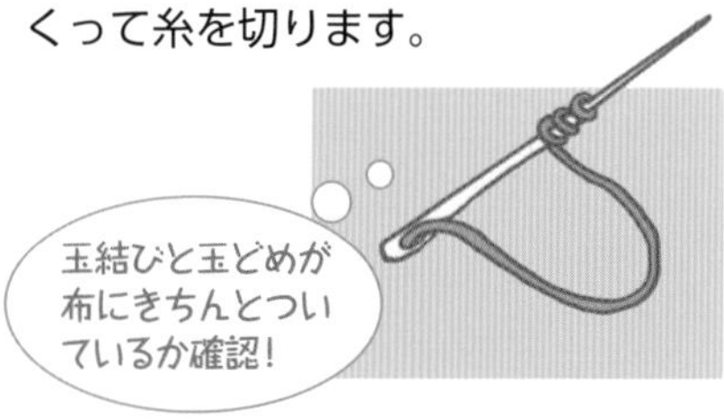

玉結びと玉どめが布にきちんとついているか確認！

四つ穴ボタン

四つ穴ボタンは、×の形ではなく、〓の字にしてつけます。〓の字だと糸がすり切れにくくなります。

❶ 布の裏から針を刺し、ボタンの穴に通します。

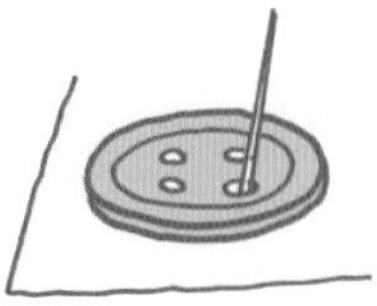

❷ ボタンを布の厚さだけ浮かして、糸を穴に通します。

❸ 片方の穴に3〜4回糸をかけたら、もう片方にも3〜4回糸をかけ、ボタンと布の間に針を出します。

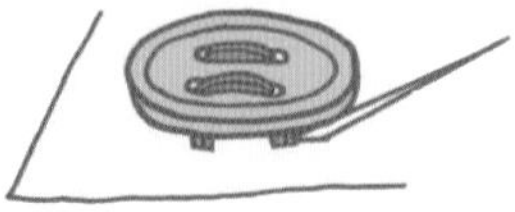

❹ ボタンと布の間の糸に糸を3〜4回、きつく巻きます。

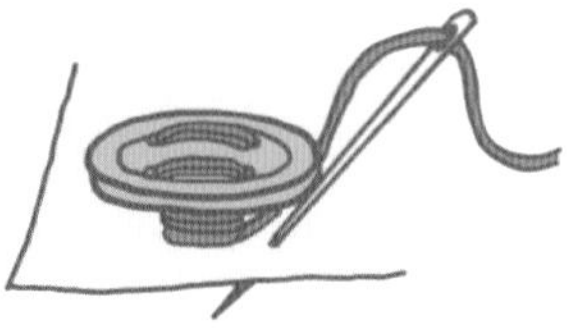

❺ 布の裏に針を出し、玉どめをして、ひと針すくってから糸を切ります。

足つきボタン

ボタンの足に3〜4回糸をきつめに通して縫いつけます。布とボタンの間をあける必要はありません。

よくある失敗 ボタンがぶらぶらと動いてしまう。 → **これで解決！** ❹の段階で糸がきつく巻かれていません。ボタンが取れやすいので、もう一度つけ直しましょう。

手縫いのいろいろ-2

かがり縫い

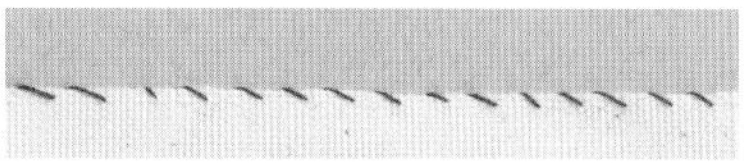

糸1本どりで、布の端を巻いてかがり、ほつれを防ぐ縫い方です。

❶ 縫い始めは、2枚の布の間から針を刺します。縫い初めの玉結びがかくれます。

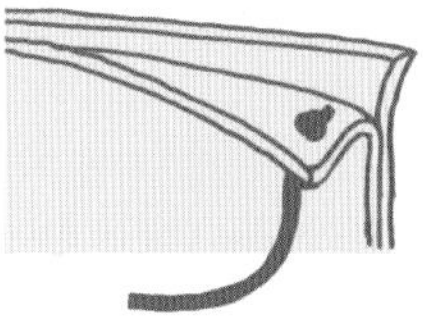

❷ 布の裏側から表側に針を出して、布の端を巻くように縫い進めていきます。

【横から見た図】

よくある失敗 かがり縫いの糸が、平行に巻きついていかない。

これで解決！ 糸を引くときに調整して、平行に直します。

ブランケットステッチ

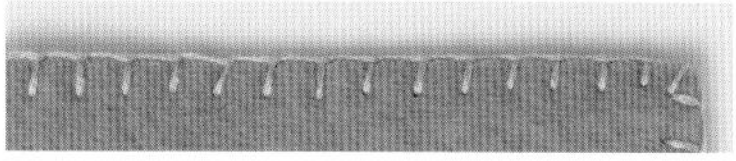

布の端をかがり、ほつれを防ぐ縫い方です。名前の通り、ブランケット（毛布）のふちかがりに使われます。ボタンホールステッチともいいます。

❶ 布の端から2〜5mm程度のところに2枚の布の間から針を刺します。
❷ 2〜5mm間隔をおいて表から針を刺し、糸を針の後ろに回して、針を引き抜きます。この作業をくり返します。

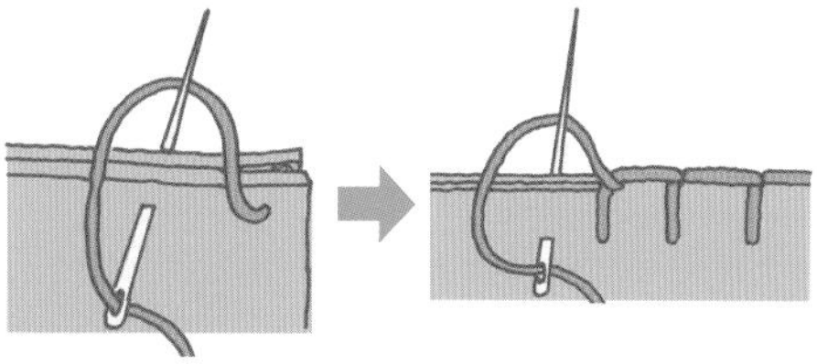

よくある失敗 ブランケットステッチがきれいにできない。

これで解決！

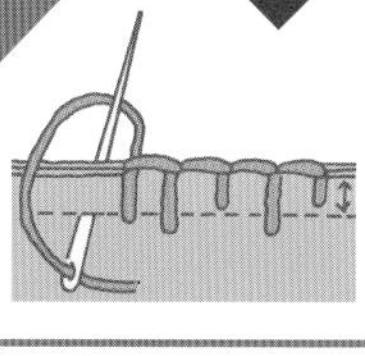

●針を入れる場所を布端から一定にしましょう。

刺しゅう糸の扱い方

刺しゅう糸は色の数が多いので、ぜひ活用しましょう。

●束になっているものを、厚紙にまき直して使う場合もあります。

●50〜60cm位に束ねて切って使う方法もあります。

●刺しゅう糸は6本どりになっているので、3本どり等、必要な太さにして使います。

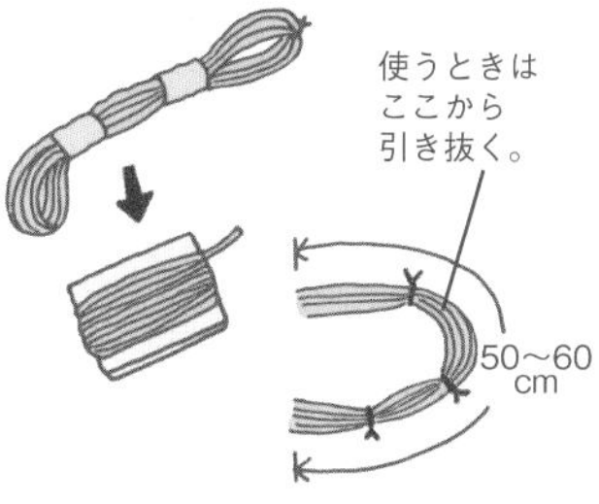

まち針のとめ方

まち針は、布がずれないように使います。しるしとしるしを合わせて、縫い目に対して針を直角に刺します。つねに縫う方向に対して直角に刺します。

●まち針をとめる順序

P.114 参照

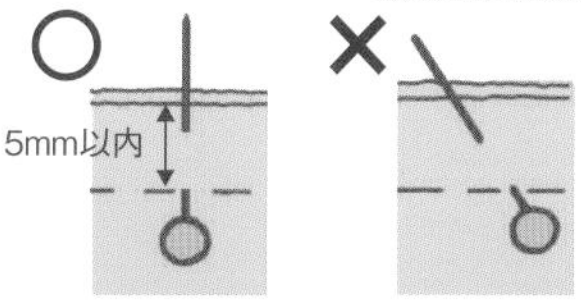

応用 もっと作ってみよう！

針刺し（ピンクッション）

〈材料〉フェルト（20cm×10cm）
化繊綿（適量）、糸
〈用具〉針、裁ちばさみ、糸切りばさみ

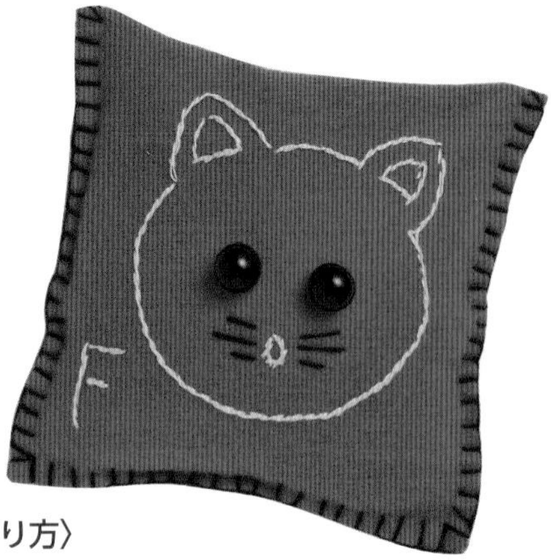

〈作り方〉
❶ 仕上がりを考え、長方形のフェルトの半分の正方形に、名前や模様を刺しゅうします。

❷ 2つに折って周囲をブランケットステッチかかがり縫いで縫い、中に綿を詰めて仕上げます。
ブランケットステッチの場合、角は同じ穴に3回くり返し針を刺し、90度回転させて縫います。

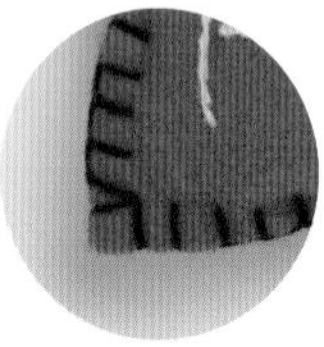

➡ P.83 参照

はさみカバー

〈材料〉フェルト（10cm×10cm)、ボタン、糸
〈用具〉針、裁ちばさみ、糸切りばさみ
〈作り方〉
❶ 紙の上にはさみを置き、周りに3mm程度のゆとりを持たせて、型紙を作ります。

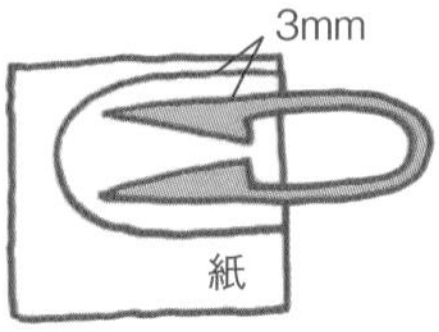

❷ 型紙を切り取り、フェルト2枚の上にのせ、まち針で止めます。
❸ 型紙どおりにしるしをつけ、布を裁ちます。
❹ 上側になる布にボタンをつけます。ボタンはバランスのよい位置に。
❺ 周りを色糸で縫って、できあがり。なみ縫いでもかがり縫いでもブランケットステッチでもかまいません。

●なみ縫い ➡ P.79 参照

糸の色に合わせたボタンを飾りにつけます。

応用 ほかの動物も作ってみよう！

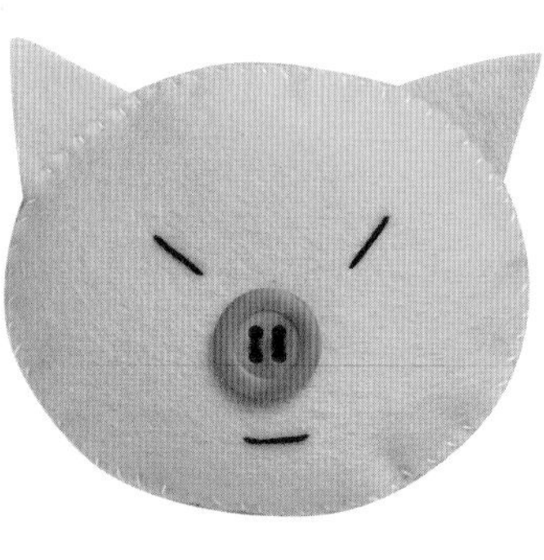

型紙の切り取り方の注意

耳や目などは、それぞればらばらに型紙を切り取ります。顔など大きな部分は、１つだけ型紙を作って、使い回してもOK。

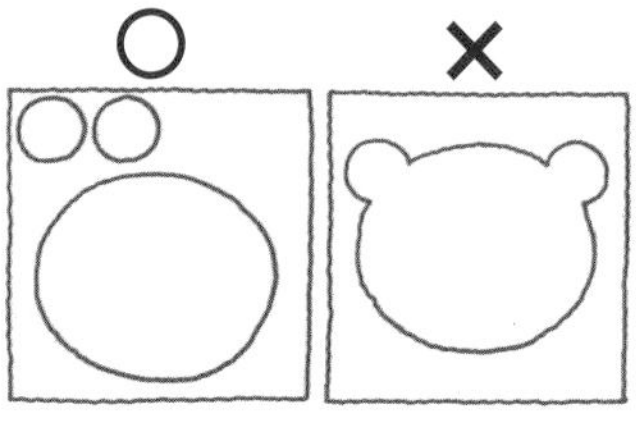

フリースとフェルト

どちらも裁ち目のまま布端の始末をしないで利用できる布です。
縫い間違えても、糸をそっと引き抜けば縫い直しができるので、子どもにぴったりです。

●フリース（fleece）

ポリエステルの一種であるポリエチレンテレフタラート（PET)で作られた、柔らかい起毛仕上げの繊維素材です。

「保温性が高い」「軽い」「簡単に洗える」「肌触りが柔らかい」などの長所があります。

ただ、「静電気が起きやすい」「洗たくによる毛玉ができやすい」という短所もあります。

これらの長所・短所をしっかり理解した上で上手に利用しましょう。

●フェルト（felt）

獣毛（羊毛や山羊毛、ラクダの毛、ウサギの毛など）、ノイル（くず毛）などの繊維を原料として、蒸気、熱、圧力を加えて組織を細かく縮らせ、毛先をからませシート状にしたものです。

紀元前から、羊毛はフェルト生地を作るために使われ、獣の皮とともに厳しい自然から体を守るための覆いとして利用されてきました。また、宗教的儀式に必要なアイテムでもありました。刺しゅうを施したフェルトの人形は、家内安全の守り神として使われていたそうです。

【マスコットの実物大型紙】

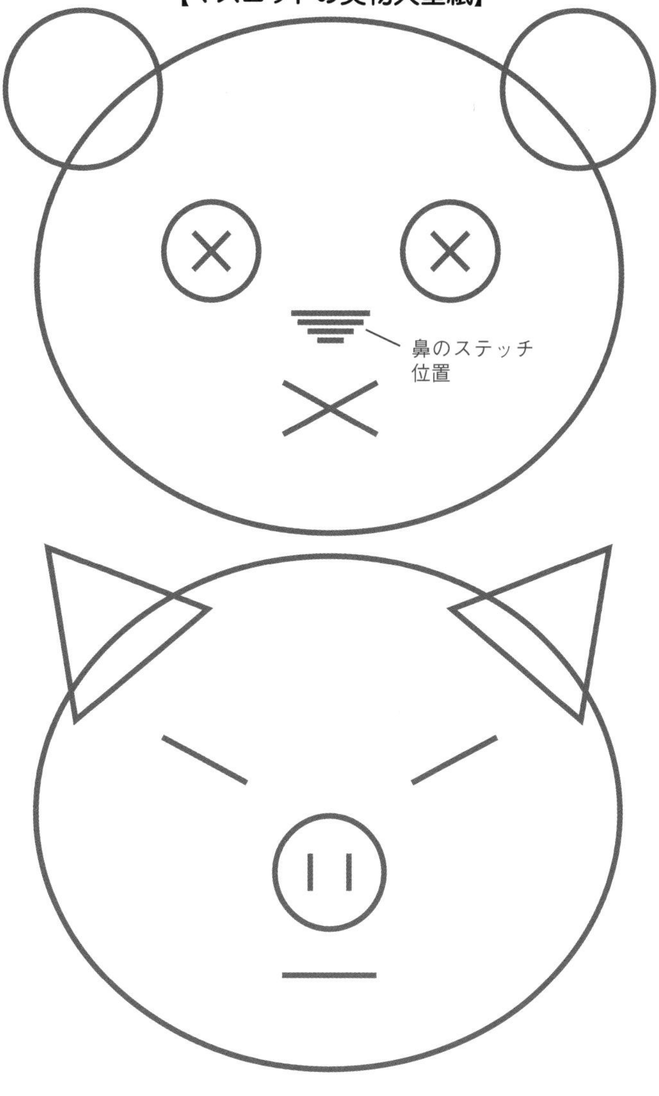

マスコットはお守り

英語はmascot、フランス語ではmascotte。フランスのプロバンス地方の魔女マスコmascoに由来する言葉で、幸運や福をもたらすと考えられる人やもの、福の神など、縁起のよいものをさします。

西洋では、ウサギの足のはく製を縁起のよいものとして珍重していますが、船乗りの間では海難事故を防ぐために錨（いかり）や人間の頭がい骨を腕や胸に彫る風習があり、アメリカ大陸のカウボーイは馬の蹄鉄（ていてつ）を災難よけにしています。これらもマスコットの一つと言っていいでしょう。

日本で同じような意味でもっとも多く用いられているのは、神社・仏閣の守り札（護符）で、交通事故から身を守るために自動車に取りつけたり、生まれ年にちなんだ守り本尊を身につけるなど、数限りなくあります。

カバンにつける人形なども、こうしたお守りなのかもしれません。

NO.
17
手縫い
台形巾

時間のめやす 80分

材料
手ぬぐい……1本
＊ない場合は1尺（33cm位）幅のさらし約90cm
手縫い糸（白）＊模様用の糸の色は自由

用具
針・裁ちばさみ・糸切りばさみ・ものさし

基本の流れ

1 布の両端を折る

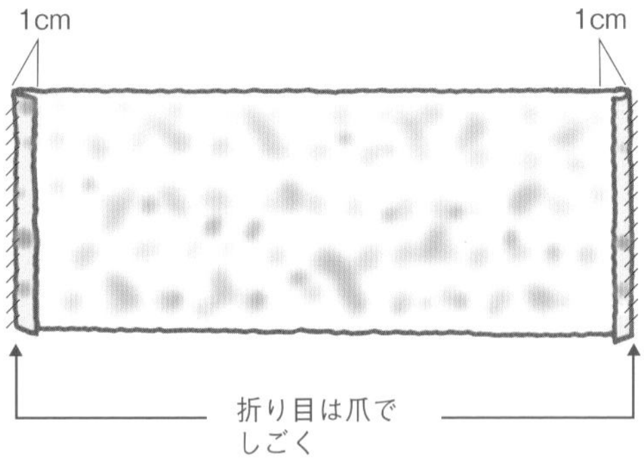

両端を1cmほど折り、爪でしごいておきます。

爪を使って布を伸ばしながら折り線をつける（しごく＝爪アイロン）ことが大切。しっかり折り目がつき、その後の作業がしやすくなる。

2 布を台形に折る

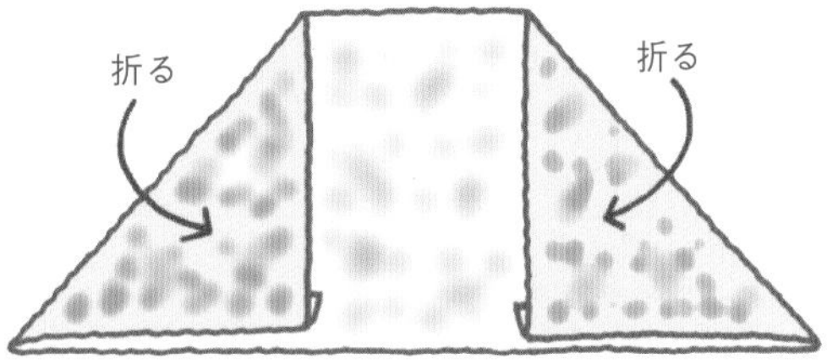

柄に上下がある場合は、気をつけよう。

図のように折って台形にします。

和 手ぬぐい

手ぬぐいは、平安時代からある日本独特の平織物です。かつては神事の装身具として使われて、素材は麻だったようです。

今あるような綿の手ぬぐいが普及したのは、江戸時代。汗をふき取り、手や体についた水をふくほか、かぶり物やはち巻、目隠しなど、用途もさまざまでした。

手ぬぐいの端が縫われていないのは、水切れをよくして早く乾かすための工夫です。今は、たくさんの柄や種類が手に入るので、積極的に使ってみましょう。

手ぬぐいを使うと、端の始末が楽！

学習内容・目的 ● **直線をきれいに縫うことができる。**

台形巾に適した布は？

手ぬぐいやさらしのような1尺幅（約90cm）の、やや目の粗い綿の布が適しています。

3 両端を縫う

①で折った両端1cmが内側に入るようにして、重なった辺を白糸でなみ縫いし、押さえます。

手ぬぐいに柄がある場合は、そのままうまく活かしましょう。

チャコペンシルで表にイニシャルや模様などを描いて、そこを色糸で縫ってみましょう。

なみ縫いで直線縫いをしても、刺しゅうしてもよいでしょう。

●なみ縫い P.79 参照
●ランニングステッチ P.107 参照

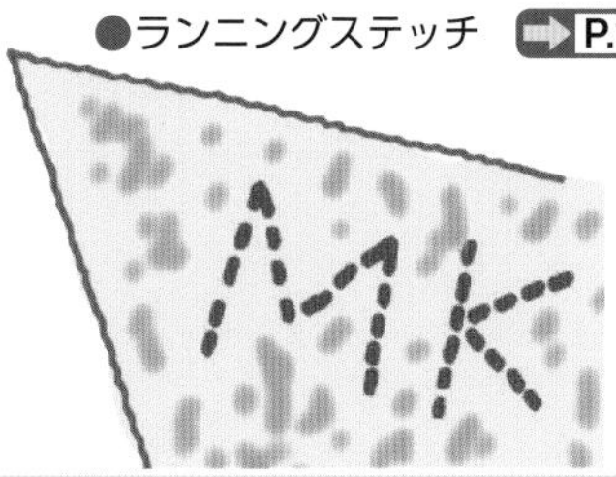

よくある失敗 平行四辺形になってしまう！

これで解決！ ●折り方をまちがえると、台形ではなく、平行四辺形になってしまうことがあります。縫う前に図を見て確認し、正しく折りましょう。

よくある失敗 裏表がなんだか変だ！

これで解決！ ●両端を同じ側に三角形に折るところを、片方を反対側に折ってしまうことがあります。②で折るときに十分気をつけること。

NO. 18

手縫い

ペンケース

時間のめやす 80分

材料
フェルト……20cm×20cm
ボタン（直径1cm）……1個
手縫い糸または刺しゅう糸
ビーズ

用具
針・裁ちばさみ・糸切りばさみ・ものさし

基本の流れ

1 型紙を作る

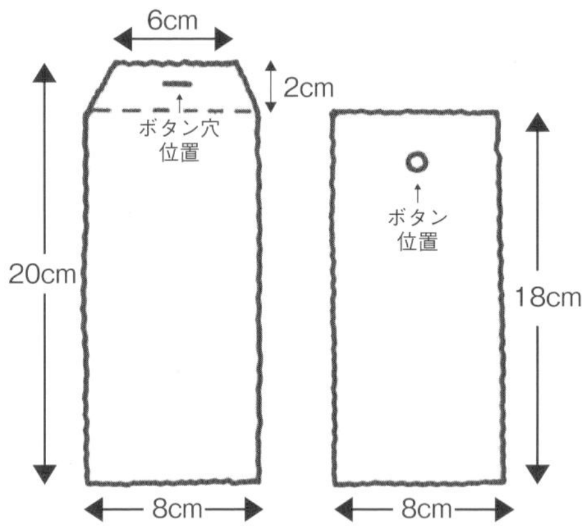

大きさを決めて、紙に書いて型紙を作ります。

2 布を裁つ

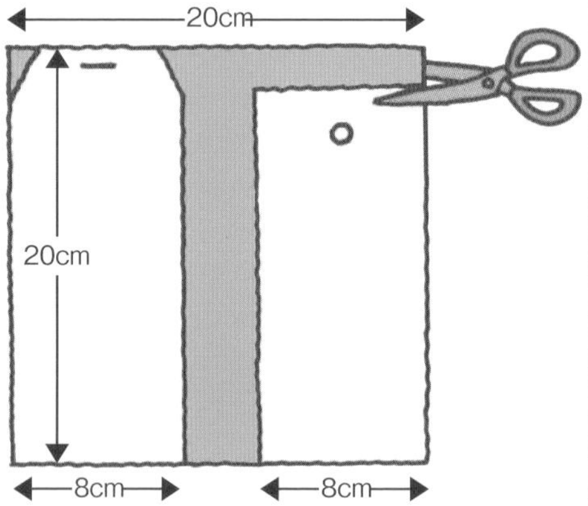

フェルトの上に型紙を置いて、型紙どおりに裁ちます。ボタンとボタン穴の位置には布にしるしをつけておきます。

型紙を作るときの注意点

●作るものの用途を考え、大きさに余裕をもたせる

ペンケースの場合、中に入れたいペン類を紙の上に乗せ、実際に紙で巻いてみて、どのくらいの幅、どれくらいの長さにするかを検討します。この紙は、このまま型紙として使えます。

●ふたの大きさも忘れずに

使いやすいふたの大きさも検討し、全体の大きさを決めます。

ボタンと穴の大きさや位置は、大切なので、型紙の段階できちんと決めておく。

布を裁つときの注意点

●縫いしろも忘れずに

材料がフリースやフェルト以外の布の場合は、縫いしろが必要なので、縫いしろの分も忘れないようにしましょう。

学習内容・目的

- 型紙を使って製作することができる。
- ボタン穴のちょうどよい大きさを知り、穴を開けることができる。

3 ボタン穴を開ける

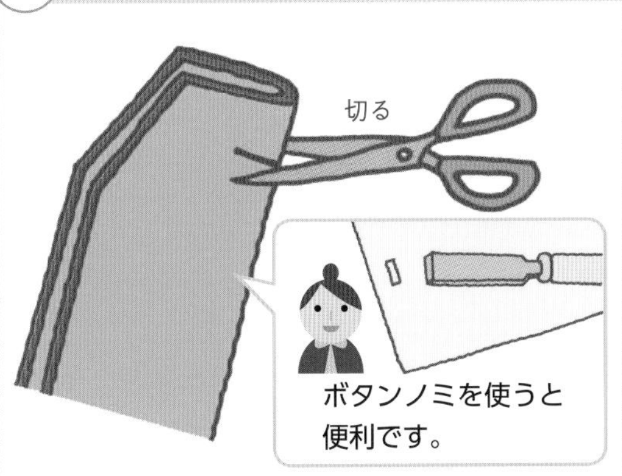

切る
ボタンノミを使うと便利です。

ふたの部分を2つに折って、はさみでボタン穴を開けます。

ボタン穴の大きさは、ボタンの直径にボタンの厚さを足した長さ。穴を開けるときは、切りすぎないように少しずつはさみを入れるとよい。

4 ボタンをつける

ボタンは、必ず縫い合わせる前につけること。

ボタンをつけます。

●ボタンのつけ方 ➡ P.82 参照

5 飾りをつける

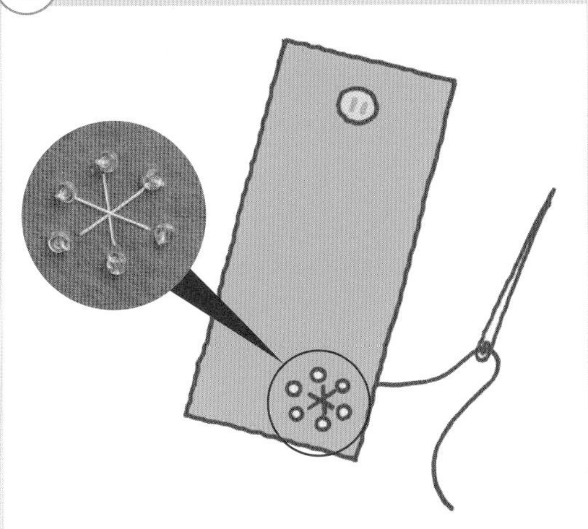

イニシャルや模様などを、ビーズや刺しゅう糸で好きな位置につけましょう。

6 前と後ろの布を縫いつける

なみ縫いでもOK！

最後に、2枚の布をブランケットステッチで縫い合わせます。 ●ブランケットステッチ ➡ P.83 参照

飾りつけの工夫

●ビーズで

ビーズは、素材も色も形もたくさんあります。好きなビーズを選んで飾りましょう。

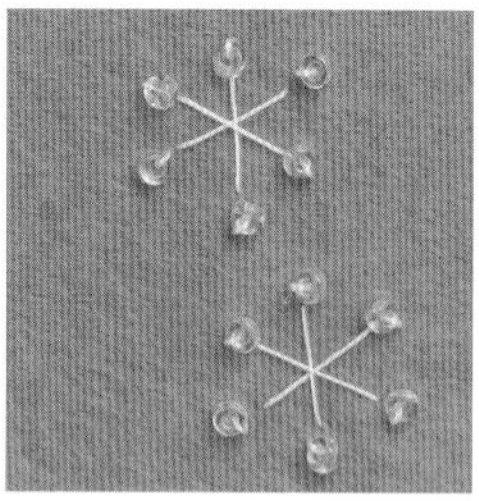

●スパンコールで

キラキラ光るスパンコールを使って飾る方法もあります。形も色もさまざまですが、色糸を使って玉結びで縫いつけるとおしゃれになります。

●チロリアンテープで

好きな柄のチロリアンテープを縫いつけます。テープの色を考え、目立たない色の糸を選び、なみ縫いしましょう。

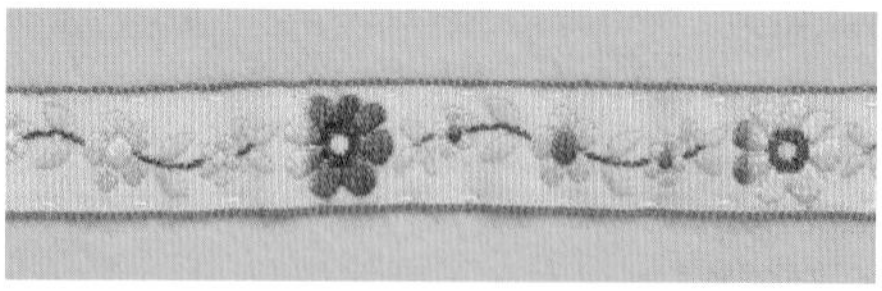

●なみ縫い ➡ P.79 参照

●アップリケで

布の上に布や皮を縫いつけるのが、アップリケです。余ったはぎれを好きな形に切り取って楽しい模様を作りましょう。

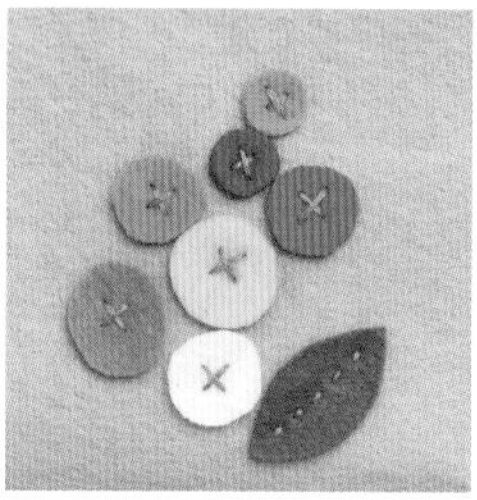

●アウトラインステッチで

イニシャルや好きな動物の模様を刺しゅうで描くこともできます。

●アウトラインステッチ ➡ P.107 参照

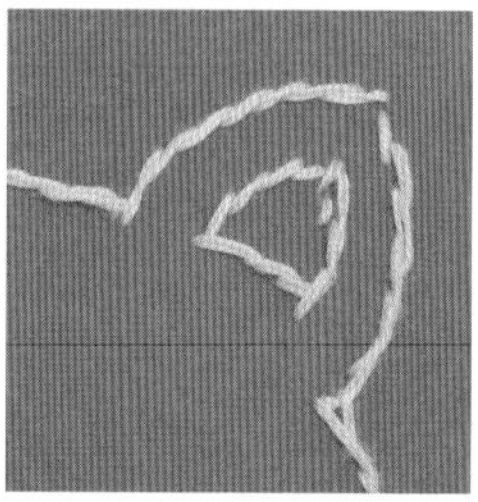

縫い終わりの工夫

玉どめや縫い終わり糸が表から見えないように、見た目をきれいにする工夫をします。

●糸の端をかくす

玉どめをした後、最後に針を刺したところにもう一度針を刺し、糸を引いて糸の端を布の中に入れます。

●ビーズやスパンコールを使ってかくす

玉どめをした後、ビーズやスパンコールを飾って、玉どめをかくします。

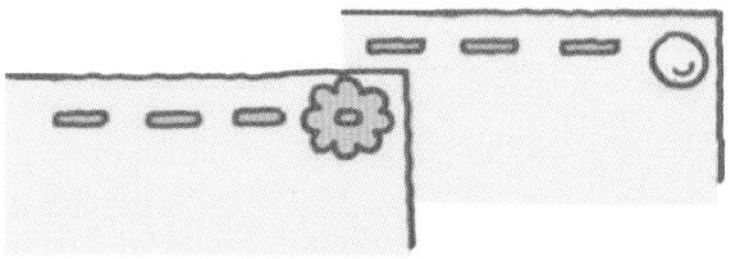

フリースやフェルトの布端の処理

布との配色を考えた色糸を用意します。

●ブランケットステッチで

針目をそろえて、あえて飾りにする方法もあります。

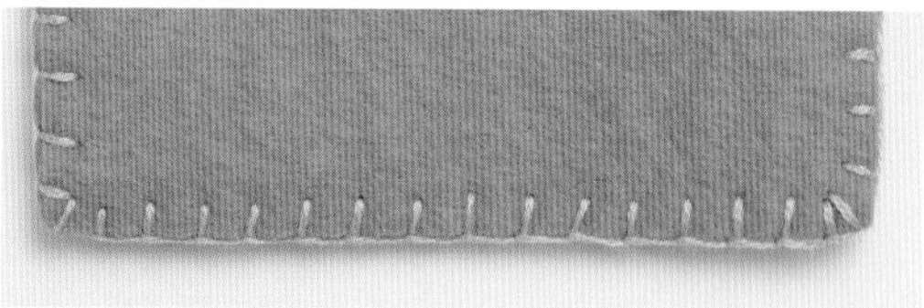

●なみ縫いで

なみ縫いで縫って、飾りにします。

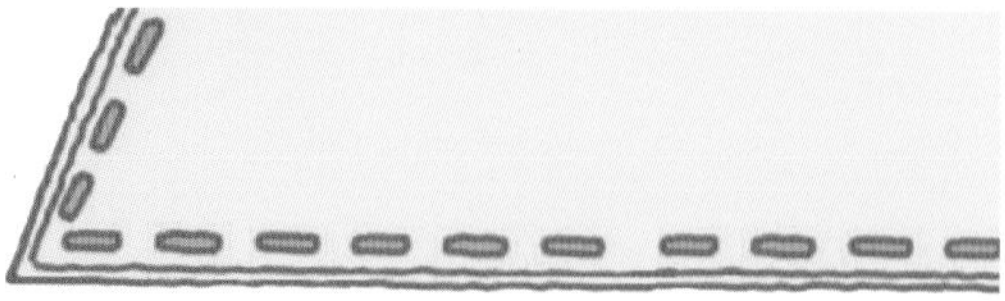

さまざまな布地

布には、素材、織り、柄などによってさまざまなものがあります。主なものを紹介します。

素　材

大きく分けて、天然繊維と化学繊維とそれらを混ぜたもの（混紡）があります。
天然繊維には綿・麻・毛・絹など、化学繊維にはレーヨン・キュプラ・アセテート・ポリエステル・ナイロン・アクリル・ポリウレタンなどがあります。

織　り　方

織り方には、たて糸とよこ糸を１本ずつ交互に織っていく「平織」や表に出る糸が斜めの線にみえる「斜文織（あや織）」、布の表面がなめらかな「朱子織（サテン）」などがあります。

ブロード

たて糸の密度が緻密な平織物。ワイシャツやブラウスなどに使います。

サッカー

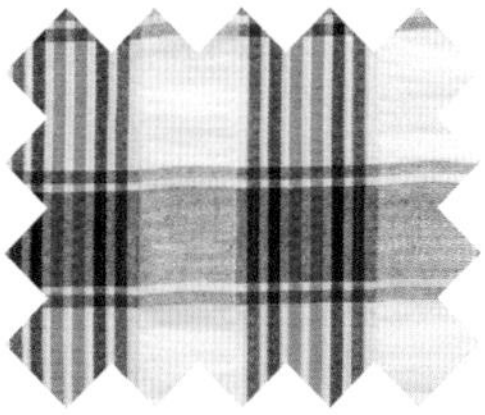

たての凹凸と平らな部分が縞になった平織物。パジャマなどに使います。

シーチング

たてよこに木綿糸を使った平織物。服地や敷布などに使います。

ギンガム

先染糸やさらし糸を使って格子や縞柄に織った平織物。ブラウスやワンピースなどに。

ツイード

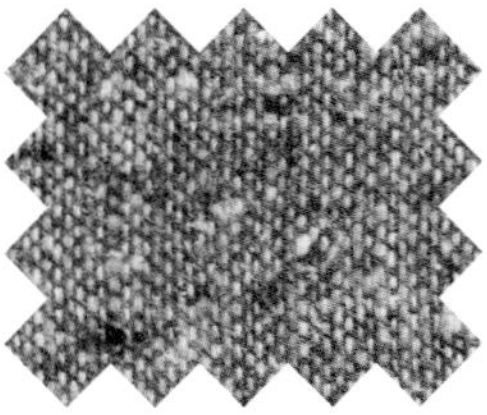

紡毛糸を使った、厚くて手触りの粗い平織物。ジャケットやスーツに使います。

デニム

よこ糸は生成り糸、たて糸を藍染め糸で織った織物。ジーンズなどに使います。

サテン

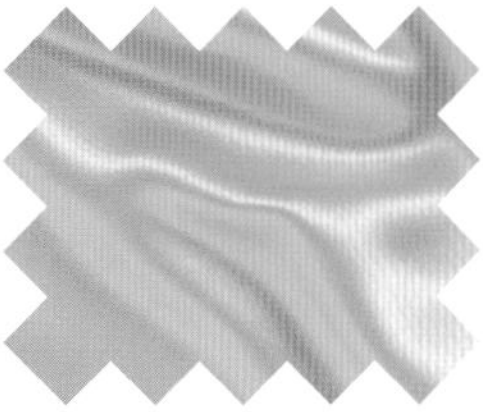

たて糸またはよこ糸が表に長く出ている光沢のある織物。ドレスなどに使います。

コーデュロイ

たてにうねがある、コールテンともいう織物。ズボンやジャケットに。

柄

ピンドット（水玉）

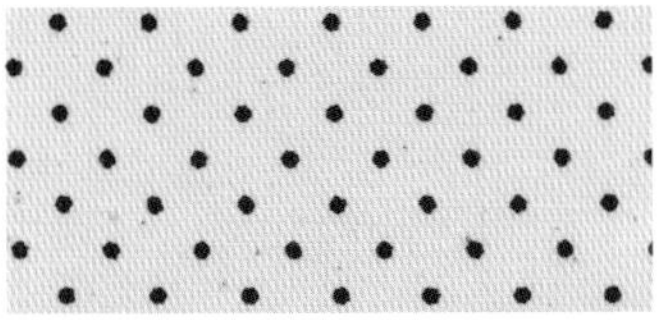

千鳥格子（ハウンドトゥース）

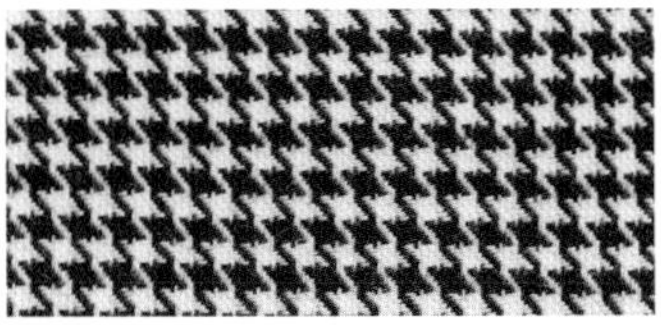

ペンシルストライプ

グレンチェック

タータンチェック

ヘリンボーン

NO.
19 手縫い 巾着袋

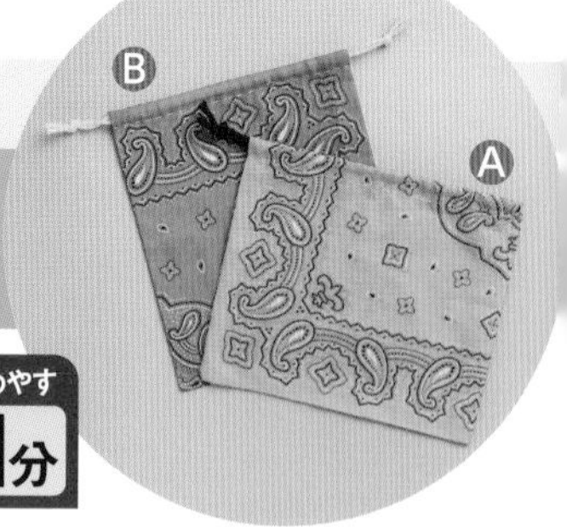

時間のめやす 120分

材料
バンダナ……1枚
手縫い糸
丸ひもⒶ……70cm×1本
Ⓑ……70cm×2本

用具
針・ひも通し・裁ちばさみ・糸切りばさみ・ものさし・アイロン

基本の流れ

1 バンダナを2つに切る

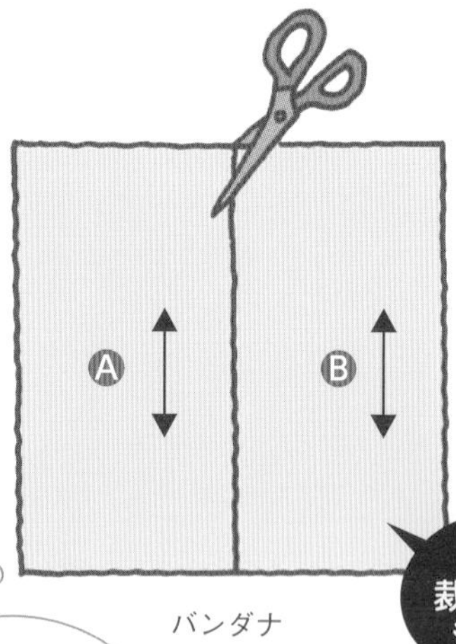

布の裁ち方に注意！

はさみを持つ手と反対の手で、布をしっかりおさえます。

バンダナを2つに切り、Ⓐ、Ⓑ2つの巾着袋を作ります。Ⓐは「わ」が横、Ⓑは「わ」が底の袋になります。

●裁ちばさみの使い方 ➡ P.95 参照

2 底とわきを縫う

Ⓐの巾着

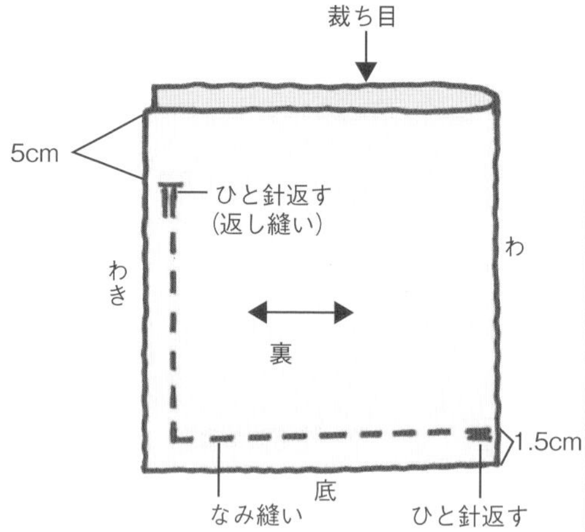

布を裏にして、わを横にします。底とわきの縫いしろ1.5cmにしるしをつけて、なみ縫いします。縫い始めと縫い終わりは返し縫いをします。

●なみ縫い・返し縫い ➡ P.79 参照

ひも通し部分を上から5cmとっておく。

よくある失敗 ひもの端が中に入ってしまう！ ➡

これで解決! ●ひもを通すときに、ひもの端をしっかり手で握るか、ボールペンなどに結びつけるかしておきます。

まっすぐに縫うように気をつけましょう！

●まっすぐ縫うのが苦手なら
　ギンガムチェックの布を選び、柄に沿って縫うとよいでしょう。

●針目の大きさもチェック！
　袋の中に小豆を入れて、こぼれないなら、OK!

学習内容・目的	● 身近にあるバンダナ、ハンカチ等を利用して袋を作る。 ● まち針のとめ方、布の裁ち方、アイロンのかけ方を知り、安全に行うことができる。

巾着袋に適した布は？

こしのある、洗濯しやすい綿か、ポリエステル、またはその混紡の布がよいでしょう。

3 わきの縫いしろを割る

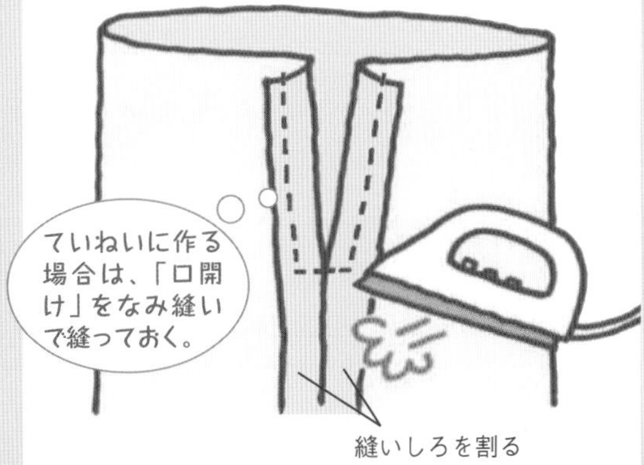
ていねいに作る場合は、「口開け」をなみ縫いで縫っておく。
縫いしろを割る

わきの縫いしろを開いて、アイロンをかけます。
●アイロンの安全な使い方 P.101 参照

折り方を間違えないように、ていねいに作業する。

4 袋の口を三つ折りにする

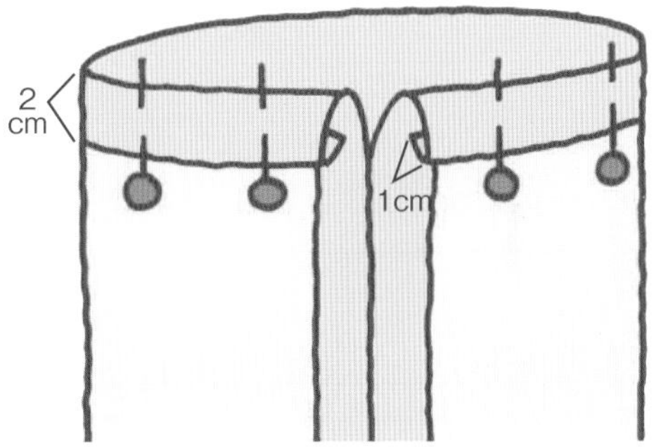
2 cm
1cm

袋の口の部分を三つ折りにして、まち針でとめます。
●まち針のとめ方 P.83 参照
●まち針をとめる順序 P.114 参照

「三つ折り」は、布を2回折って、ひも通し部分を作ったり、端を処理したりする方法です。 P.116・P.118 参照

5 ひも通し部分を作る

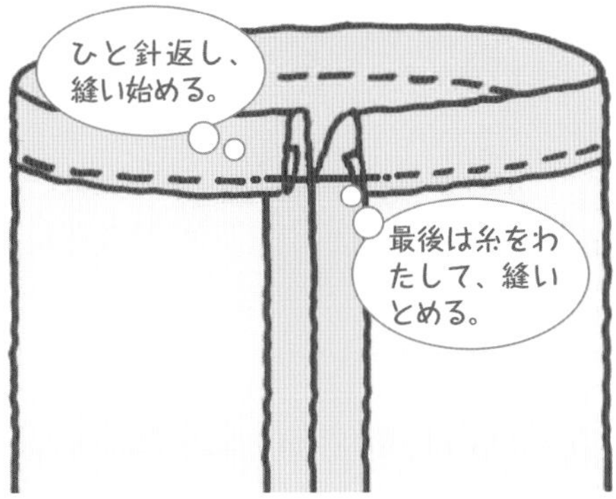
ひと針返し、縫い始める。
最後は糸をわたして、縫いとめる。

始めと終わりはひと針ずつ返して縫い、最後は糸をわたしてとめ、ひもを通す部分を作ります。

6 ひもを通す

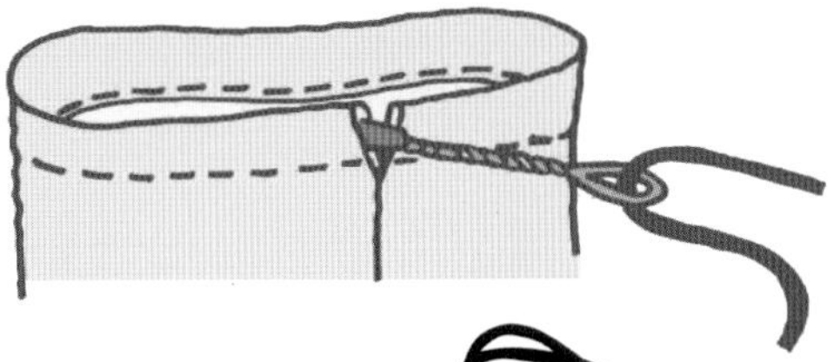

表に返して、ひもを通し、端を結んで、できあがり。

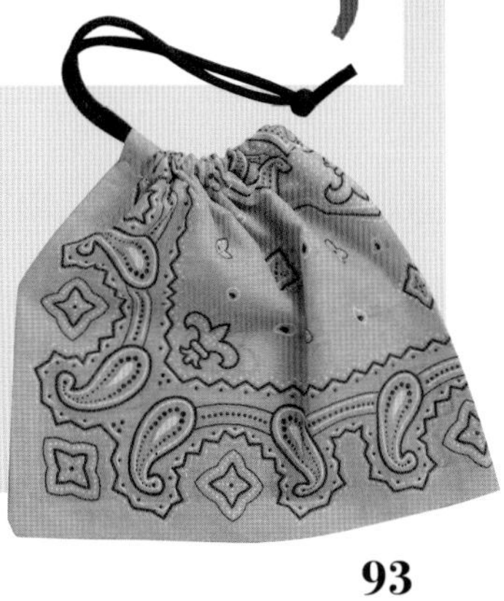

基本の流れ

1 バンダナを2つに切る　Ⓐの巾着と同じ ➡ P.92 参照

2 両わきを縫う　Ⓑの巾着

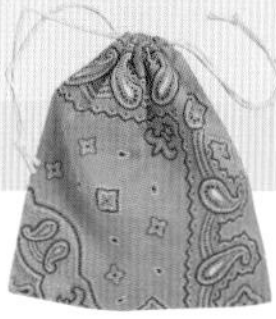

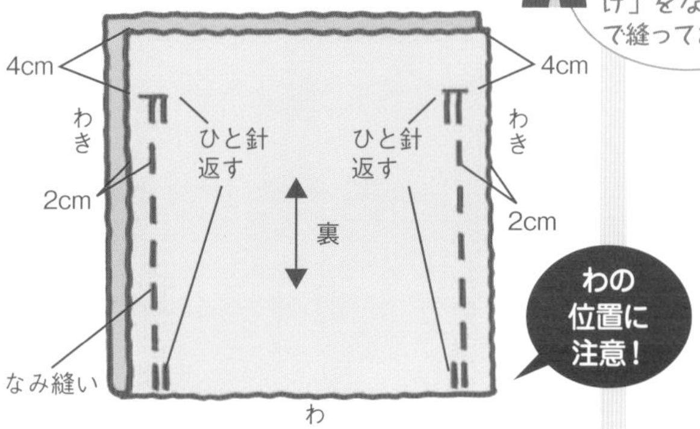

Ⓑの巾着は右側の布を使います。布を裏にして、上下に2つに折って下をわにします。ひと針返し縫いをして、わきをなみ縫いで縫います。縫い終わりもひと針返します。　●なみ縫い ➡ P.79 参照

3 縫いしろを整える

両わきの縫いしろを割ってアイロンをかけ、縫いしろを整えます。

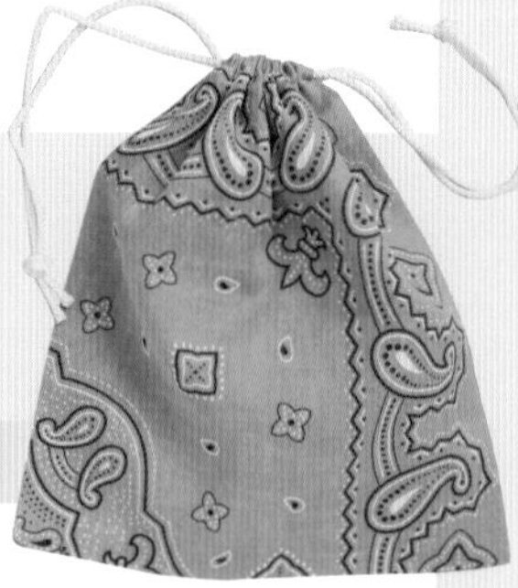

4 ひも通し部分を作る

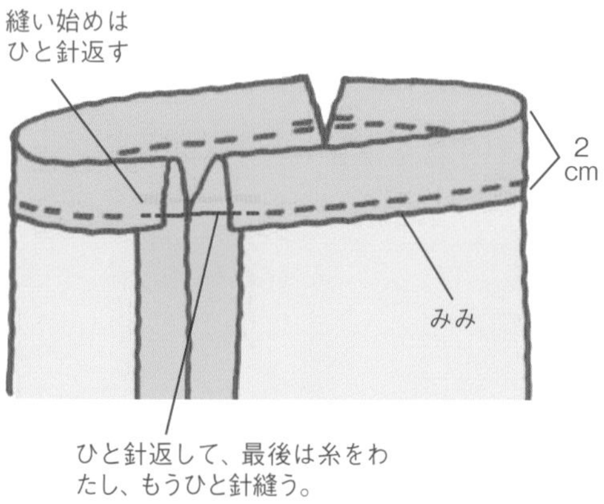

袋の口を2つに折って、なみ縫いをします。始めと終わりはひと針ずつ返して縫い、しっかりとめましょう。

Ⓑの袋の口は「みみ」を使うので、三つ折りにしなくてよい。

5 ひもを通す

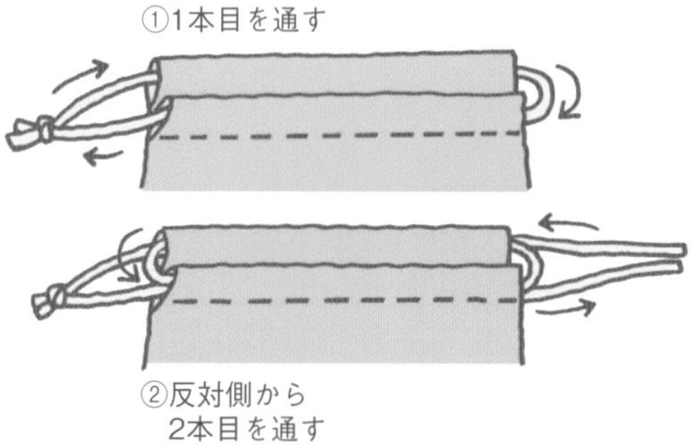

2本のひもをそれぞれひも通しを使って両側から通して、それぞれの端を結んでできあがり。

2本のひもを使うことで、袋の口をしっかり閉じることができる。

道具の安全で上手な使い方

ひも通しの使い方

ひも通しには、いろいろなタイプがあります。ギザギザのあるタイプは、ギザギザの部分にひもをはさんで、リングをぎゅっとしめて使います。いずれも、丸い部分をひも通し口に入れて、布を指でたぐりながら通していきます。

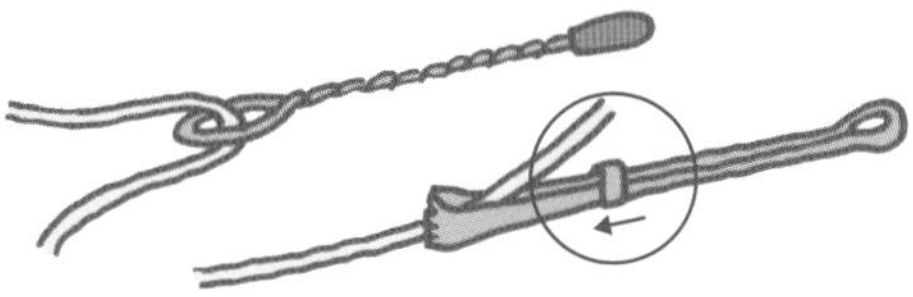

裁ちばさみの使い方

裁ちばさみは、布を切る場合にのみ使います。

裁断するときには、左手で型紙と布を押さえて、布が動かないようにします。

直線を切るときは、はさみの中央を使い、角やカーブを切るときははさみの先で小刻みに切ります。

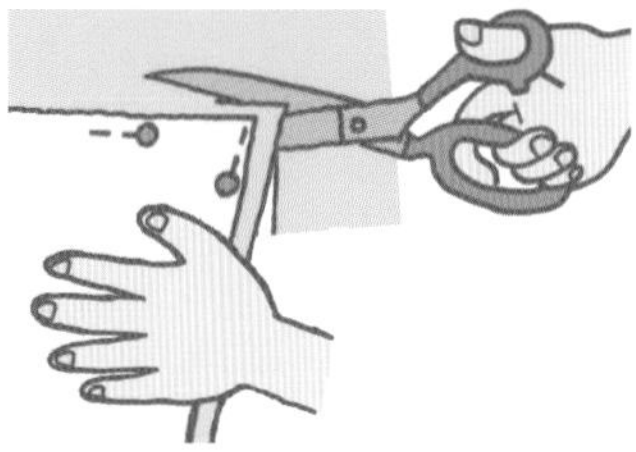

ものさしでしるしをつける

布にしるしをつけるときには、ものさしを使いましょう。

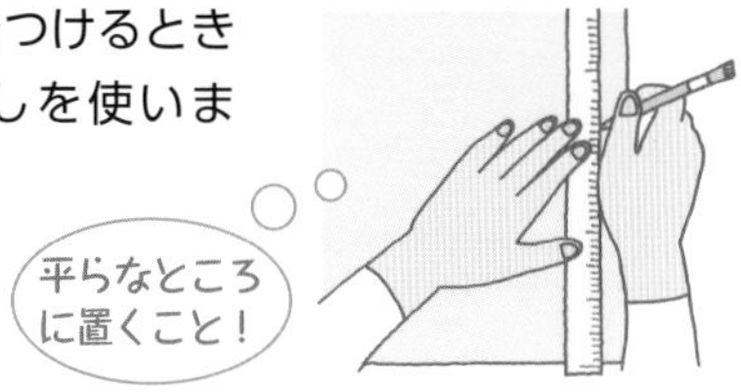

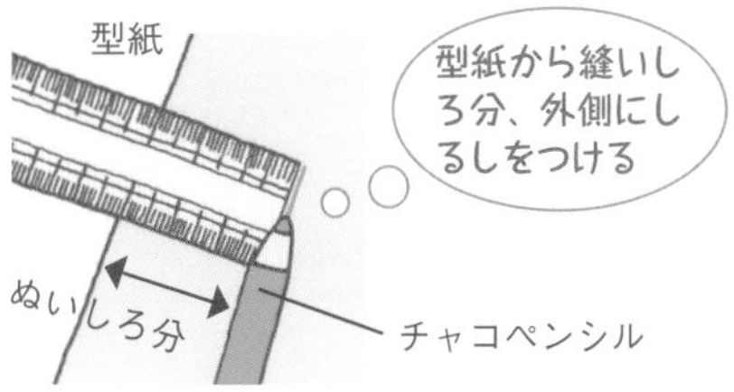

みみ、裁ち目、わ、布の表と裏

みみ、裁ち目、たての布目、わ

裁断された布には、ほつれにくい端とほつれやすい端があります。ほつれにくい方を「みみ」、ほつれやすい方を「裁ち目」といいます。

「みみ」に平行な方向を布目の「たて」、「みみ」に垂直な方向を「よこ」と呼んでいます。たては「たての布目」といい、矢印で表します。

「みみ」と「みみ」を合わせて折ったところを「わ」と呼びます。

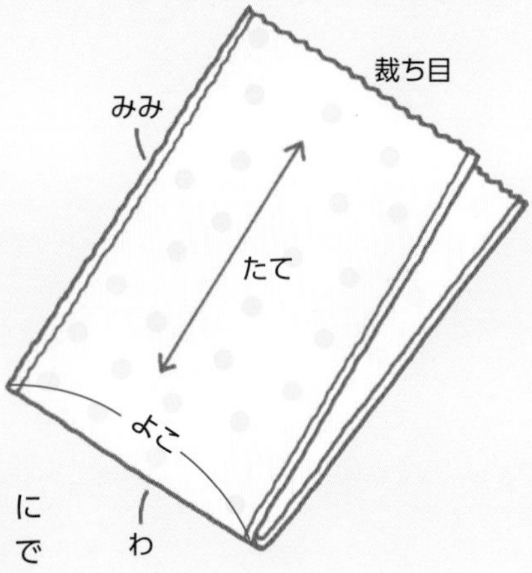

布の表と裏

一般に全体にきれいでつやのある面が、「表」。また「みみ」に商標名などが印刷された場合は、はっきり読める面が「表」です。「斜文織」は、たて糸が多く表れている面、斜文がふつうは右上から左下に流れている面を「表」とします。ただし、綿織物ではその逆もあります。近くで見ても遠目で見ても裏表がはっきりしないときは、どちらかを「表」と決め、全体で統一します。模様（柄）の上下にも気をつけましょう。 ●斜文織 ➡ P.91 参照

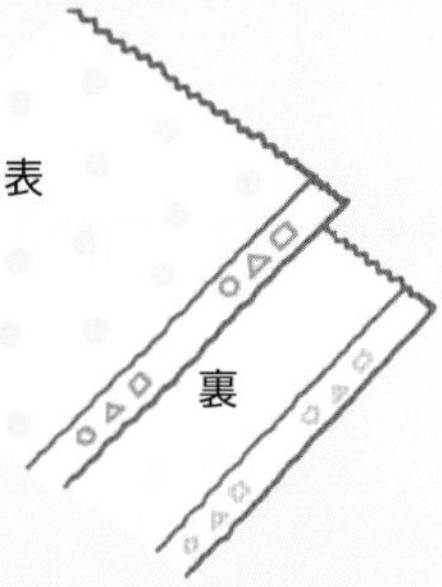

中表と外表

「中表」は表を内側にして折ったり重ねたりすることで、「外表」は表を外側にすることです。

NO. 20 手縫い

ファスナーつき小物入れ

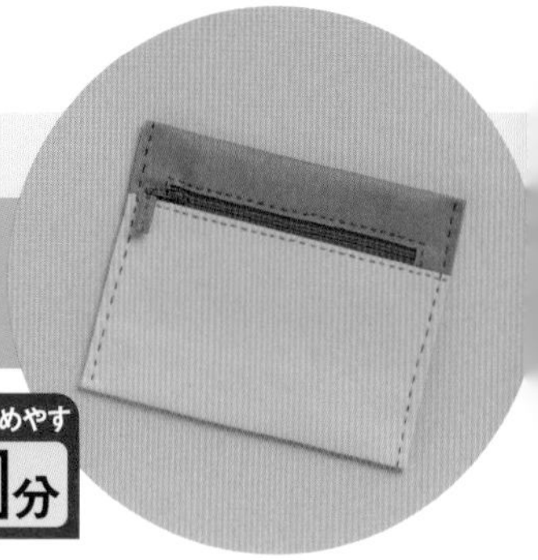

時間のめやす 80分

材料
フェルト……18cm×18cmを2枚
ファスナー……1つ（長さは適宜）
手縫い糸（フェルトの色に合わせた色糸）

用具
針・裁ちばさみ・糸切りばさみ・ものさし

基本の流れ

1 布を裁つ

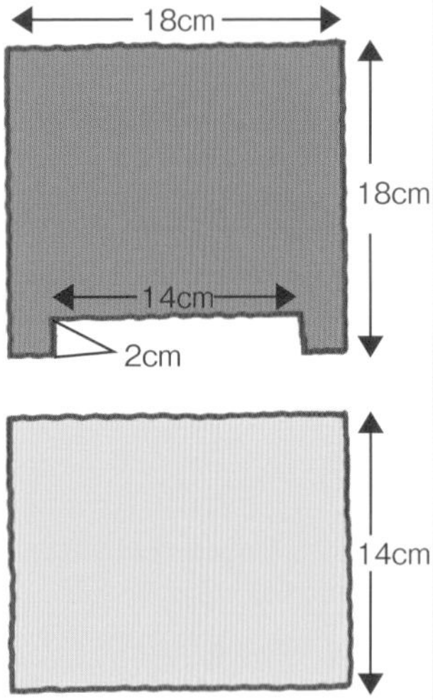

フェルトの大きさを基本に、布を裁ちます。

作業は、必ず平らな場所で！

2 ファスナーをつける

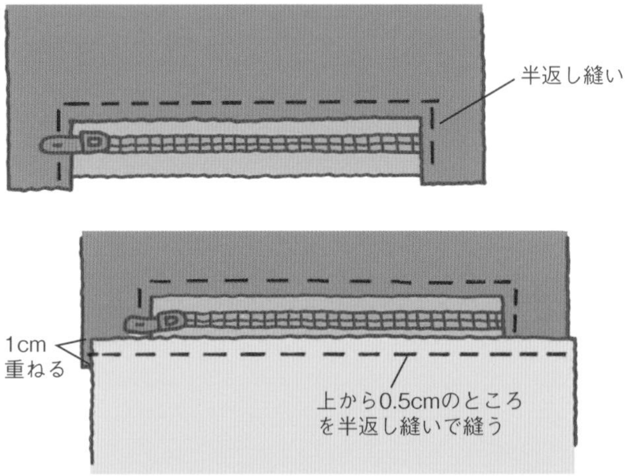

ファスナーの上に青のフェルトをのせ、ファスナーの周りをコの字型に半返し縫いします。次に1cm重ねて黄色のフェルトをのせ、針を内側から刺して半返し縫いで、ファスナーを縫いつけます。

フェルトの重ね方をまちがえないようにする。

よくある失敗 ファスナーの周りが波うったり、ずれたりしてしまう。

これで解決！ ●ファスナーをつけるときは、必ずファスナーを閉めてつけましょう。そして、平らな場所で布とファスナーを重ね、まち針でしっかりとめることが大切です。しつけ糸でとめてもよいでしょう。

●しつけのかけ方 ➡P.114 参照

ファスナー部分の布がゆがんだり、ずれたりすると、壊れる原因にもなるので注意！

ファスナーの選び方

ファスナーを選ぶには、使う布の色とファスナーの台布の色の調和を考えること。長さは、開口部分がつける部分より1cm位少ないものがよい。

適当な長さのものがないときは、少し長いものを選び、店で短く直してもらうか、自分で切って端を縫いとめましょう。

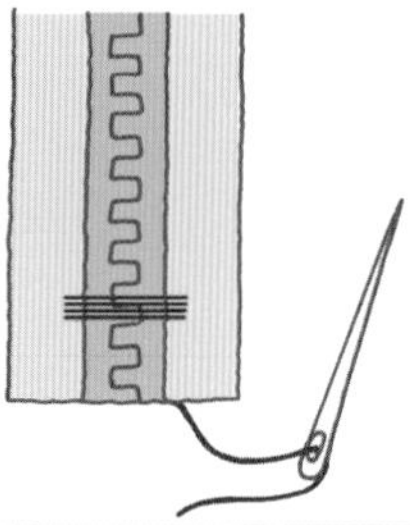

学習内容・目的
- 目的に応じて縫い方を工夫する。
- ファスナーを使った小物入れを作ることができる。

3 裏を縫い合わせる

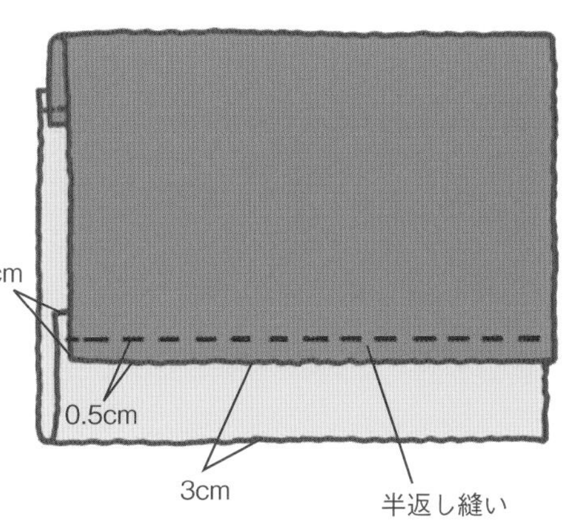

裏側で黄色の上に青を重ねて、半返し縫いで縫い合わせます。 ●半返し縫い P.79 参照

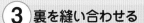

4 両端を縫う

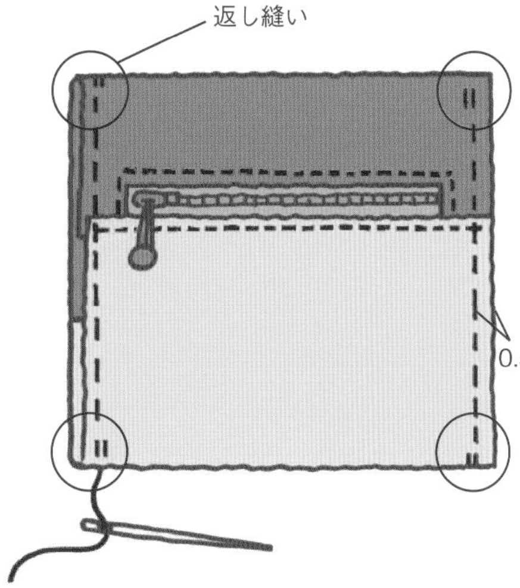

両端をなみ縫いで縫って、できあがり。縫い始めと縫い終わりは、ひと針返します。
●なみ縫い P.79 参照

HELP ファスナーに布がはさまった！

ファスナーの金具をしっかり持って、はさまった布などを引っ張るとよい。

フェルトやファスナーの色の組み合わせを変えたり、ピンキングばさみで両端をギザギザに切ったり、スパンコールやアップリケをつけたりして、バリエーションを楽しむことができます。

NO. 21

手縫い

刺し子の花ふきん

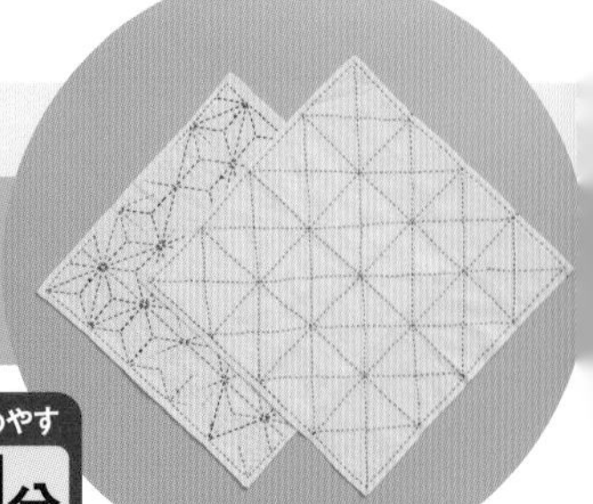

時間のめやす 120分

材料
さらしまたは手ぬぐい
……長さ70cm
木綿の手縫い糸……白・赤

用具
針・裁ちばさみ・糸切りばさみ・アイロン・チャコペンシル

基本の流れ

1 さらしを「わ」に縫う

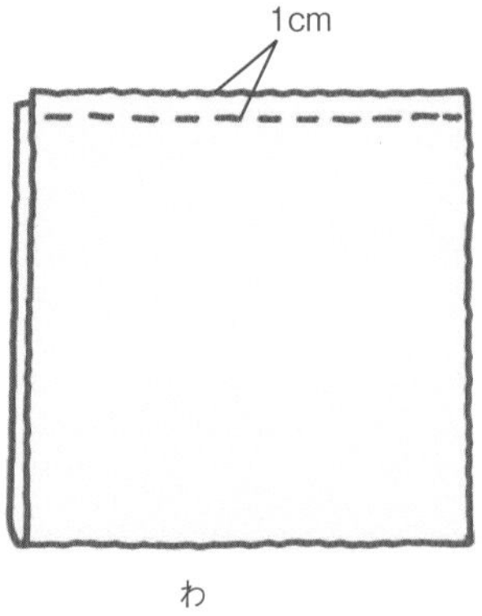

さらしを中表に2つに折ってそろえ、両端から1cmのところを白糸でなみ縫いして「わ」を作ります。

●なみ縫い ➡ P.79 参照

2 アイロンをかける

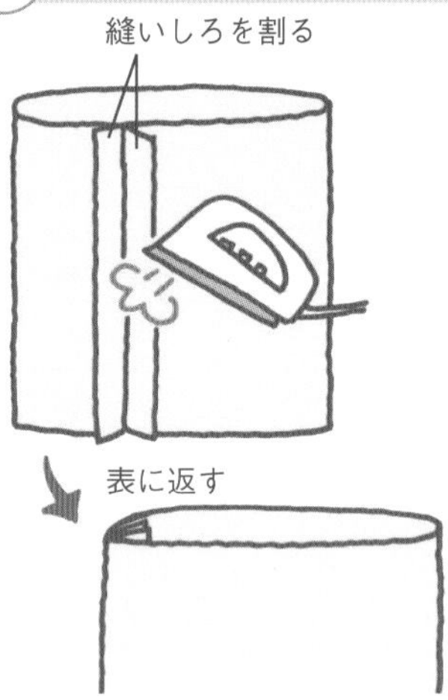

縫いしろを割ってアイロンをかけ、表に返して縫い目が端になるように形を整えます。

3 図柄を描く

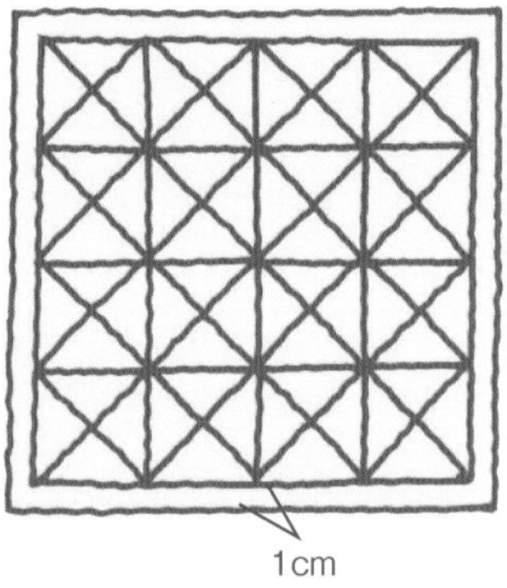

片面の、周囲の端から1cm位のところに、額縁のような線と好きな図柄をチャコペンシルで描きます。

●さまざまな刺し子模様 ➡ P.102 参照

布の端のほつれを防ぐため、中表で「わ」に縫ってから裏返す。

●図柄は、布にチャコペーパーをのせ、図案をその上にのせて、ルレットなどでなぞると、楽に写せます。
●縫いやすいのは、直線を使ったデザインです。

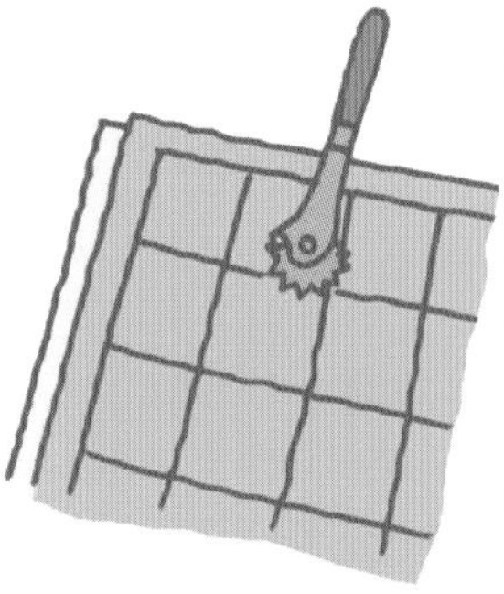

完成したものは、急須や食べ物などにフワッとかけて、ほこりよけのカバーとして活用できます。

学習内容・目的	● 模様を縫うことができる。 ● 日本の伝統工芸として有名な「刺し子」を縫う。

刺し子に適した布は？

やや目の粗い綿の布が適しています。さらしや手ぬぐいのように1尺幅（約38cm）の布の場合は、みみを利用してそのまま2つに折って使えます。

4 模様を縫う

赤糸（1ｍ位）を2本どりにして、2枚一緒に周囲をグルッと縫います。縫い目は3～4㎜でそろえ、できるだけまっすぐに縫います。

途中の糸つぎは重ねつぎでもよいが、内側に玉結びを作ると目立たない。

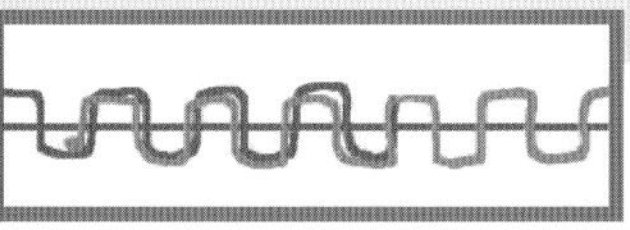

5 アイロンをかける

縫い終わったら、アイロンをかけて形を整えます。

重ねつぎ

縫い糸が途中で足りなくなったとき、新しい糸で、4、5針手前から縫い目に重なるようにして縫いつぎます。

よくある失敗 布がつれて、きれいにできない！

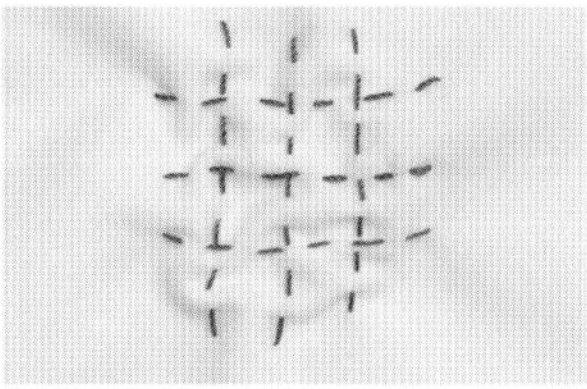

これで解決! 糸こきをしなかったのが、原因。途中で糸こきをしながら少しずつ縫い進めましょう。

●糸こきのしかた

玉結びなどを押さえて、反対の手で布の縫い目部分を強くつまみ、進行方向にしごいて、糸にゆとりを持たせます。

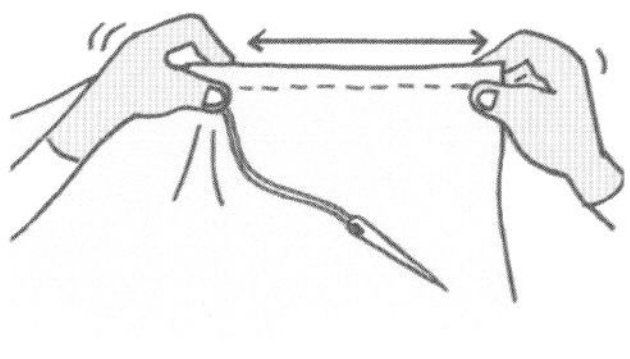

応用 もっと作ってみよう！

なべ敷き

　さらしの幅を利用して正方形を作ります。2枚重ねにすると、なべ敷きやポット敷き、大きめのコースターとして役立ちます。手持ちのはぎれなどを使っても楽しいですね。

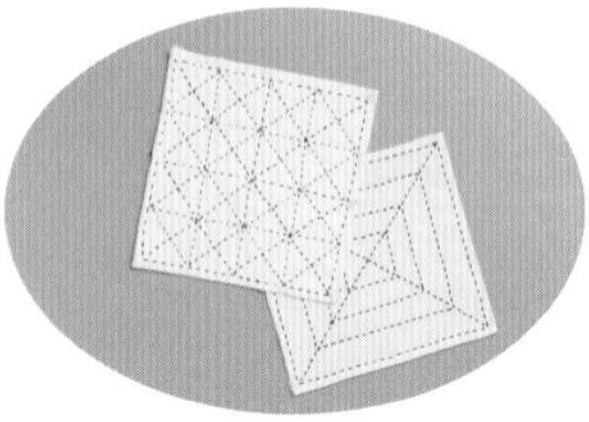

〈材料〉さらしやはぎれ……36cm×36cm
　　　（綿が縫いやすい）
　　　不織布

〈作り方〉

⓫ 材料の布を4等分に切って、小さな正方形を4つ作り、そのうちの2枚を使います。

⓬ 1枚の布に刺し子を施します。

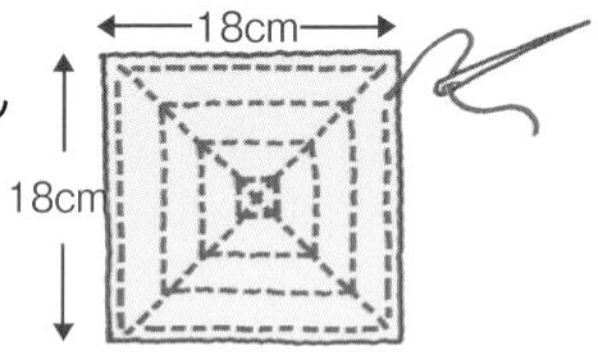

⓭ もう1枚の布を中表にして重ね、三辺をコの字型に縫います。

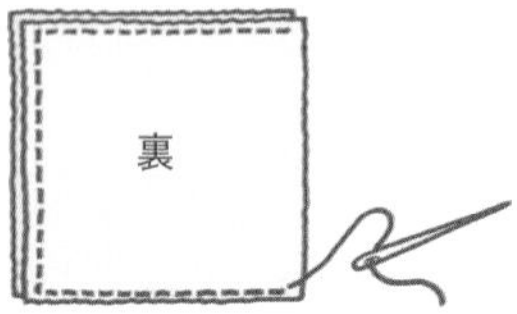

⓮ 裏返してもう一辺を縫います。

　縫う前に、中に不織布を入れると、芯になってしっかりします。

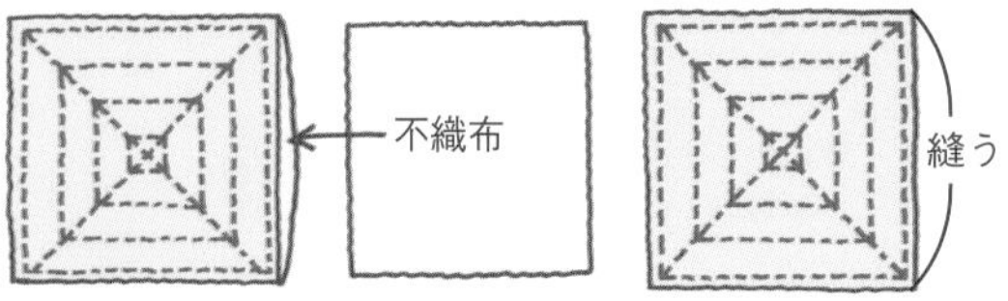

発表会のアドバイス

　刺し子ができたら、作品を持ち寄って、発表会をしてみましょう。

　教室の壁面に、作品をうまくレイアウトすれば、一枚の大きなパッチワークのようになります。

　授業参観をはじめ、学校行事にも使えます。

文庫本カバー

　自分の好きなはぎれや好きな柄で文庫本カバーもできます。おうちの方や友達にプレゼントしましょう。

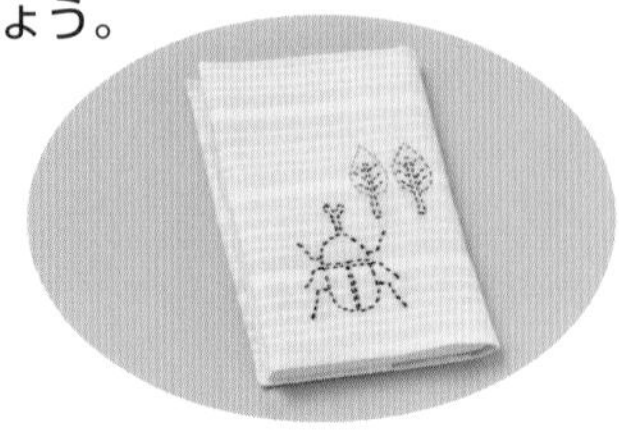

〈材料〉綿の布やはぎれ……（本の幅の2倍+厚み+10cm〈折り曲げて表紙と裏表紙をはさむ部分の長さ+縫いしろ〉）×（本のたて＋上下の縫いしろ）

〈作り方〉

⓫ 刺し子の図柄や位置を決めて、刺し子を施します。

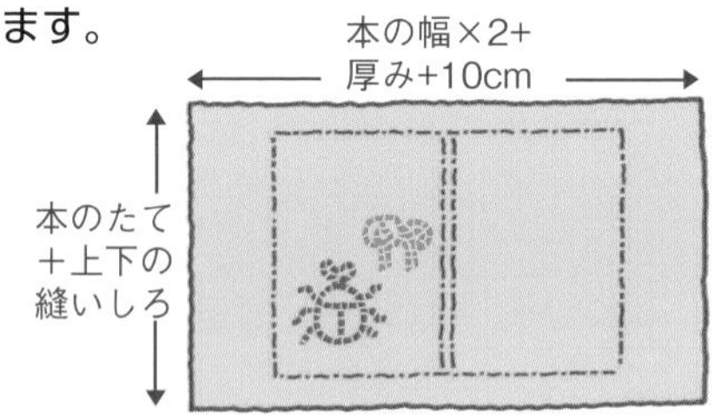

⓬ 上下の端は2つに折って、アイロンをかけて押さえるか、目立たない糸（1本どり）でなみ縫いをしてとめます。

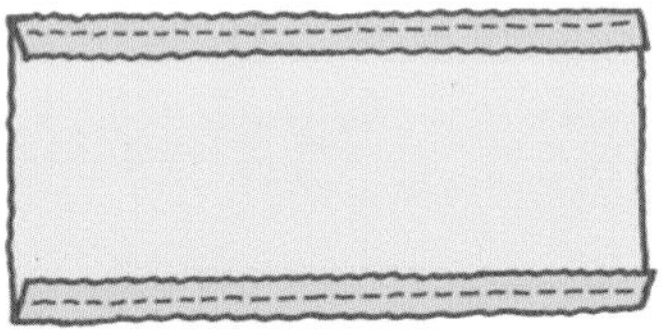

⓭ 表紙と裏表紙をはさむ部分を折り曲げ、重なった部分の上下を1本どりのかがり縫い（布の中に糸を入れてすくうと目立たない）でとめれば、できあがりです。

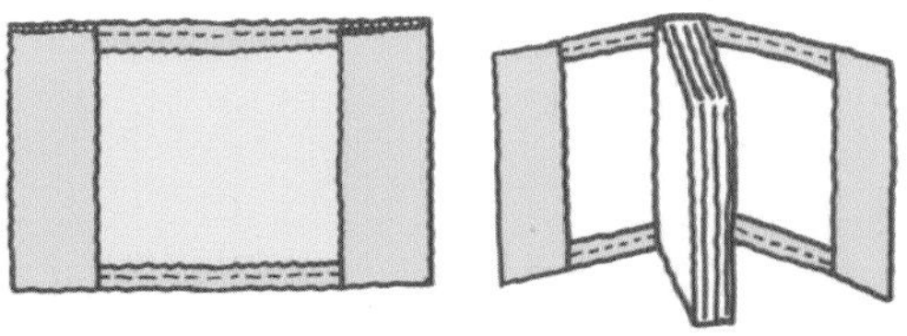

※⓬の前に不織布を、本の横幅×2+厚み（背表紙）の大きさに切り、貼りつけておくと、しっかりとしたカバーができます。

アイロンの安全な使い方

アイロンは、熱と圧力で布のしわや収縮を伸ばし、形を整え、折り目をつける役目をします。取り扱い絵表示をしっかり読み、やけどに注意して使いましょう。

●布の種類とアイロンの温度

特に合成繊維や樹脂加工製品は溶けたり、縮んだりするので、温度に気をつけましょう。

2種類以上の繊維が混ざっている場合は、熱に弱い繊維に合わせます。布を傷めないように注意しましょう。

番号	番号	記号の意味
530		底面温度200℃を限度としてアイロン仕上げができる。
520		底面温度150℃を限度としてアイロン仕上げができる。
510	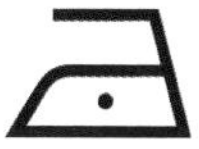	底面温度110℃を限度としてスチームなしでアイロン仕上げができる。
500		アイロン仕上げ禁止。

●洗濯表示 P.139 参照

●順序

衣服の形を整え、面積の小さいところから、部分ごとにかけます。

例）シャツの場合　①カフス→②袖→③えり→④ヨーク（肩）→⑤前身ごろ→⑥後ろ身ごろ

●アイロンかけのポイント

・背筋を伸ばしてかける。

・ゆがみなくアイロンをかけるには、中央からアイロンは横向きのまま、上下、左右にかけること。

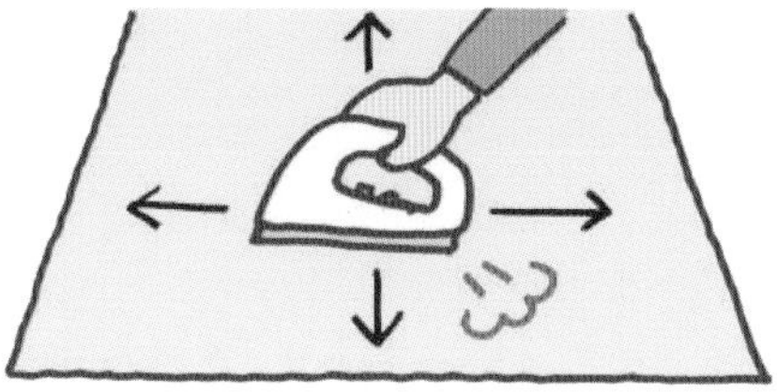

・ハンカチなどは、中央から対角線にかけるとよい。

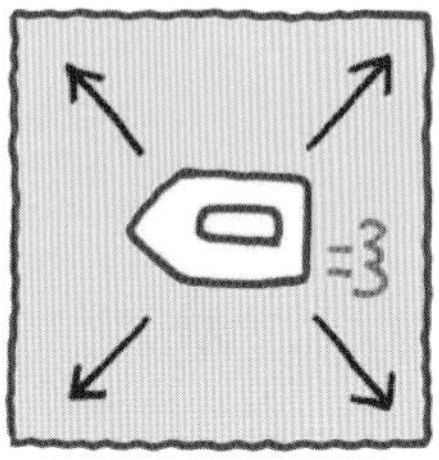

安全ポイント

やけどや感電に注意！

- ●不安定な場所で作業しない。
- ●スチームアイロンの場合、やけどには特に注意する。
- ●使っている間は高温になるので、その場を離れない。
- ●コードレスのものも、使わない時は必ずスイッチを切って所定の場所に置いておく。
- ●しまうときは、必ず完全にさましてから。
- ●コンセントからプラグを外すときは、プラグをしっかり持って抜く。
- ●プラグは濡れた手でさわらない。

運針（うんしん）

●なみ縫い P.79 参照

運針は、手縫いの基本になる縫い方で、「なみ縫い」のこと。針を速く運び、縫い目をそろえて美しく仕上げるための練習方法です。

針と指抜きの関係は右の通りですが、小学生や初心者には少し難しいワザかもしれません。

●短針の場合

指抜きは中指の第1関節と第2関節の間にはめて、針の穴を指抜きと直角に当てます。親指と人差し指で針先をつまむように針を持ち、縫います。

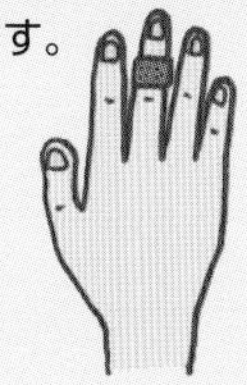

●長針の場合

指抜きは中指の手のひら側の付け根にはめ、短針と同じように針を垂直に持ち、縫います。

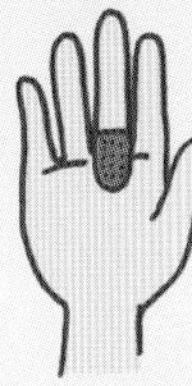

●布の持ち方

左手（左利きの場合は、右手）に布をたくし込んで持ちます。

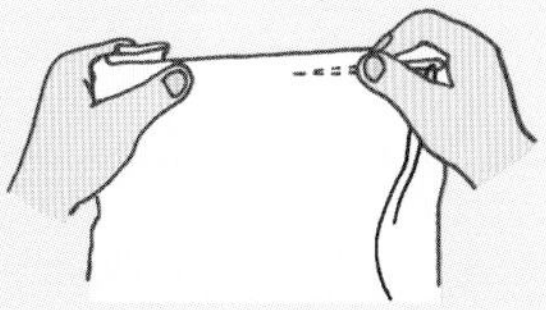

さまざまな刺し子模様

日本の伝統的な模様、飛騨の刺し子に挑戦してみましょう。

麻の葉（あさのは）

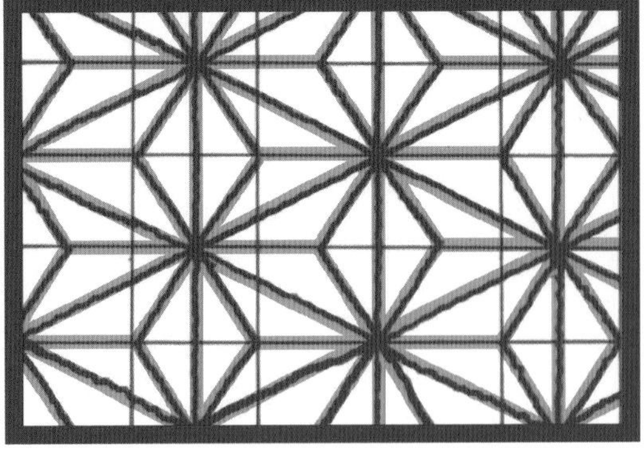

菱形の長いほうの対角線を、花のようにつないでいきます。大麻の葉に見立て、古くから愛用されている図柄です。

籠目（かごめ）

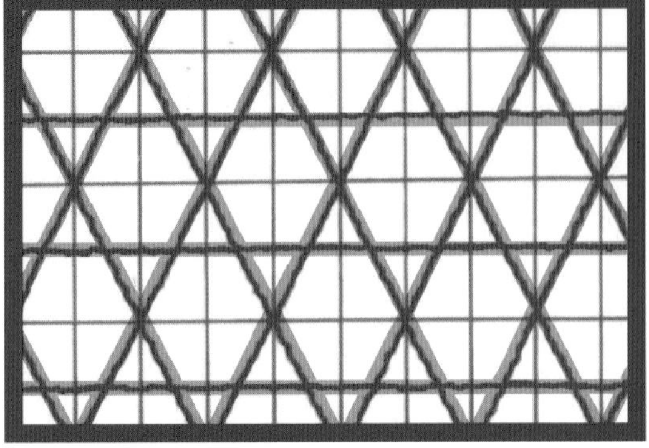

竹籠の編み方に似ていることからついた名前です。六角形と三角形の組み合わせや菱形の組み合わせに見えます。

亀甲（きっこう）

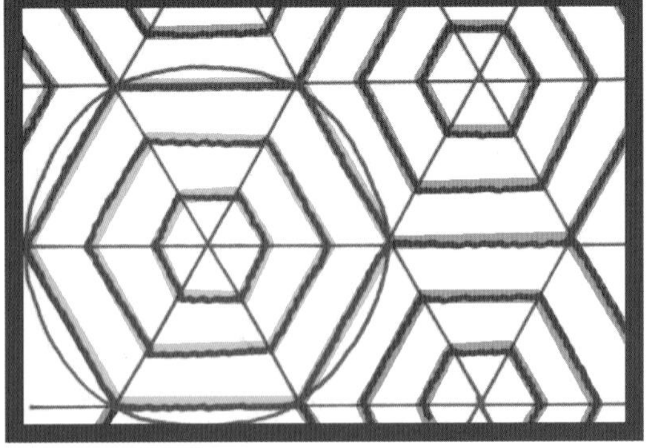

正六角形をつないだ亀の甲羅のような模様です。コンパスで円を描き、その半径を使って円を割っていきます。

十字（じゅうじ）つなぎ

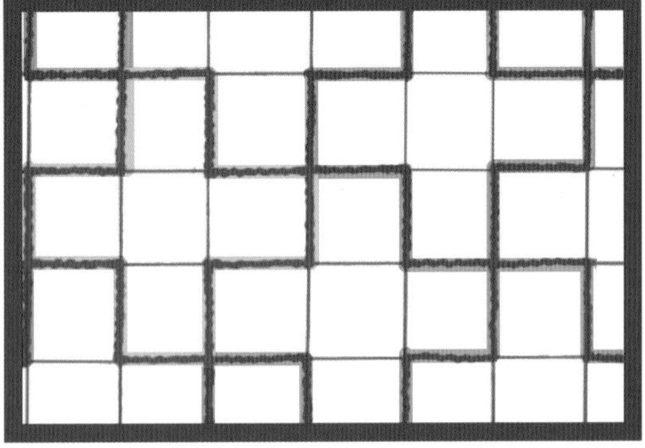

１個の正方形の各辺に同じ大きさの正方形をつないで、十字の形にし、この十字形を連続させていきます。

七宝（しっぽう）

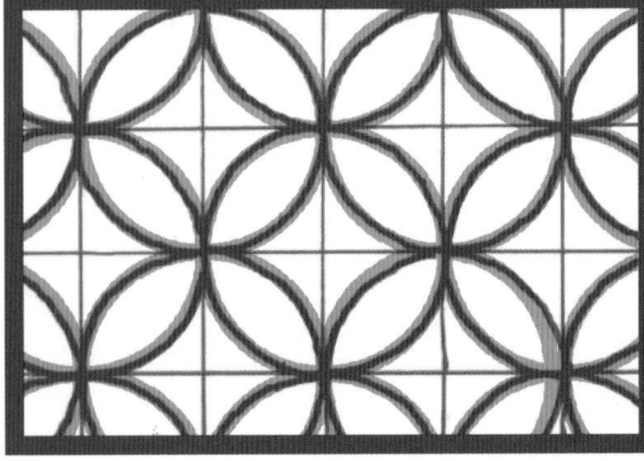

円を4分の1ずつ交差させてつないだ柄。「七宝」や「輪違い」などと呼ばれています。

平組み卍（まんじ）つなぎ

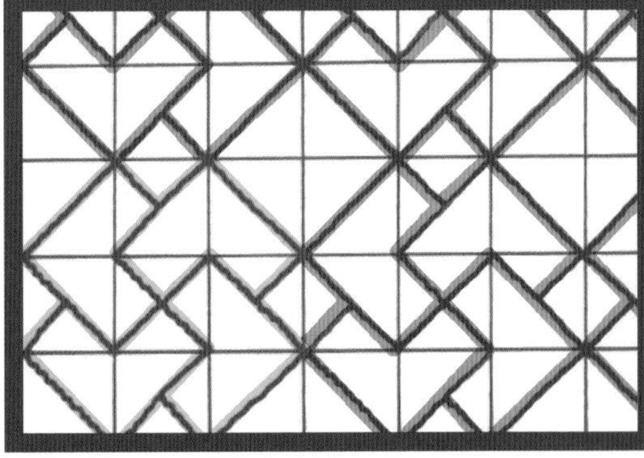

4個の正方形を卍の形に組んだものをつなぎます。卍の形と卍の形の間には大きな正方形と小さな正方形ができます。

和 日本の知恵と技術で生まれた「刺し子」

かつては、布を調達すること自体が大変なことでした。麻や綿を栽培したり、蚕を飼い、まゆから絹をとったりして糸を紡ぎ、機(はた)で織るのですが、１人分の着物を作るには10mほども織らねばなりません。気の遠くなるような作業です。

貴重な布は、古くなって弱ってくると、今度は重ねて糸で刺して、最後は雑巾になるまでくり返し使われました。

「刺し子」は、寒冷地の冬の仕事として生まれましたが、やがて日本人の美意識から、ただ縫うだけでなく、さまざまな図柄や刺し方の工夫で伝統工芸品にまで高められました。

青森の「小ぎん刺し」や南部地方の「菱刺し」なども有名な刺し子ですが、飛騨の刺し子はなみ縫いが主流なので子どもでも取り組めます。

丈夫な刺し子は、現代では袋や小物、作務衣やベストなど、日常使用する布製のものに使われています。

参考●『飛騨さしこの手』（有限会社 飛騨さしこ）

青海波（せいがいは）

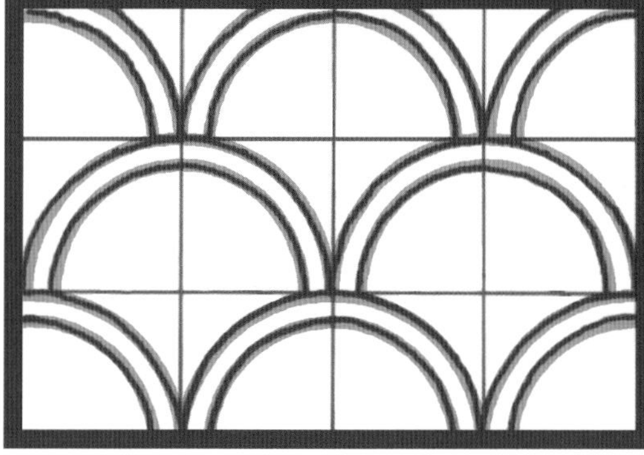

古くから衣装や布に使われている波の模様です。波の円は、同心円、等間隔の半径で描きます。

千鳥（ちどり）

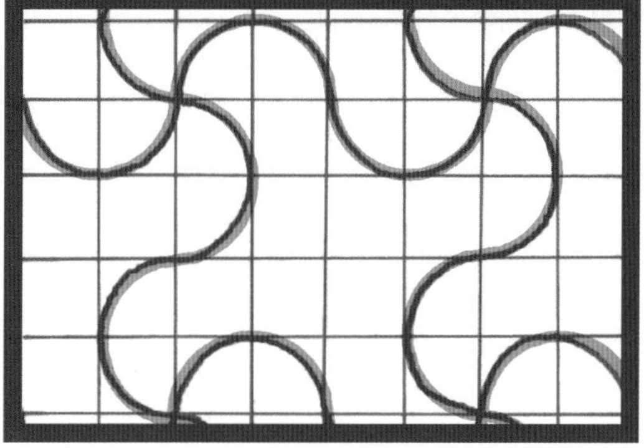

半円を逆卍の方向に組み合わせて連続させ、千鳥が飛んでいるような模様を作ります。

矢羽（やばね）

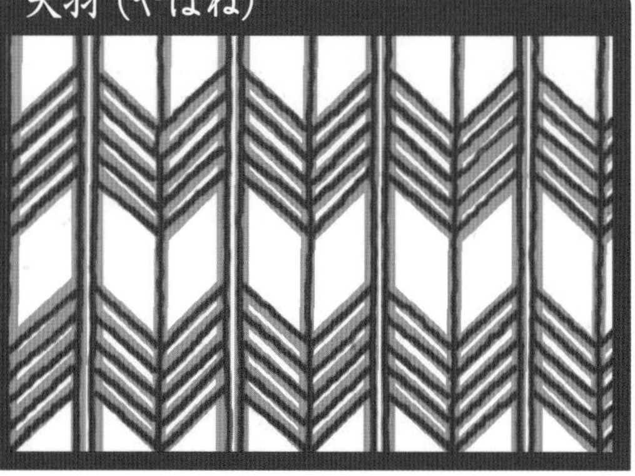

弓の矢につける羽の形です。この形を連続させせると、上下逆方向に矢が走り、交差しているように見えます。

立涌（たてわく）

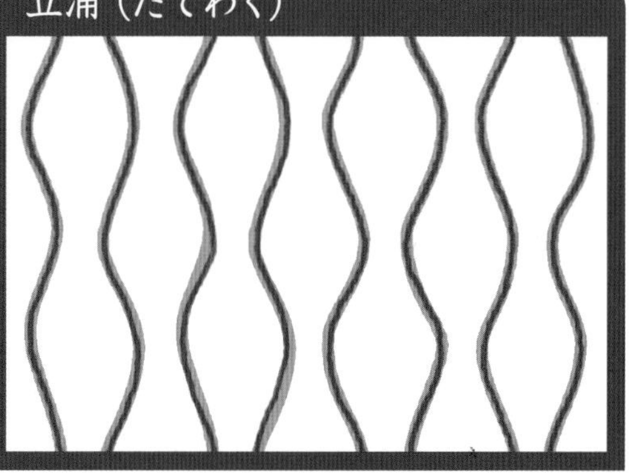

2本の曲線をつぼのような形に並べ、水蒸気がわき立ちのぼる様子を表します。

NO.
22

手縫い
ボール

時間のめやす
60分

材料
フェルト（20cm×20cm）……1枚
手縫い糸（赤糸）
化繊綿……30ｇ

用具
針･裁ちばさみ･糸切りばさみ･ものさし

基本の流れ

1 布を裁つ

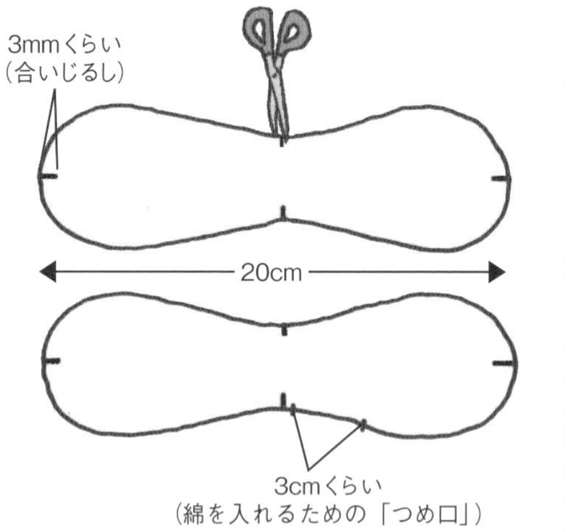

布を同じ形で2枚裁断し、縦、横の中心に3mmくらいの小さな切れ込み（合いじるし）を入れます。

型紙どおり正確にしるしをつける。

2 ベースボール用ステッチで布を縫い合わせる

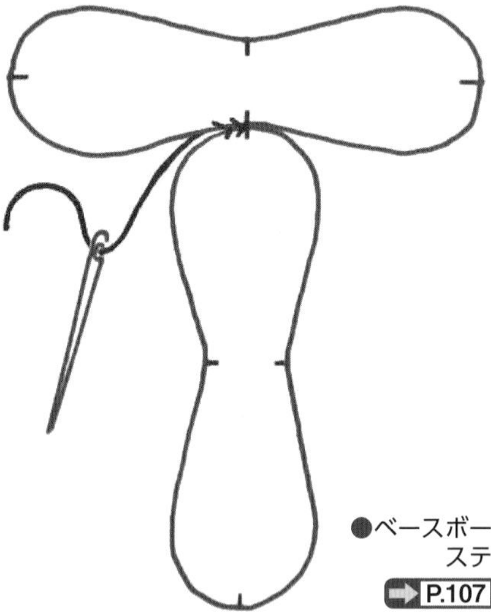

●ベースボール用ステッチ
P.107 参照

合いじるしを合わせ、上の図の位置から、ベースボール用ステッチで縫い始めます。

布と布を合わせるときには、「合いじるし」どうしを合わせて、まち針でとめる。

ぴったり同じ大きさに切れたかどうか、布を重ねて確認します。

【ボールの実物大型紙】

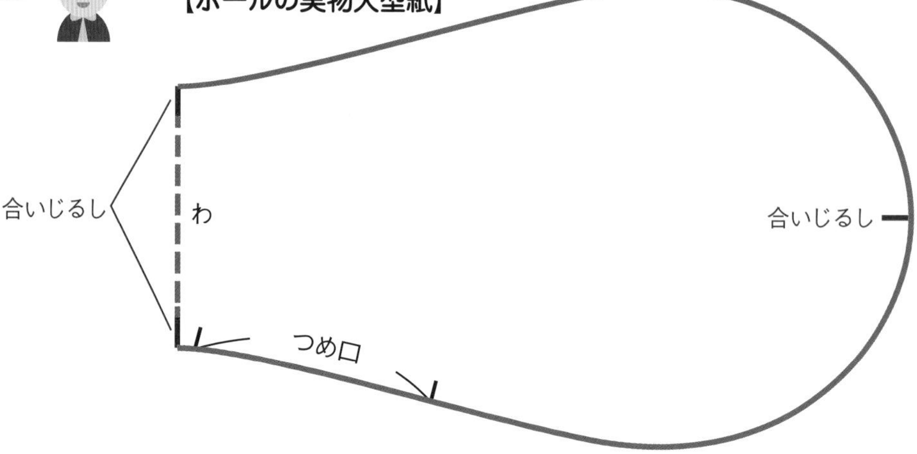

学習内容・目的 ● 平面（フェルト）から、立体を作る。

2枚のフェルトの色を変えて、ツートンカラーにしても楽しい。

綿は少しずつちぎりながらつめていく。フリースの残り布を細かく切って使ってもよい。

3 綿をつめる

ベースボール用ステッチのひと回り目の途中で、綿をつめます。

綿をつめてから、「つめ口」を縫い閉じる。

4 完成させる

ベースボール用ステッチの2周目も縫い、ベースボールのできあがり。

よくある失敗 ベースボール用ステッチがうまくできない！
時間がかかりすぎる！

これで解決! ステッチを簡単にする

●P.107のベースボール用ステッチの❷までにする。（この場合、ステッチの目を少し細かくするとよい。）

●変わりベースボール用ステッチにする。❷や❻で布の端のきわに糸を入れることが、コツ。❹と❽では布の間にくぐらせる。

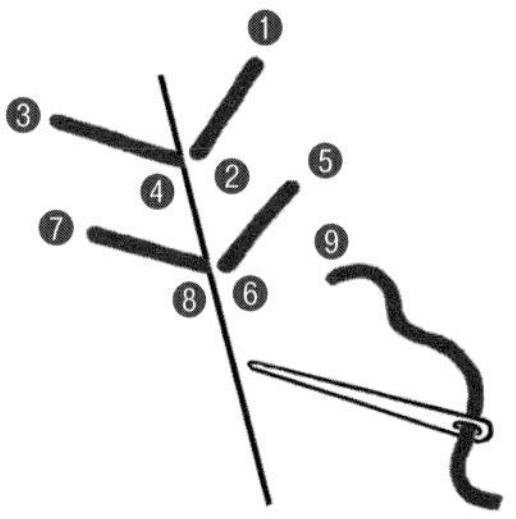

●かがり縫いにする。

●かがり縫い ➡ P.83 参照

よくある失敗 縫い糸がからんでしまう！

これで解決!

●糸が長すぎると、からみやすくなります。糸の長さは、ひじ下げんこつ1つ分にしましょう。

よくある失敗 縫い終わりに片方の布だけ余り、うまく縫い合わせることができない！

これで解決!

●はじめに、2枚の布が同じ形に切れたかどうか、合わせます。

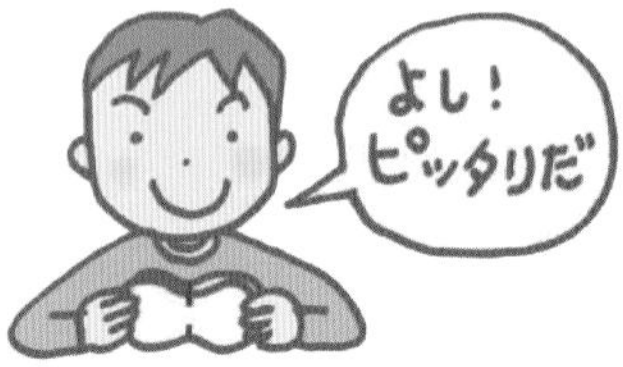

●「合いじるし」の切り込みを正しく入れ、それを合わせて縫いましょう。

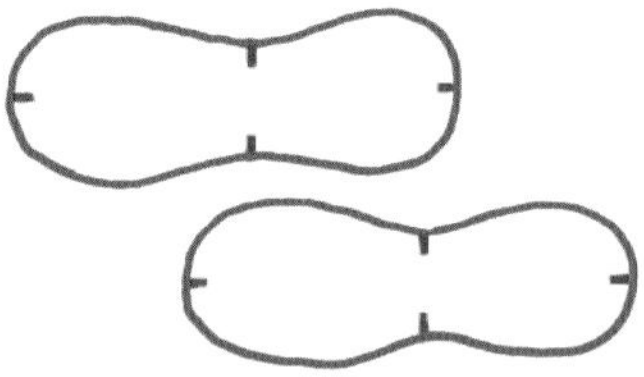

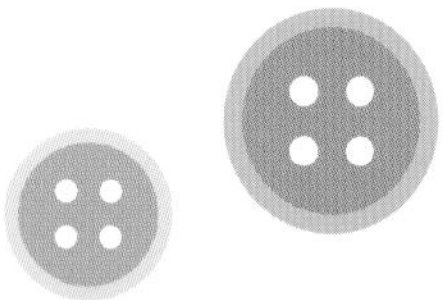

応用 バスケットボール

同じ型紙を使って、小さなバスケットボールを作ることもできます。

❶ かがり縫いで2枚の布を縫い合わせ、縫い目がかくれるように表に返してから、綿をつめます。

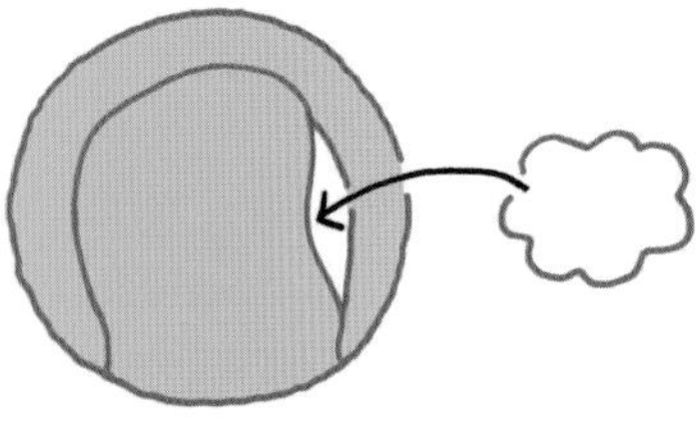

❷「つめ口」を閉じます。

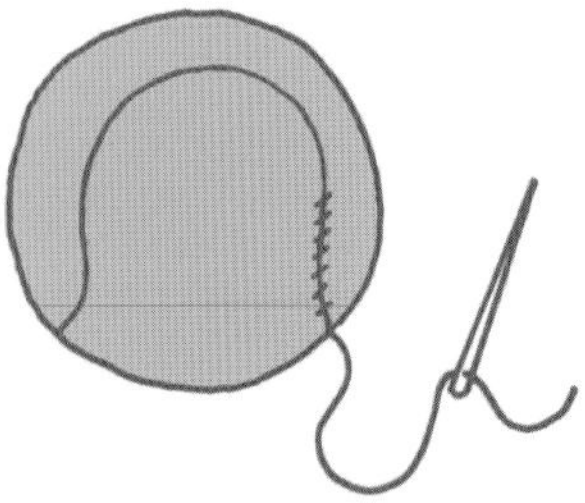

❸ 最後に、色糸を使って本返し縫いで飾り縫いして、できあがり。 ●本返し縫い ➡ P.79 参照

横から見たところ

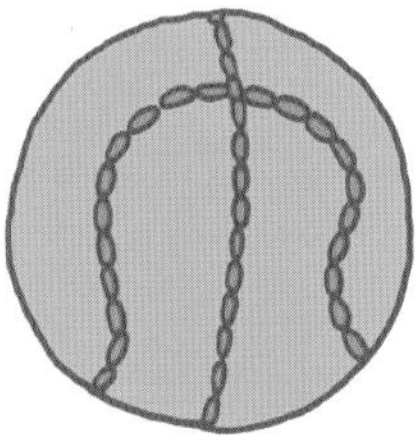

上から見たところ

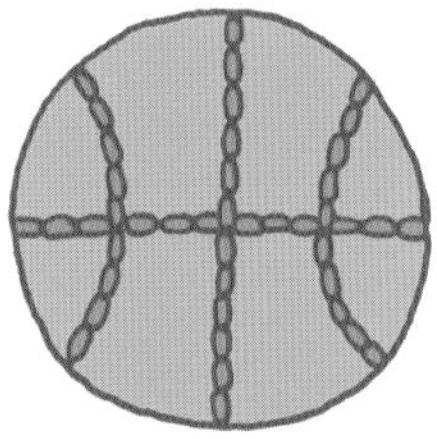

手縫いのいろいろ-3

ベースボール用ステッチ

ベースボール用ステッチは、2つの布の端をぴったり合わせるよう、V字に縫う方法。野球のボールや皮製品などに使います。

❶ 縫い始めは、2枚の布の間から3mm位内側に針を出します。次に、斜め5mm位下の布の間に針をくぐらせて、反対側の布の3mm位内側から針と糸を出します。

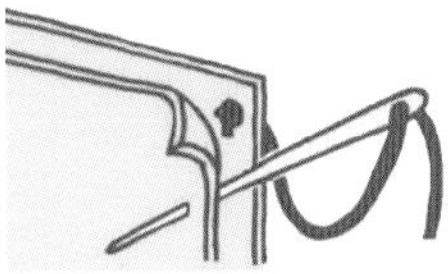

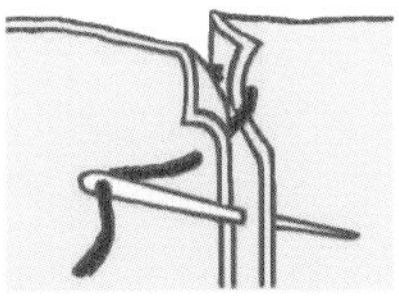

❷ 同じようにして、交互にV字の片側の線になるように縫っていきます。

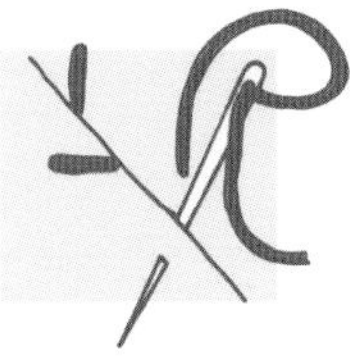

❸ ひと回りして元の位置に戻ったら、V字の反対側を縫って、V字を完成させます。

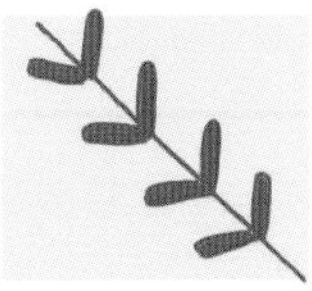

まつり縫い

スカートやズボンの裾上げ、袖口の始末などに使います。縫い目が表からわずかしか見えないように縫う、布端の始末の方法です。

❶ 布の端を三つ折りにして、折り返した布の内側から、折り山の1mm位下に針と糸を出します。

❷ 2〜3mm位先の、表布の織り糸を1、2本すくい、5〜8mm先の折り山の1mm位下に針と糸を出します。これをくり返します。

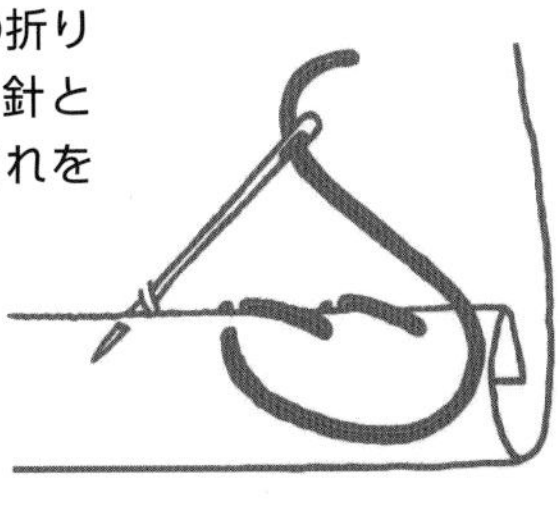

刺しゅうに使うステッチ

袋、マスコット、エプロンなどを作るとき、さまざまな絵を布に描いたり、イニシャルをつけたり縁を閉じたりするのに、刺しゅうはとても効果的で便利です。手縫いと同じ手法が用いられることもあります。

➡ P.79 参照

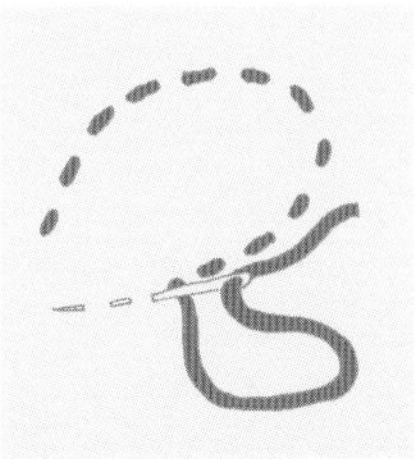

●ランニングステッチ
「なみ縫い」と同じです。

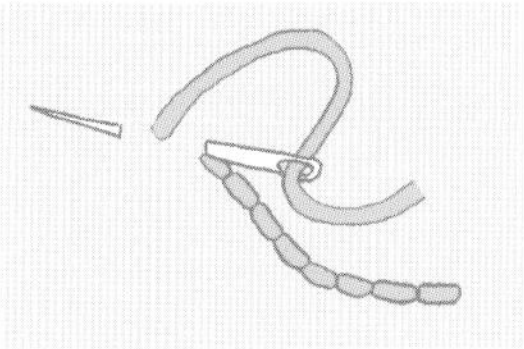

●バックステッチ
「本返し縫い」と同じです。

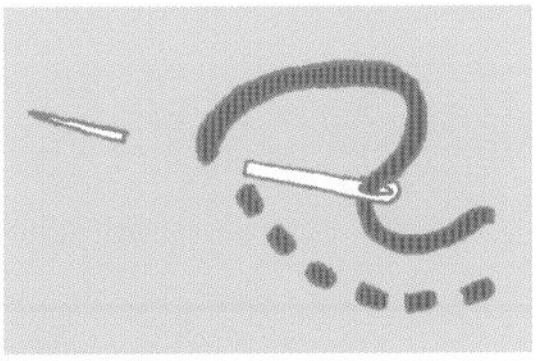

●シードステッチ
「半返し縫い」と同様です。

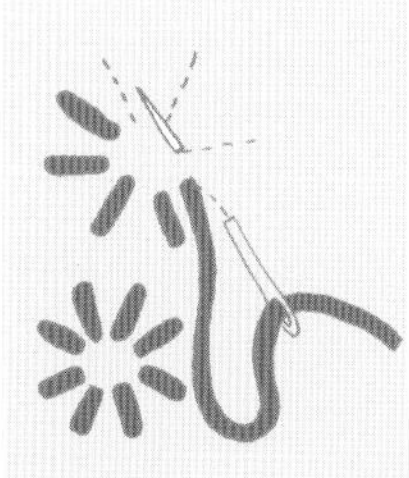

●ストレートステッチ

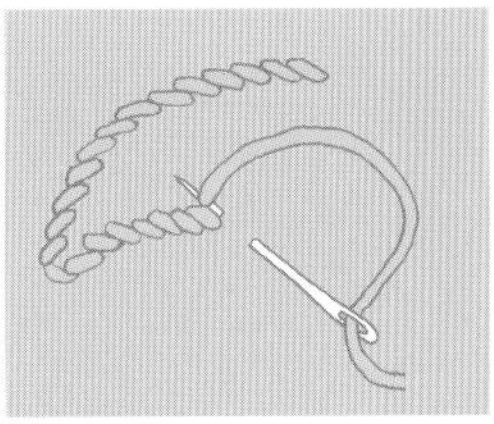

●アウトラインステッチ

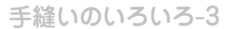

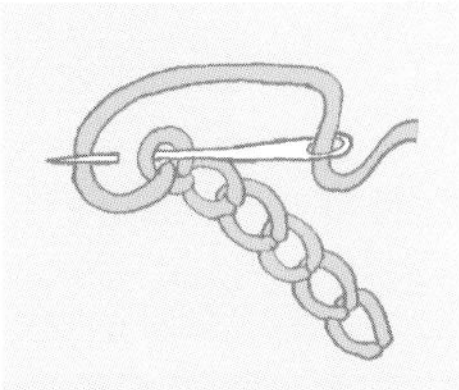

●チェーンステッチ

NO.
23
ミシン縫いの基本
ミシンと仲良く

ミシンの点検

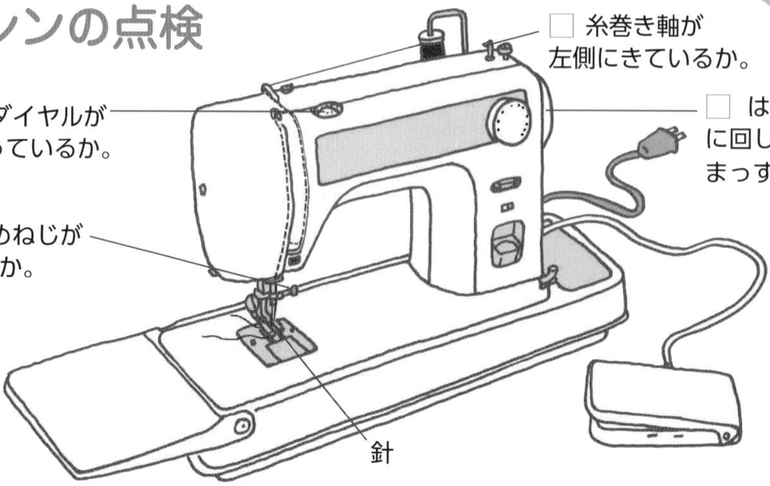
□ 糸巻き軸が
左側にきているか。
□ 上糸調節ダイヤルが
「自動」になっているか。
□ はずみ車を手前
に回して、針が穴に
まっすぐに入るか。
□ 針止め止めねじが
しまっているか。
針

ミシンの準備

ポータブルミシンを用意する

❶ 安定した机の上にポータブルミシンを置き、カバーを外す。

重いので、本体
の下から両手で
しっかり持っ
て運ぼう。

❷ カバーは所定の場所に置く。
❸ 電源が切れていることを確認し、コンセントにプラグを差し込む。

❹ コントローラーをつける。（ボタンで動かすタイプのミシンの場合はいらない。）
❺ 針棒の前に座る。

針と糸、ボビンなどがそろっているか、確認する！

ミシン針のつけ方

❶ 電源を切る。
❷ はずみ車を手前に回して針棒を上げ、針止め止めねじをゆるめる。
❸ ミシン針をピンに当たるまで差し込む。
❹ 針止め止めねじを締める。
❺ はずみ車を手で手前に回し、針先が穴に入るかどうか、確かめる。

作業するときは必ず電源を切ること！

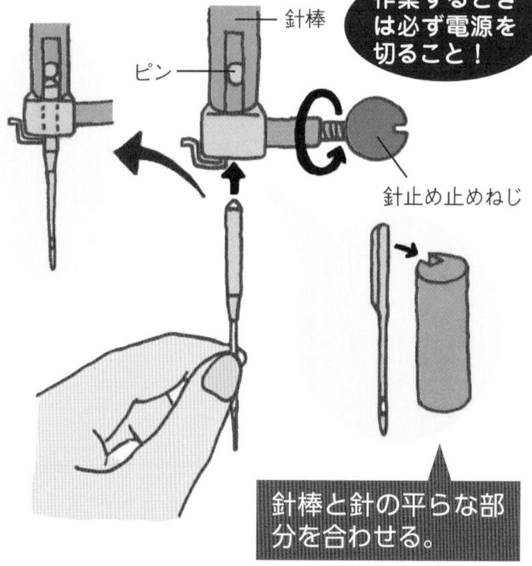
針棒
ピン
針止め止めねじ

針棒と針の平らな部分を合わせる。

学習内容・目的　● ミシンの扱い方をよく知る。

ミシンで縫うときの姿勢

針棒が体の正面になるように、座ります。コントローラーはひざの真下にくるように置き、右手は針の手前右側に、左手は布を軽く押さえ、ミシンの動きに合わせて前に進めるようにします。

力を入れないことが大事！　空縫いで練習しましょう。

コントローラーの扱い方

どの程度コントローラーを踏み込んだら針が進むのか、実際に試して確認しておきましょう。

縫うとき以外は足を離しておきます。

また、コードを持ってコントローラーをぶらさげると、コードがいたむので気をつけましょう。

＊コントローラーではなく、スタート・ストップボタンで操作するタイプのミシンもあります。

基本の流れ

1 空（から）縫いをする

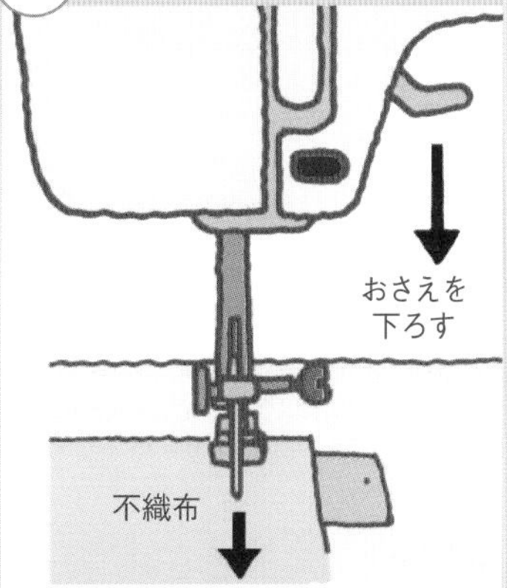

不織布（2つ折り）を敷き、縫い始めの位置に針を刺しておさえを下ろし、はずみ車を手前に回しながら、コントローラーを踏み、縫い方の確認をします。

コントローラーは、いきなり強く踏まない！

2 下糸を巻く

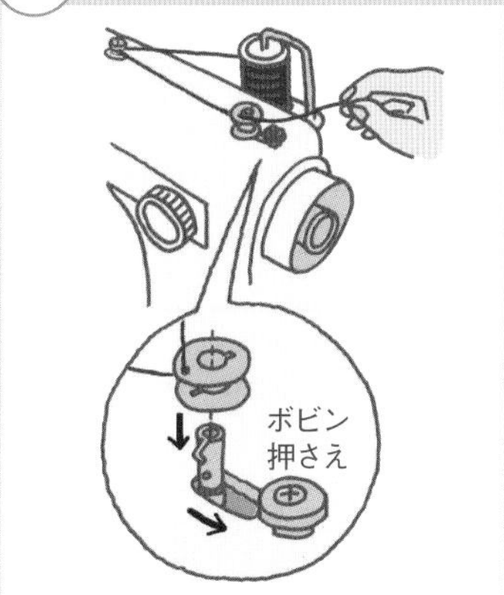

糸立てから引いてきた糸をボビンの内側から通し、糸巻き軸に差し込み、ボビン押さえに押しつけます。（ミシンの種類によっては、クラッチつまみを軽く引き出します。）

コントローラーを、はじめはゆっくり踏み、糸がきれいに巻きつくのを確認します。次に、コントローラーを踏み、下糸を巻いていきます。

3 下糸を入れる

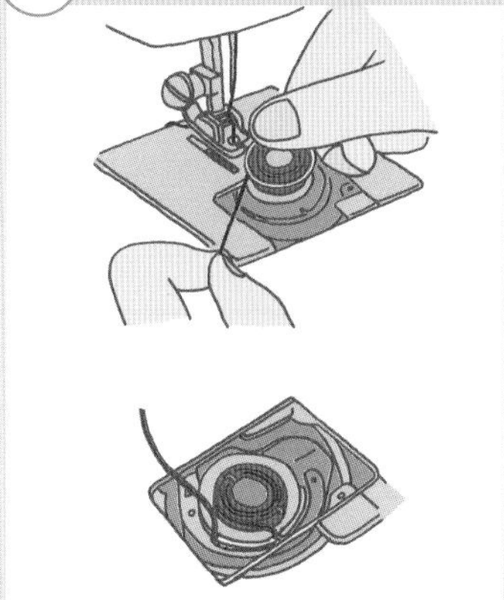

下糸を水平釜に入れます。

＊ボビンはミシンの機種によって厚みが違うので注意。ミシンに合ったものを使いましょう。

➡ 次ページに続きます。

ミシンの選び方

ミシンは直線縫い専用のものを使います。ただ、クラブ活動等で必要があれば、必要な機能のついているミシンを用意しましょう。

学校では、毎年、使用前に業者に点検してもらい、整備しておきます。買い換えは、年次計画を立てて行うこと。

空縫いをたくさんしよう

ミシンに慣れ、動きをつかむには、たくさん空縫いをすることです。手を離しても針は進むことを体得したら、直線、L字と線上を縫う練習をした後、はじめて糸をつけて縫っていきます。

ミシン用の針と糸について

ミシン針は通常11番、厚地は14番を使います。

ミシン糸は、50、60番のカタン糸、ポリエステル100%糸などが普通です。

色は、白と黒があればいいでしょう。他の色は、必要になってから、布地に合わせて用意するのがベストです。しつけ糸も用意しておきましょう。

HELP 針が指に刺さった！

☞ 針が折れていなければ、はずみ車をゆっくり逆に回して、針を上げ、指を引き抜き、応急処置をします。

安全ポイント

ミシン使用時の約束

- 縫っている間は目を離さない！
- 縫っている人に話しかけない！
- 縫っている人にさわらない！

試し縫いには、これから使う布やはぎれなどを使う。

4 上糸をかける

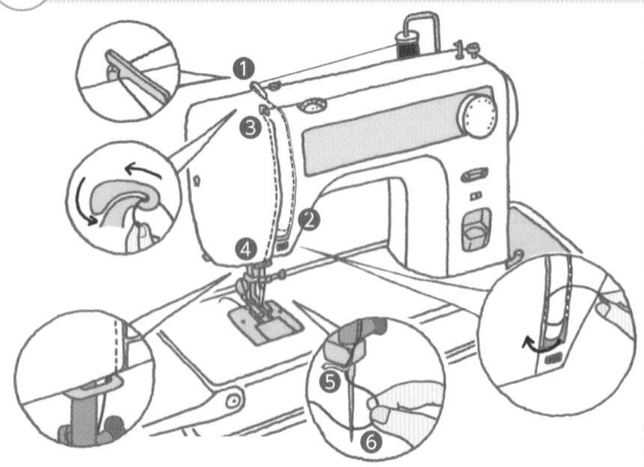

おさえを上げ、はずみ車を手前に回し、天びんを上げます。次に、❶〜❻の順に糸をかけていきます。

糸をかけるときは、必ずコントローラーから足を離す！

5 下糸を出す

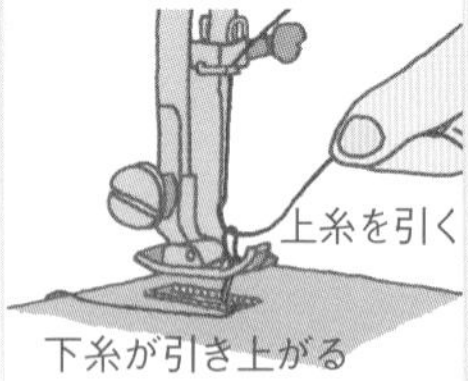

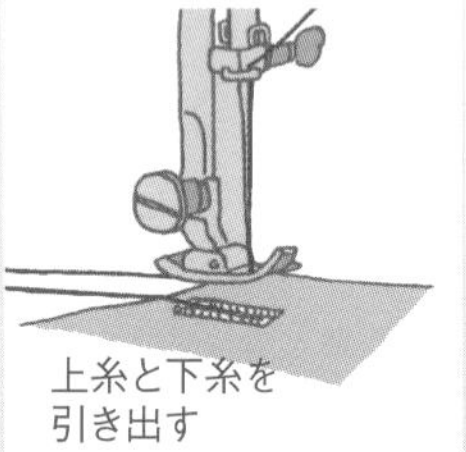

おさえを上げたままにして、はずみ車を右手でゆっくり回します。下ろした針が上がってきたら、上糸を軽く引いて、下糸を引き上げ、上糸と下糸をまとめて、おさえの下から向こう側に引き出します。

6 試し縫いする

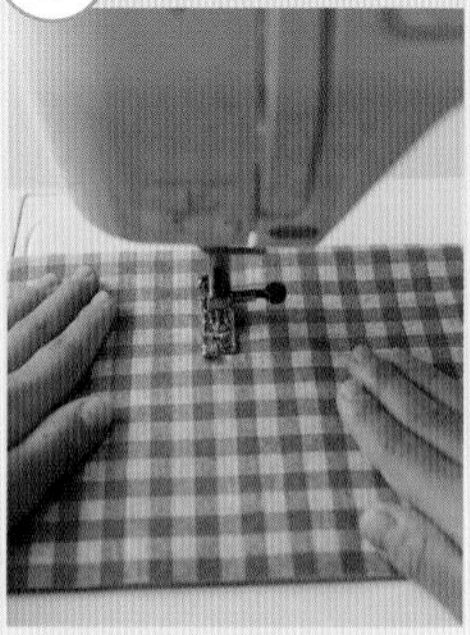

布を2枚重ね、縫い始めの位置に針を下ろし、おさえを下ろしてゆっくり試し縫いします。

針目は、送り調節ダイヤルを1.5〜2にし、3cmの間に12〜15目入るようにする。

■ 縫い目と糸調子をチェックし、上糸調節装置で調節する。

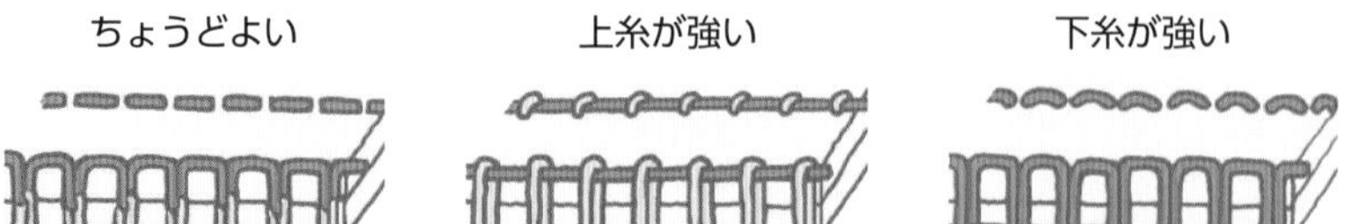

●縫い始めと縫い終わりの糸の処理

縫い始めと縫い終わりは、返し縫いするか、上糸と下糸を同じ側に出して結ぶかします。

途中で糸が切れたら、2cmくらい重ねて縫います。

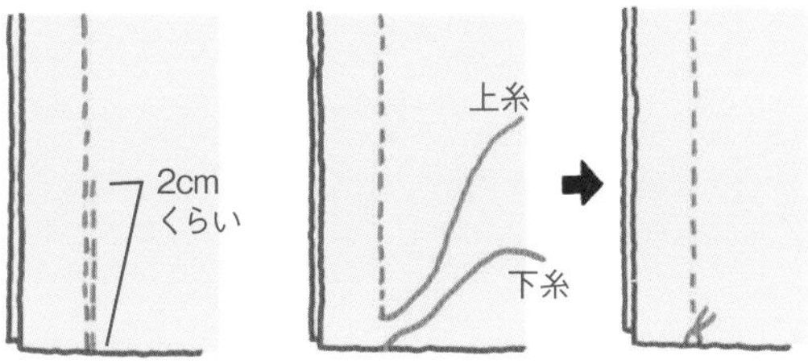

よくある失敗 縫い間違えた。

これで解決!

●リッパーを使って、ある程度の間隔をおいて糸を切り、糸を引っ張ってほどきましょう。

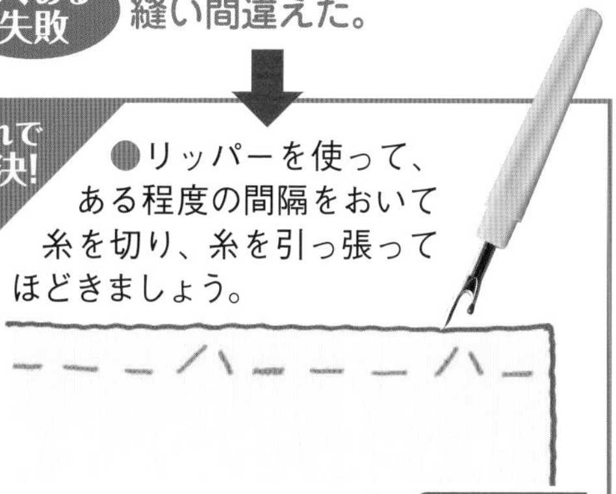

●リッパー P.77 参照

ミシンの返し縫い（縫い始め）

縫い始めの位置から2cm位先に針を下ろし、返し縫いボタンを押し（またはレバーを下ろし）て、縫い始めの位置まで縫います。縫い始めの位置にきたら、返し縫いと同じ線上を縫っていきます。

7 縫い始める

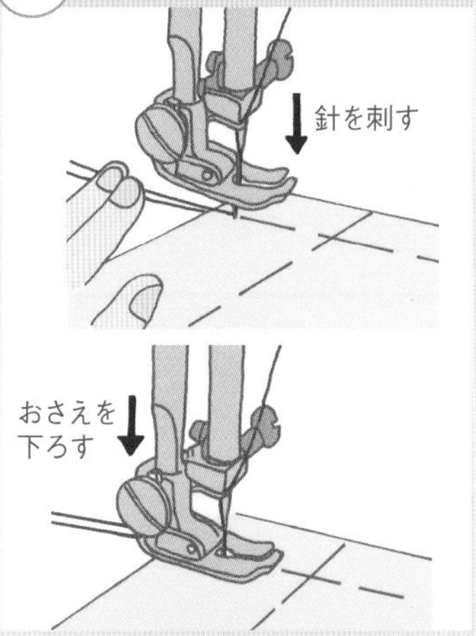

縫い始めの位置に針を刺し、おさえを下ろして、縫い始めます。布に両手を軽く添えて、ミシンの自然の動きに合わせて縫い進めます。

●ミシンで縫うときの姿勢 P.109 参照

8 縫い終わり

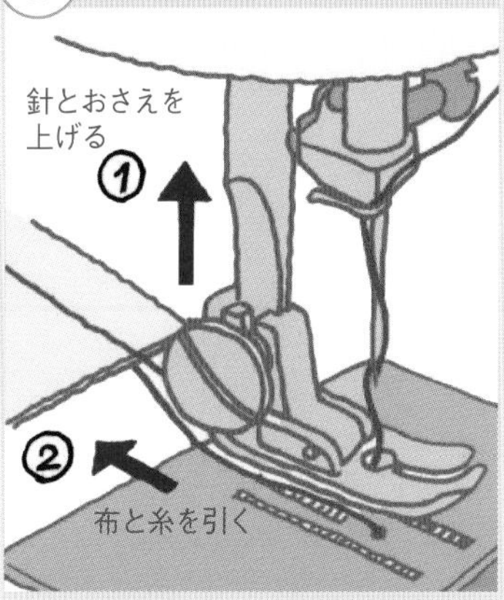

縫い終わりは、針やおさえを上げ、布を向こう側に引き、布から15cm位の場所で糸を切ります。布は無理に引かないように注意しましょう。糸が引き出しにくいときは、はずみ車を前後に軽く動かしてみましょう。

9 角を縫う

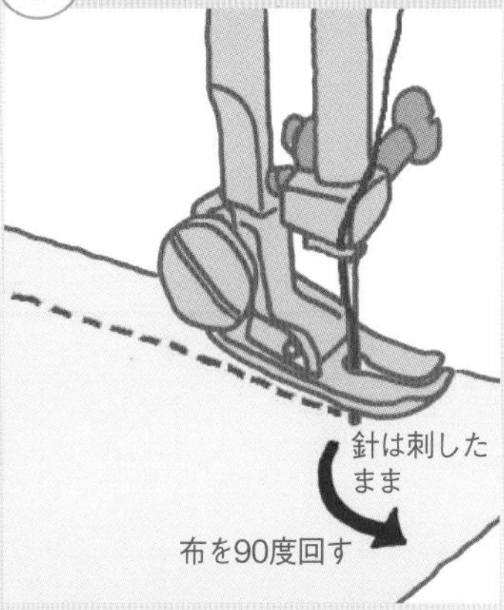

角にきたら、針を刺したままミシンを止め、おさえを上げ、布がミシンの針の進行方向にくるように90度回します。その後、おさえを下げて再び縫い始めます。

布の多い部分を左側にすると縫いやすい。

HELP 針が折れた。

折れた針の取り扱いに注意！

折れた針は、針止め止めねじをゆるめて外し、折れ針入れに入れます。

●折れ針入れ P.77 参照

折れた針の処置を確認後、新しいミシン針をつけます。 ●ミシン針のつけ方 P.108 参照

NO. 24

ミシン縫い

ランチョンマット

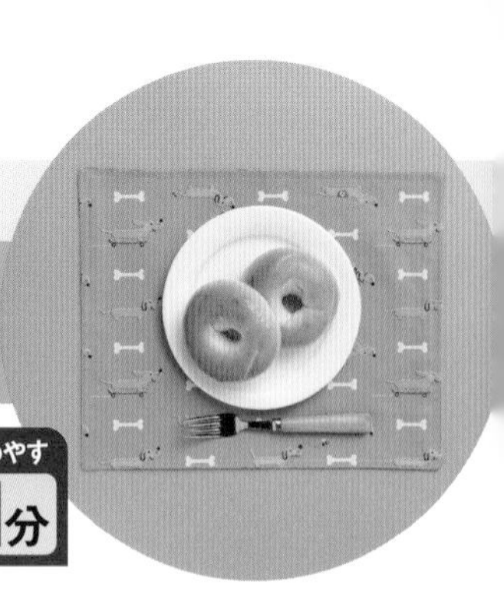

時間のめやす 120分

材料
布……できあがりに縫いしろを
1.5cm加えた大きさ×2枚
ミシン糸
しつけ糸

用具
ミシン・針・アイロン・裁ちばさみ・糸切りばさみ

横様に上下のある場合は、気をつけて裁とう。

基本の流れ

1 型紙を置き、しるしをつける

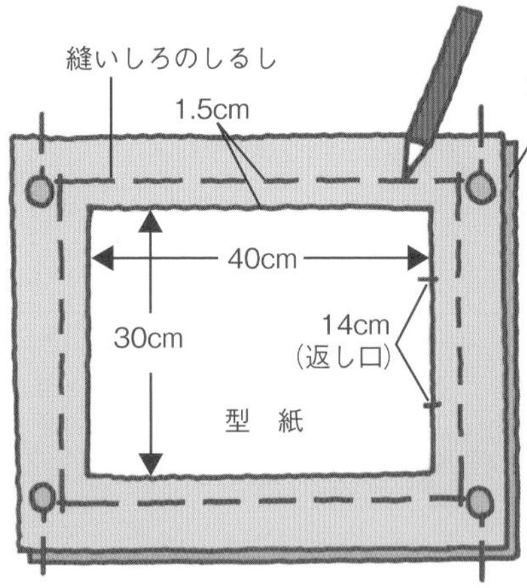

2枚の布を「中表」に合わせ、まち針でとめます。その上に型紙を置き、チャコペンシルでできあがりのしるしと縫いしろをつけたしるしを書きます。

●中表 P.95 参照

返し口のしるしを、忘れないでつけておく。

2 布を裁ち、しつけをかける

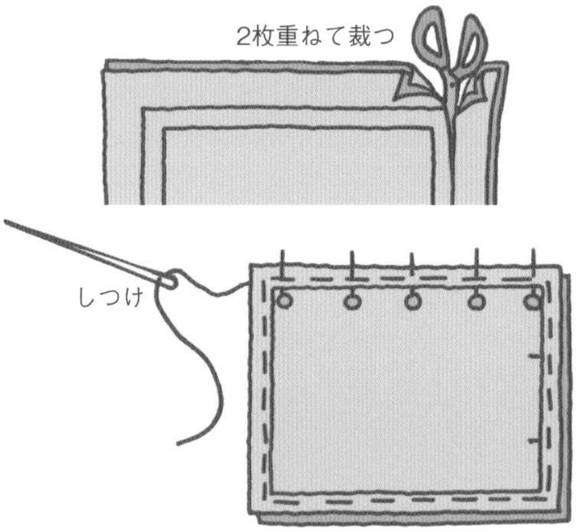

布を2枚重ねたまま、外側のしるしに沿ってはさみで裁ちます。次に、しるしどおりにまち針でとめ、しつけ糸でしつけをかけます。

●しつけのかけ方 P.114 参照

布を裁つときは必ず平らな場所に置くこと！

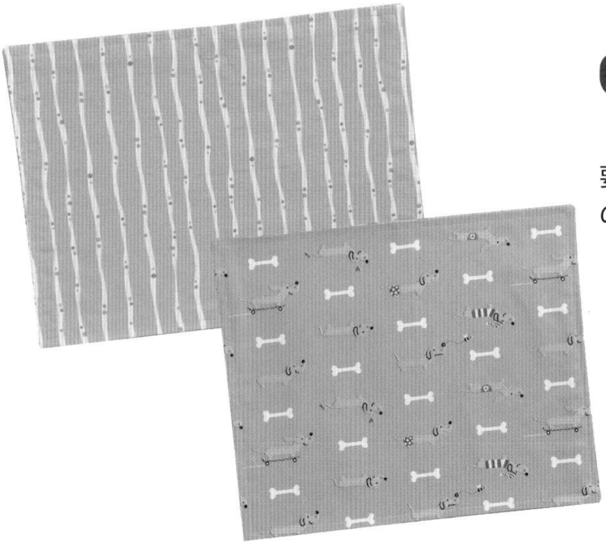

しつけ糸の準備

しつけ糸は、白を用意しておき、ほかの色は必要になってから買います。また、下のイラストのように準備しておくと、使いやすくなります。

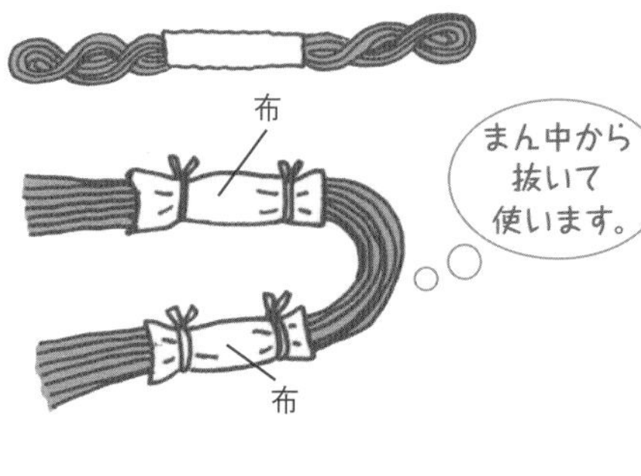

学習内容・目的	● ミシンを使って生活に役立つものを作る。 ● しつけをかける必要性を理解し、行うことができる。

ランチョンマットに適した布は？

こしがあって洗たくしやすい布がいいでしょう。また、綿100%よりも、化学繊維が混紡、交織されている布の方が扱いが楽です。

3 ミシンで縫う

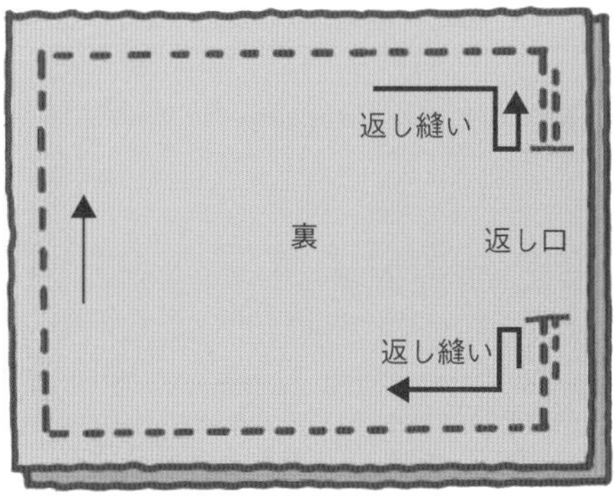

返し口を残して、図のように縫います。縫い始めと縫い終わりは返し縫いします。

縫い終わったらしつけ糸を取ります。

●ミシンの返し縫い ➡ P.111 参照

4 縫いしろにアイロンをかける

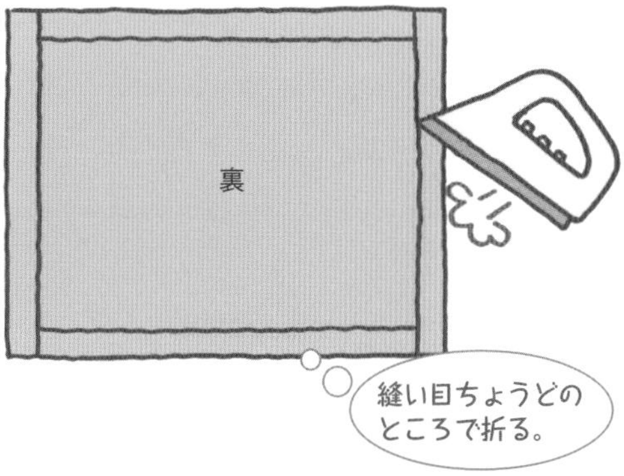

縫いしろを折ってアイロンで押さえます。

●アイロンの安全な使い方 ➡ P.101 参照

角はどう処理したらいいかな？

●角の処理のしかた ➡ P.114 参照

5 表に返して形を整える

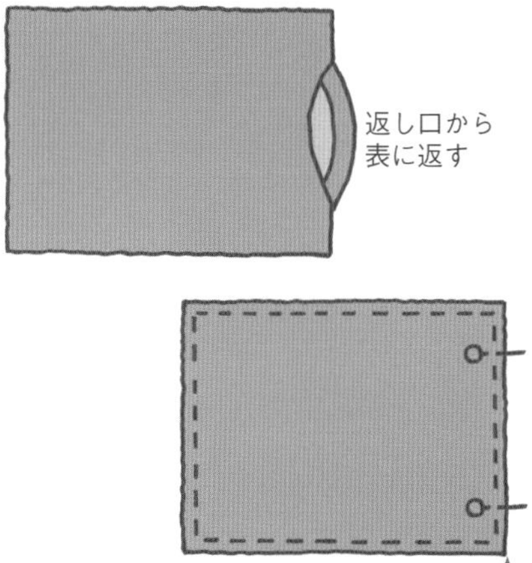

返し口から表に返し、形を整えます。

角は針を使って、整える。

6 端を縫って仕上げる

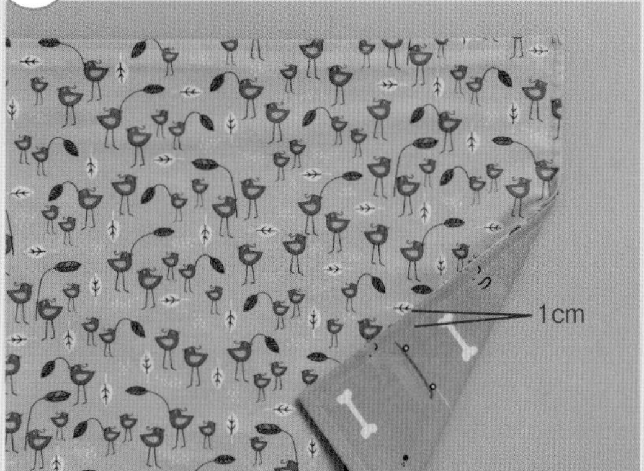

端から1cmくらい内側をミシンで縫います。

型紙の置き方

布のたて方向と型紙のたて方向を合わせて、どちらか一方の布の端に型紙を置き、縫いしろをつけます。

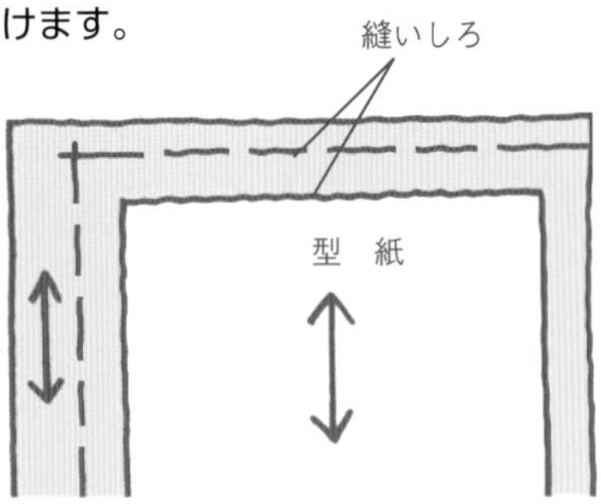

しるしのつけ方

布にしるしをつけるときは、ずれたり曲がったりしないように、必ず平らな場所に置いて作業しましょう。型紙をまち針でとめ、ものさしを使ってつけてもいいです。

角は、しるしを交差させます。

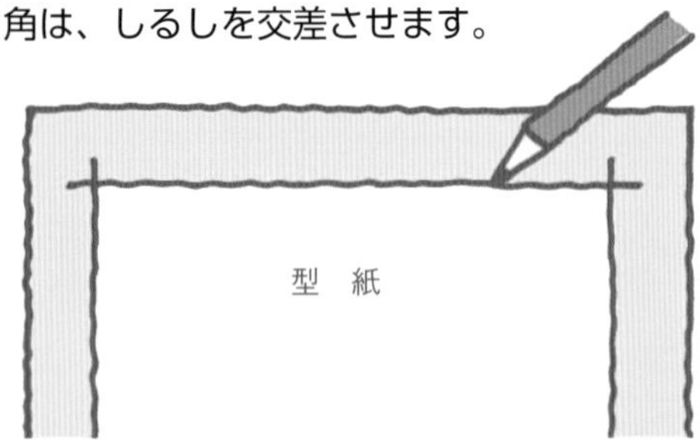

●ものさしでしるしをつける P.95 参照

しつけのかけ方

しつけ糸で縫ってから本縫いをすると、布と布がずれにくく、縫いやすくなります。

しつけはしつけ糸を使い、本縫いの場所よりも少し外側の縫いしろにかけます（→P.112②の図参照）。本縫いが終わったら、取り外します。

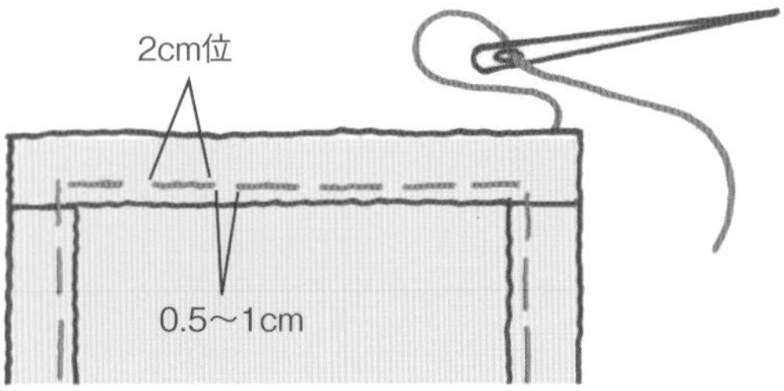

まち針をとめる順序

まち針は、2枚の布のしるしをしっかり合わせてとめます。しるしから縫いしろに向けてとめること、図のように両端から真ん中へと下の順にとめることがポイントです。

（図は「右きき」の場合。「左きき」の場合は左右逆になります。）　●まち針のとめ方 P.83 参照

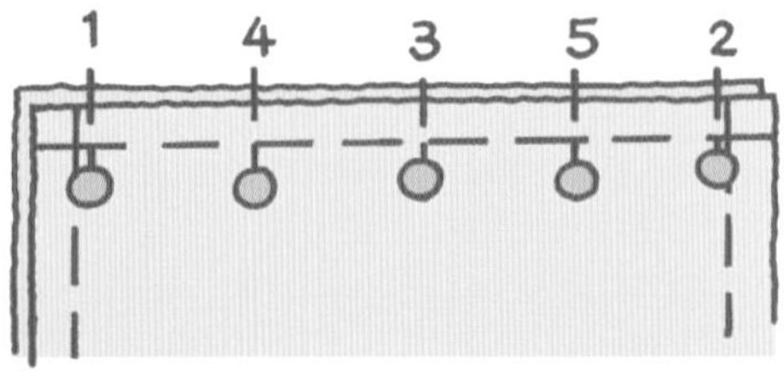

角の処理のしかた

角は、縫い目に沿って折り、アイロンをしっかりかけてから表に返します。表に返したら、針や目打ちを使って内側に入り込んだ布を引き出して、角を整えます。　●目打ち P.115 参照

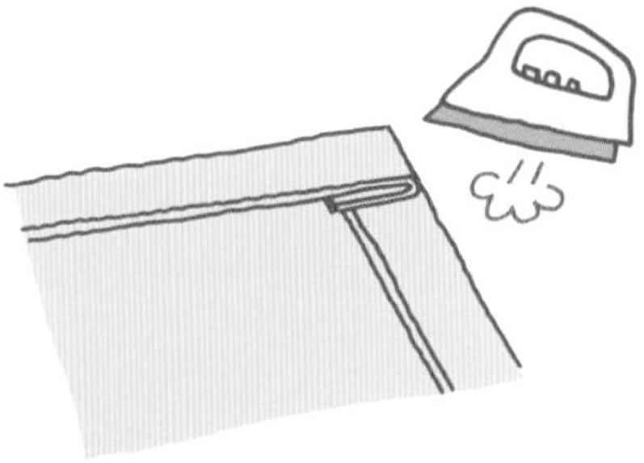

よくある失敗 表に返したとき、端がきれいにならない！

これで解決！ もう一度裏に返して、アイロンをかけましょう。

よくある失敗 角がきれいにならない！

これで解決！ 縫い目に沿ってきちんと折り、アイロンをかけます。表に返して、角を目打ちやまち針等を利用して整えます。

布目の方向

布の「みみ」に平行な方向を「たて」、垂直な方向を「よこ」、斜め（45度の方向）を「バイアス」といいます。

布の種類にもよりますが、たて方向は伸びにくく、よこ方向は少し伸びることが多く、バイアス方向はより伸びます。 P.95 参照

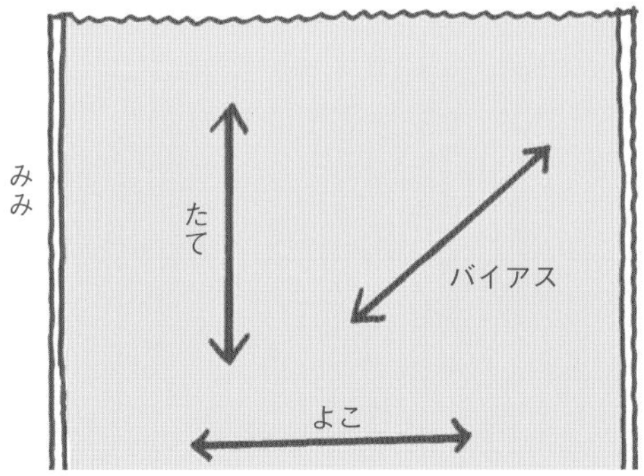

よくある失敗 完成したら、チェックの柄がゆがんで見えた！

これで解決！ チェックの柄は、うまく使うと、縫うときのめやすになります。布のたて・よこや柄をそろえなかったり、縫うときにバイアス方向に引っ張ったりすると、柄がゆがんでしまうことがあります。

チェックの柄を使うときは、布目や柄をそろえ、柄に沿って縫いましょう。

●ひもやリボンをつける

布と配色のよいひもやリボンを用意し、縫いつけます。ひもを布の中に入れ込む方法もあります。 ●ひもをつける P.118 参照

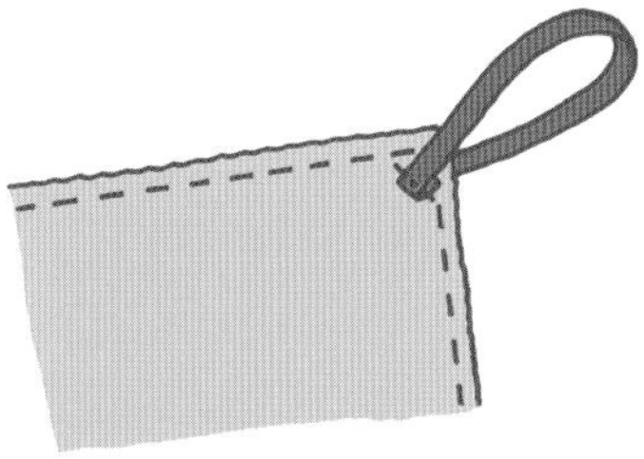

●レースを縫いつける

レースを使って飾る方法もあります。

最初に2枚の布にはさんで縫いつけたり、上にのせたりして縫います。

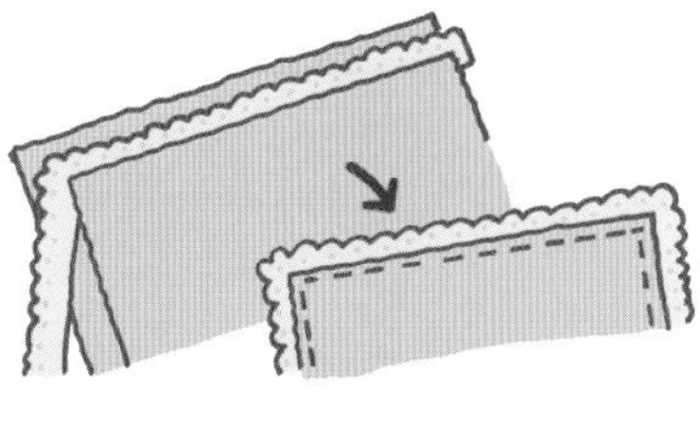

●色糸でステッチする

なみ縫いでも、色糸を使って縫うことで、デザイン性が増します。 ●なみ縫い P.79 参照

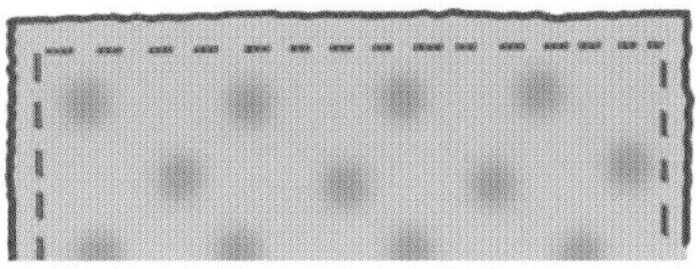

よくある失敗 返し口を開けないで縫ってしまった。

これで解決！ 縫ってしまったら、リッパーを使って、返し口部分をほどいて直します。 P.111 参照

目打ち

「千枚通し」とも呼ばれる、先のとがった道具。角を整えたり、失敗した縫い目をほどいたりするのに使います。

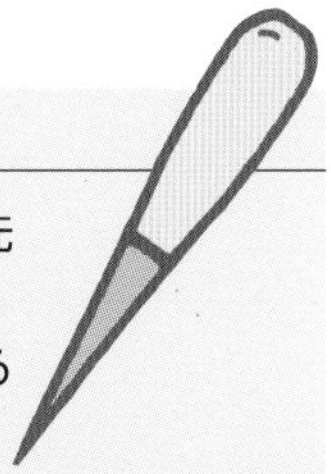

小学生が使うのは危険なので、使用の際は安全に留意すること。

NO. 25

ミシン縫い

弁当包み

時間のめやす 80分

材料
布……できあがりに縫いしろを2cm
　　加えた大きさ
ミシン糸
しつけ糸

用具
ミシン・針・アイロン・裁ちばさみ・糸切りばさみ

基本の流れ

1 型紙を作り、布を裁つ

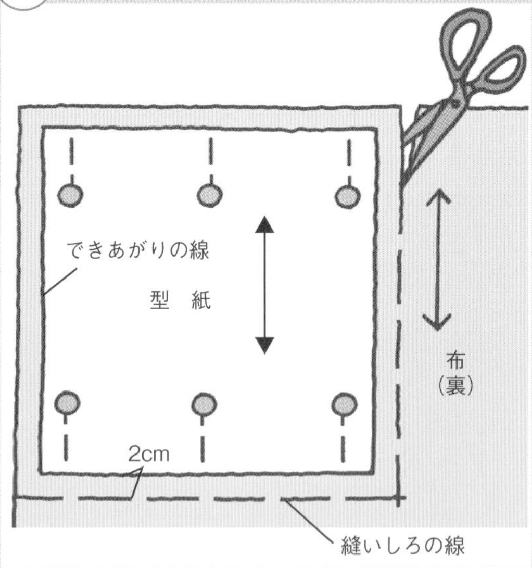

布に型紙を布目をそろえてのせ、まち針でとめて、型紙の周りに2cmの縫いしろをつけてから、布を裁ちます。

2 しるしをつける

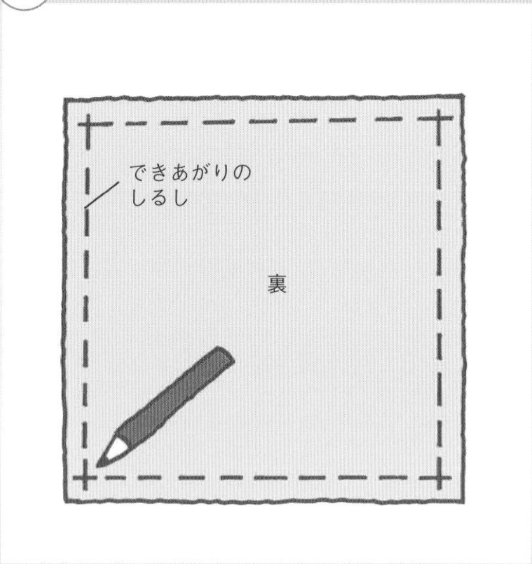

できあがりのしるしを布の裏につけます。

型紙を作るとき、布を裁つときは、必ず平らな場所で作業すること。

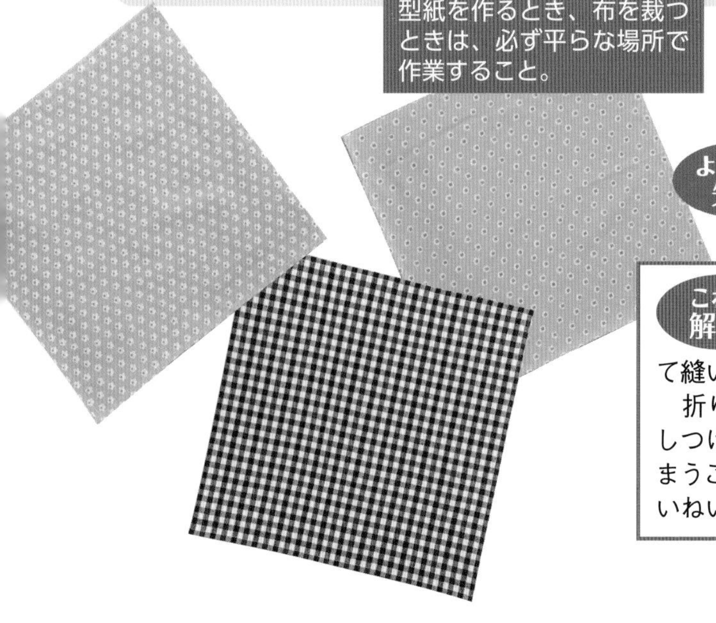

よくある失敗 三つ折り縫いのところを外して縫ってしまった。

これで解決！ 失敗してしまったら、その部分だけほどいて、縫い目を少し重ねて縫いましょう。
折り返し部分にきちんとアイロンをかけて、しつけをしてから本縫いをしないと、外れてしまうことがあります。ひとつひとつの作業をていねいに行いましょう。

学習内容・目的 ● 三つ折りのしかたを知り、きれいに仕上げることができる。

弁当包みに適した布は？

縫いやすく洗たくに強い綿の布が適しています。

3 両端を縫う

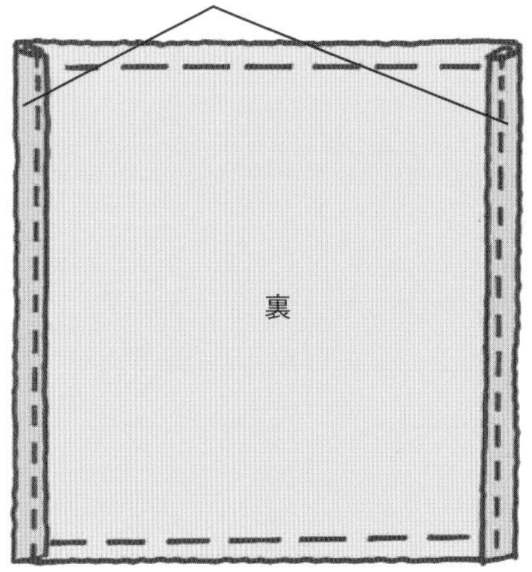

両端を三つ折りにしてアイロンをかけ、ずれないようにまち針でとめます。しつけをかけてから、ミシンで折り山から少し内側を縫います。

4 上下の端を縫って仕上げる

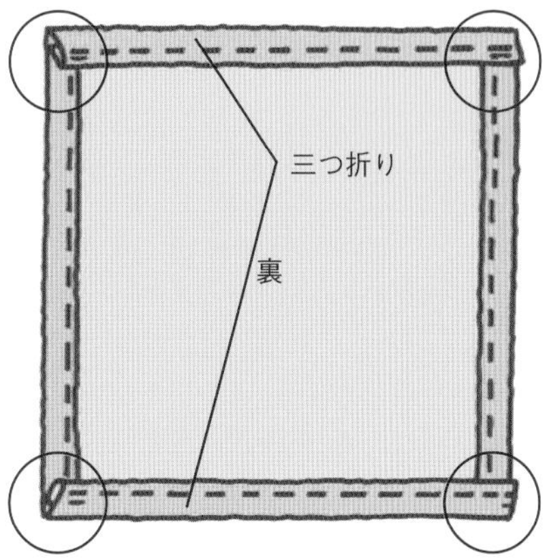

上下の端も③と同じように、三つ折りにしてまち針でとめ、しつけをかけてから縫います。最後に、全体にアイロンをかけて仕上げます。

角はアイロンを強くかけてぺったんこにしておく。

◆三つ折りのポイント

折るのは2回ですが、「三つ折り」と言います。
1回目は1cmで折り、2回目はそれぞれ必要な幅で折ります。
ボール紙など固い紙を使って、折りしろ定規を作っておくと便利です。

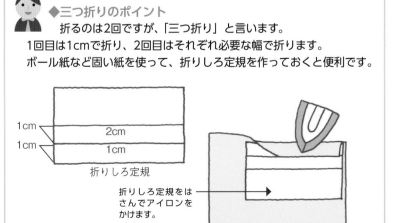

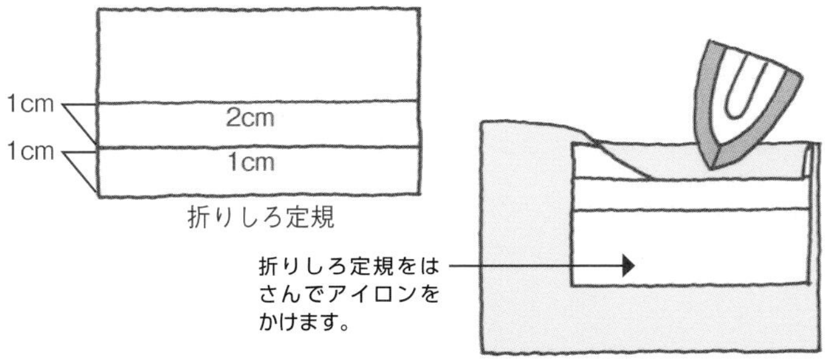

三つ折り縫いのいろいろ

●普通の三つ折り縫い

まず、1cm位で折り、その後作品に合う幅で折ってから、折り山から1～2mm位内側を縫います。

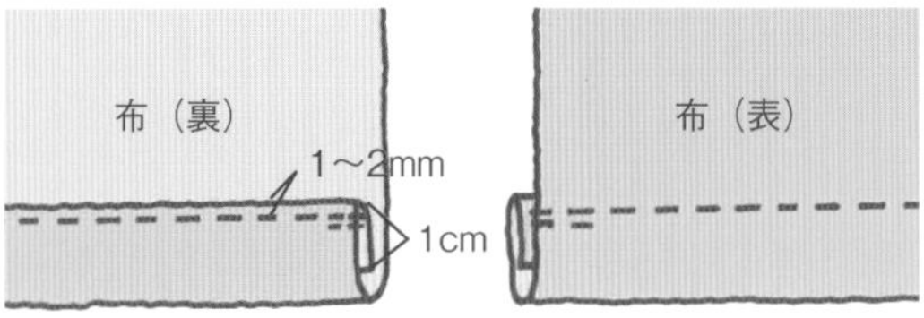

●折り幅を同寸にする

透ける布の場合は、折り幅を同寸にします。

ミシンでまっすぐ縫うのが苦手な人にもこの方法はおすすめです。真ん中を縫っても縫い目が外れることがありません。

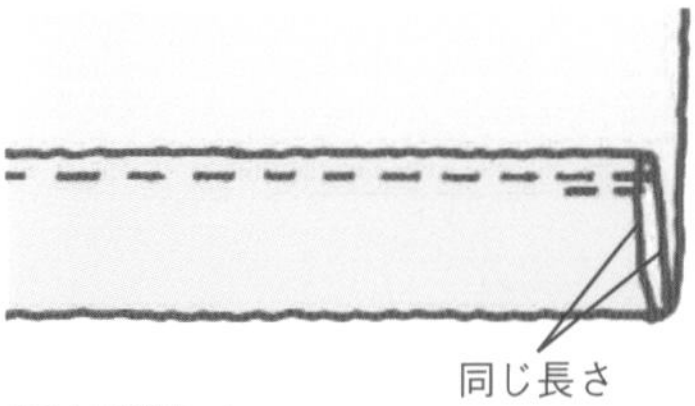

●三つ折り端ミシン

うすい布の仕上げやフリルの端の始末、ひもなど、ミシン目が目立っても差し支えない場合に使う三つ折りです。なるべく細く仕上げます。

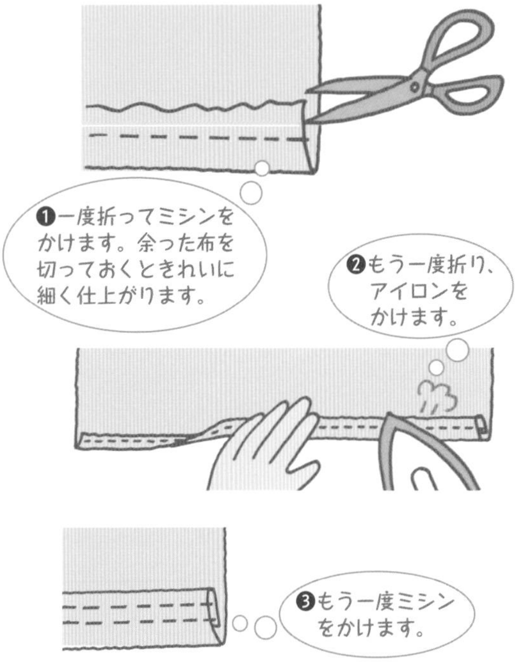

❶一度折ってミシンをかけます。余った布を切っておくときれいに細く仕上がります。
❷もう一度折り、アイロンをかけます。
❸もう一度ミシンをかけます。

ひもをつける

ふきんなどにひもをつけるときは、折り山の中にひもを入れ込んで縫いつけると、きれいにできます。

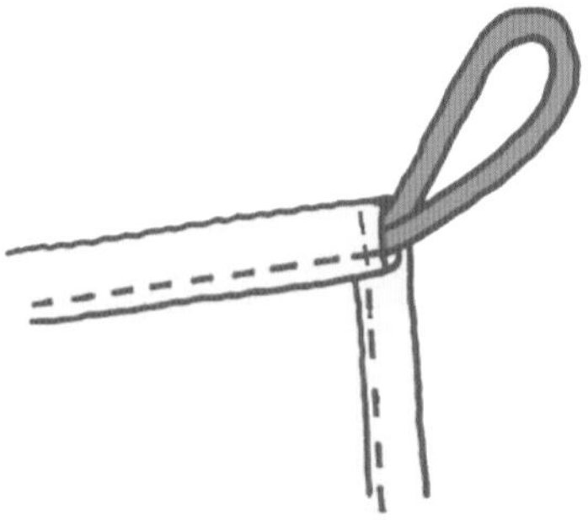

「ハンカチ」「ふろしき」

ハンカチやふろしきは、折り幅5mm位の三つ折り端ミシンにします。

ミシンは裏からかけること！

和 日本の伝統文化「包む」と「結ぶ」

「包む」も「結ぶ」も古代からある動作ですが、日本では、特に室町時代の終わり頃から工夫が凝らされ、「用・礼・美」の分野で独特な文化として発達してきました。

包む

「包む」には、「隠す」「保護する」「さえぎる」などの意味があります。

ものを運び、保存するという実用面から発達した包みの技法は、いかに美しく機能的に包むかと工夫を重ねて、独自の包み方が定められました。包み紙の上か下に、中の品物を少し出して、すぐに内容物がわかるように包むのが原則でした。

今も、結婚祝い、それ以外の祝いごと、弔事など、場面によって、それぞれ異なるお金やものの包み方や水引の結び方があるのです。

ふろしきは、古来から発達してきた、布や紙を用いた「折る」「たたむ」「包む」など、平面的なもののしまい方の延長上にあるといえます。ふろしきは、古くから用いられていて、17世紀ごろまでは「ひらづつみ」と呼ばれていましたが、江戸時代の銭湯で、脱衣のとき床に敷いたり、衣類を包んだりしたことで、「ふろしき」と呼ばれるようになりました。

ふろしきが、どんな形でも包めるのは、布が斜め方向（バイアス）に伸びる性質によります。

ふろしきの包み方のいろいろは、日本人の手先の器用さによるものでしょう。包んだ後、簡単に開けることを考えた包み方も工夫されています。

結ぶ

「結び」の歴史は古く、出土した縄文土器にもその模様がみられます。初めは単にものをまとめ、持ち運ぶために用いられました。

文字のなかった時代には、結び目で数や意思を表し、意思の伝達や記録をしました。

平安時代から室町時代にかけては、武術や、帯、ひも、水引などに「結び」の発達がみられ、茶道に関連したさまざまな結び方が考案されました。

また、わら縄を使う作業結びも発達し、垣根をしばるほか、俵、箱、樽、木材などをしばったりしました。

●結びは、目、体、手の部分から成り立っています。

「目」は、結び目といわれる部分を示し、さまざまな花結びは、この部分が発達したものです。また、「手」の部分が発達したものが、帯や水引の装飾です。

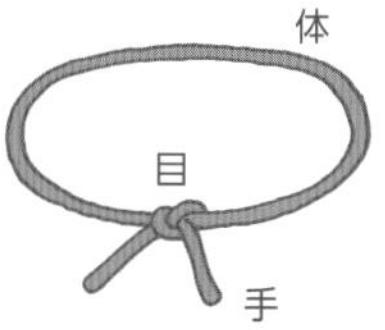

●平安時代から室町時代に発達した「結び方」。

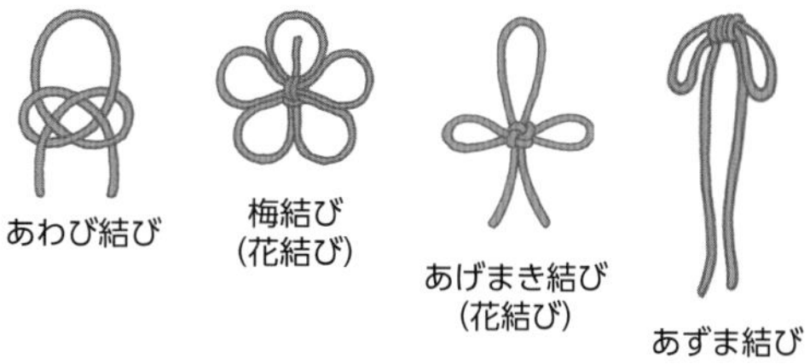

●ふろしきで円筒形のものを包む方法

●ふろしきで球形のものを包む方法

【引用・参考文献】小学館『日本大百科全書』
119

NO. 26

ミシン縫い

雑巾

時間のめやす 80分

材料
使い古しのタオル……1枚
（薄いもの）
ミシン糸

ECO（エコ）アドバイス
使い古しのタオルを有効に使おう！

用具
ミシン・針・裁ちばさみ・糸切りばさみ

基本の流れ

1 布を整えておく

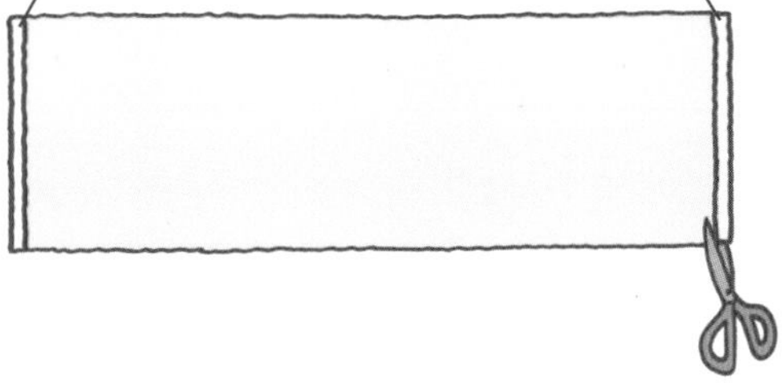

タオルの両端は厚くて縫いにくいので、切っておきます。

2 布を折る

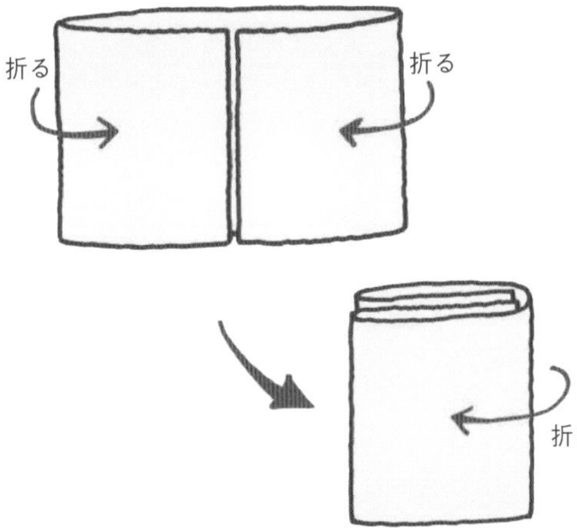

両端を真ん中にして折り、もう一度折り込みます。

布の折り方に気をつける。

よくある失敗 布が厚すぎて、ミシン針が進まない。

これで解決! 針目を、送り調節ダイヤル3位に大きくするか、太い針に取り替えます。布の厚くないところから縫い始めるのもひとつの方法です。

厚地の縫い方

厚地の布の場合は、14番のミシン針、ミシン糸は50番か60番にします。

きれいな針目になるように、糸の調子をよく見て調節しながら、ゆっくり縫います。

P.110 参照

学習内容・目的
- 自分で雑巾を縫うことができる。
- 厚地を縫うときの注意事項を知る。

3 周囲を縫う

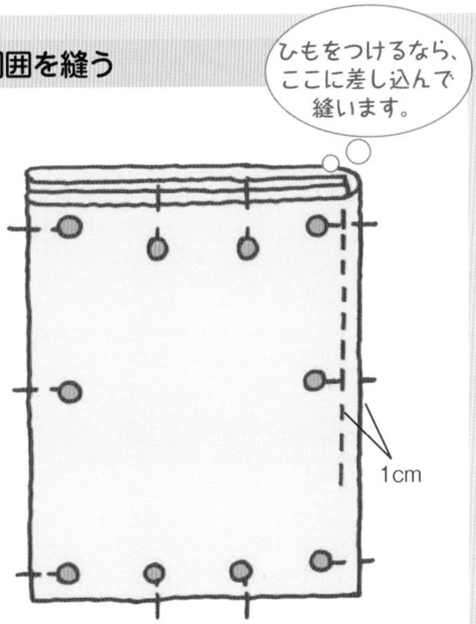
ひもをつけるなら、
ここに差し込んで
縫います。
1cm

ずれないようにまち針でとめて、周囲から１cmくらい内側をミシンで縫います。

4 対角線を縫う

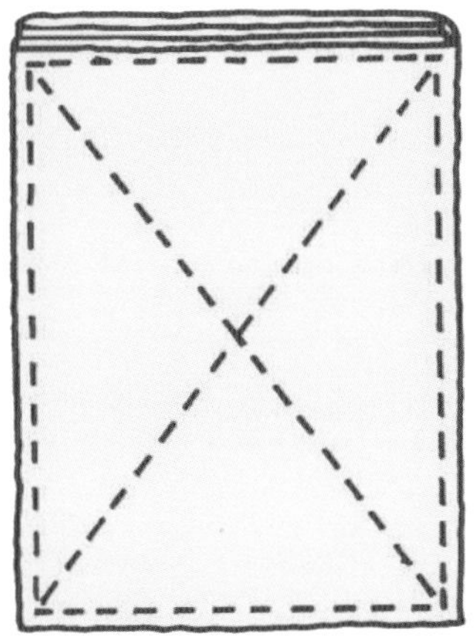

対角線を書くように中程もミシンで縫います。

まち針をつけたまま縫うときは、コントローラーをそっと踏み、ゆっくり縫い進めます。まち針の手前で一度止めて、針を抜きながら縫っていくのがよいでしょう。

模様は、バッテンだけでなく、四角や渦巻きなど、好きなラインで縫ってみましょう。

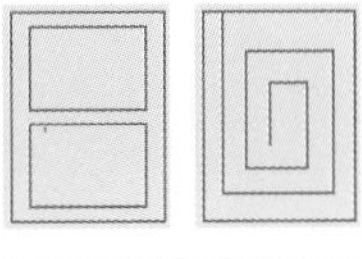

応用 雑巾にひもをつける

あらかじめひもを雑巾の内側にしつけ糸で縫いつけてから、ミシンで縫います。

❶14cmの長さのひもを用意します。
2つに折って、端から2cmくらいを雑巾の内側に入れて、しつけをしておきます。
❷折り込んでから１cm内側をミシンで縫います。

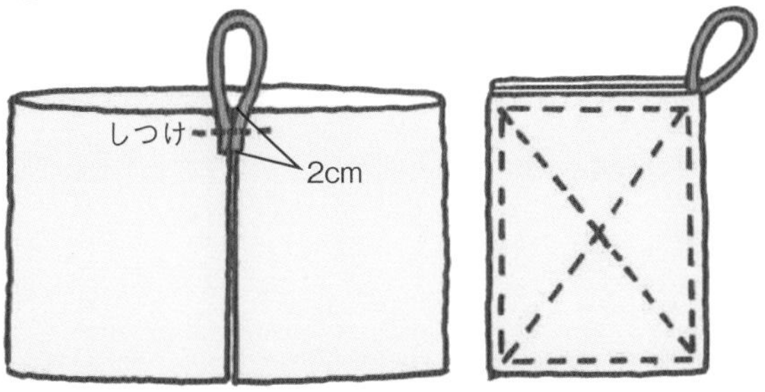
しつけ
2cm

NO.
27 ミシン縫い
エプロン

時間のめやす
200分

材料
布（丈夫な綿など）……それぞれの体型に合わせる
しつけ糸・ミシン糸
丸ひも……後ろで結ぶ場合は2m
　　　　　前で結ぶときは2.5m

用具
ミシン・アイロン・針・裁ちばさみ・糸切りばさみ・ひも通し

基本の流れ

1 型紙を作り、布を裁ち、しるしをつける

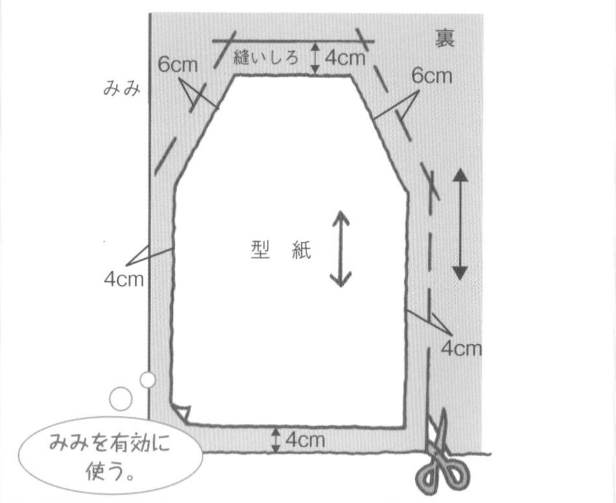

サイズを測り、型紙を用意します。次にたての布目の方向に合わせて型紙を置いて、まち針でとめます。縫いしろのしるしをつけて、布を裁ちます。

●体に合った型紙の作り方 ➡ P.124 参照
●布目の方向 ➡ P.115 参照

2 上とわきを縫う

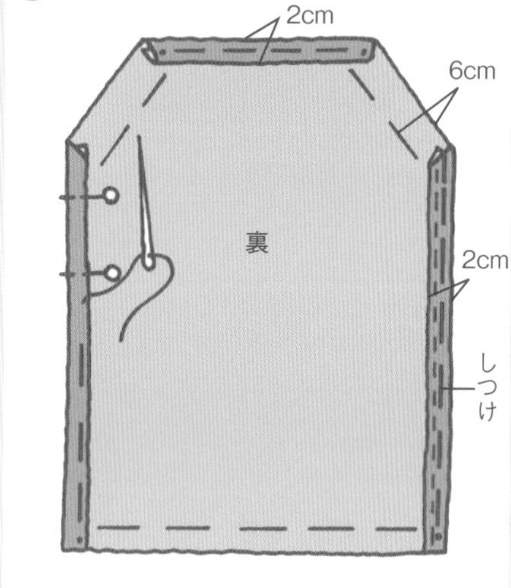

上とわきを三つ折りにして、まち針でとめ、しつけをかけてからミシンで縫います。

●三つ折り縫い ➡ P.116～P.118 参照
●しつけのかけ方 ➡ P.114 参照

作った型紙をたてに2つに折ってみましょう。
左右対称になりますね。一般的には、この半身の型紙が使われています。

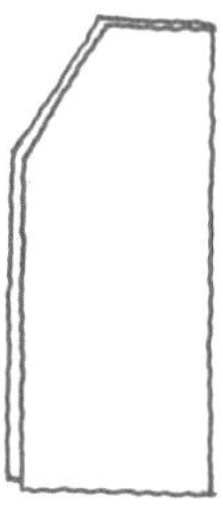

布を裁つとき、
横様の上下に
注意しましょう。

学習内容・目的 ● 体を採寸して、着用するものを作る。

エプロンに適した布は？

エプロンは、台所仕事に使うので、丈夫で水に強いものがよいでしょう。シーチング、ギンガム、デニム等の綿の生地が適しています。

3 すそを縫う

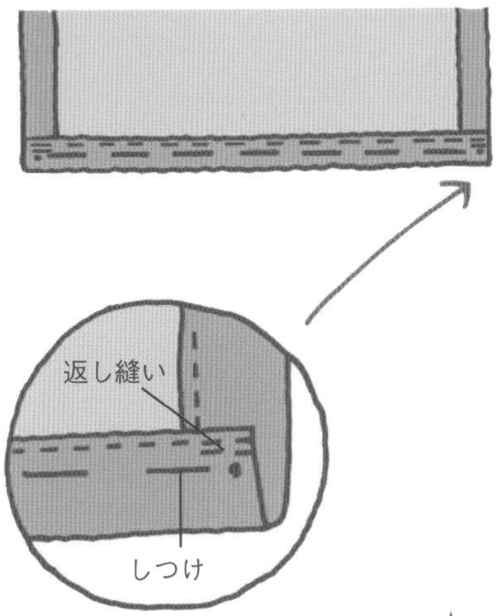

すそも同じように三つ折りにして、しつけをかけてから縫います。

角の部分は返し縫いをする。

4 斜めの部分を縫う

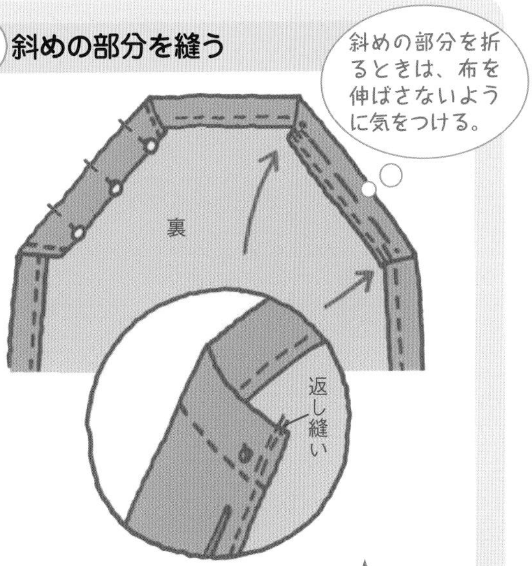

斜めの部分を三つ折りにして縫います。角の部分は2針くらい出して返し縫いをします。

斜め部分はひもを通すので、4cmの三つ折りに！

5 アイロンをかける

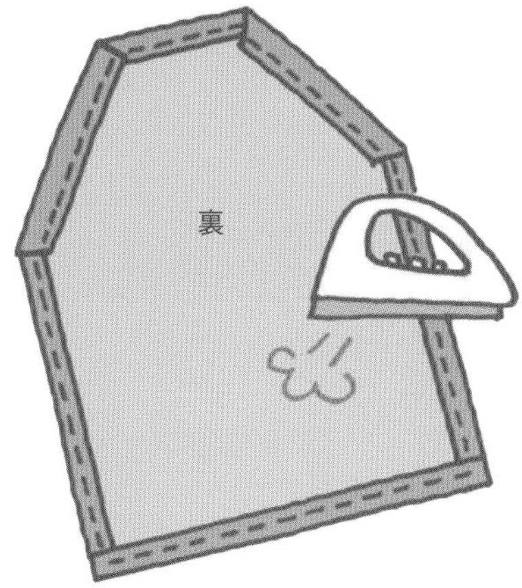

三つ折りの部分にアイロンをかけます。

6 ひもを通す

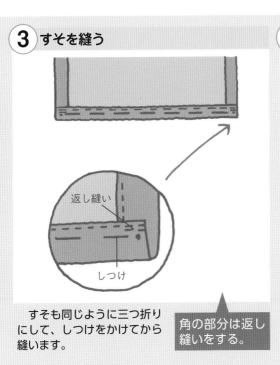

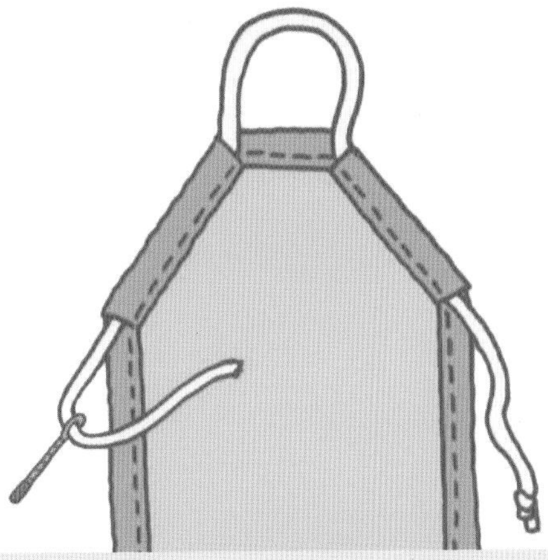

ひも通しを使って、ひもを通します。

●ひも通しの使い方 ➡ P.95 参照

体に合った型紙の作り方

　エプロンなど、体格によって大きさの異なるものを作るときには、新聞紙を直接体に当てるなどしてサイズを測り、型紙を作ります。

　新聞紙を体に当てて、ちょうどいい大きさに折り、エプロンの長さや幅を決定すると便利です。

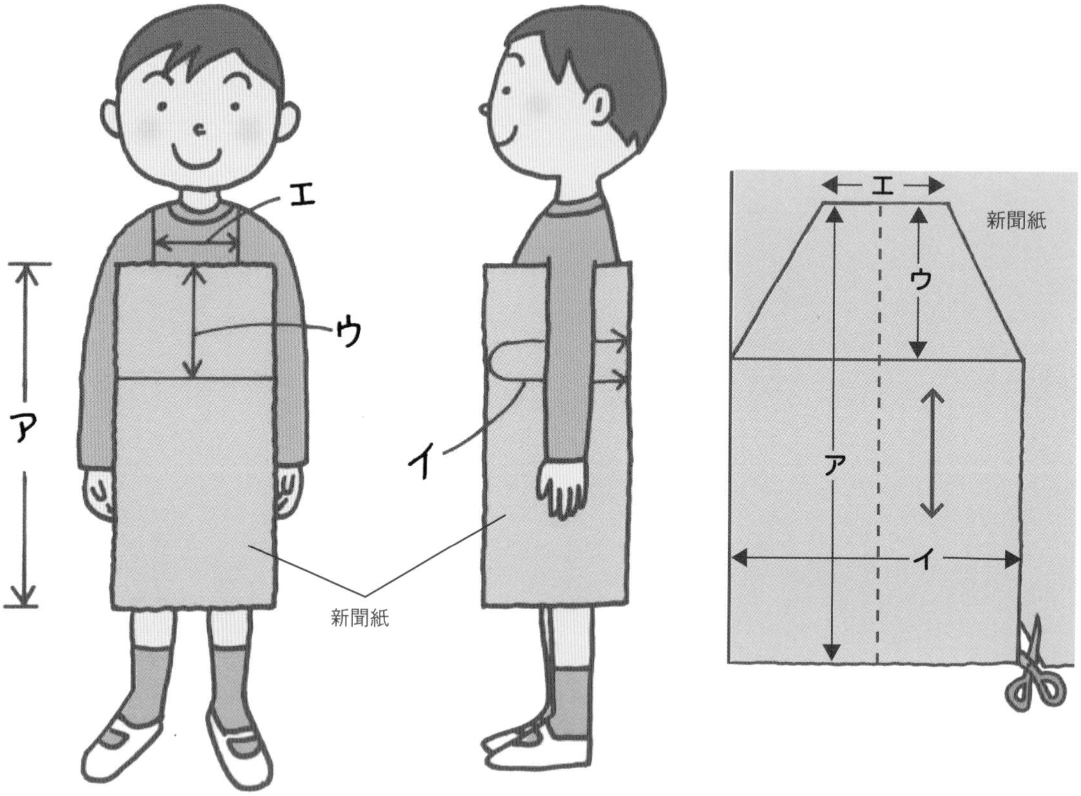

和 体で測ってみよう！「ひろ」と「あた」

　日本では、親指と中指をひらいた長さを「あた」といい、両手を横に広げたときの両手の中指と中指の間を「ひろ」といって、大まかな計測に利用していました。また、大人であれば「ひろ」はその人の身長と等しいとされていました。

　これらは、現代にも生かせる「ものさし」です。これらを元に建物などを設計すると、誰にでも使いやすいユニバーサルデザインができるはずです。

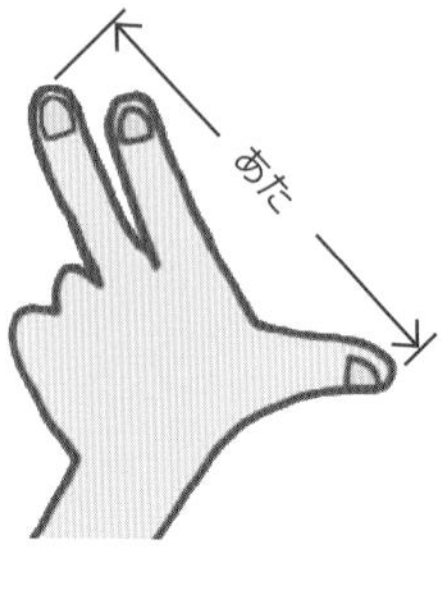

応用 ポケットをつける

① 新聞紙に手を置いて、ポケットのだいたいの大きさを決め、型紙を作ります。その型紙を実際にエプロンにまち針でとめて体につけ、位置を決めます。

エプロンの布に型紙を置いてみて、大きさや色、柄などをチェックしよう！

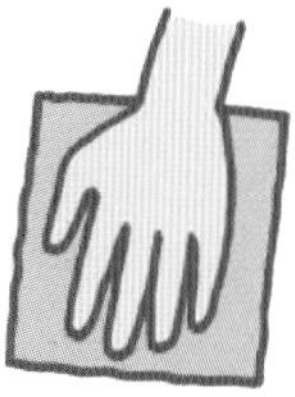

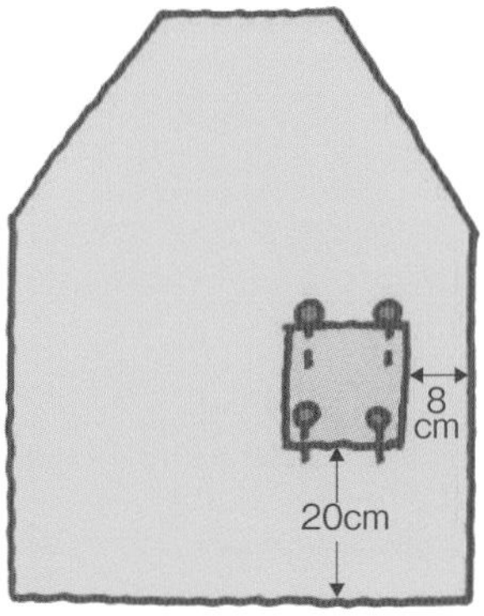

② 布を裁ち、しるしをつけます。

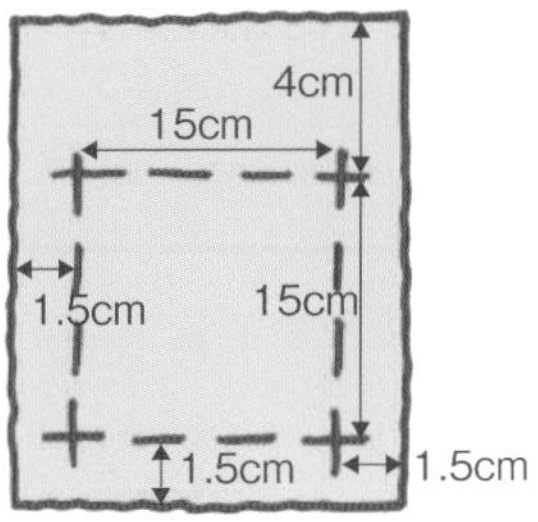

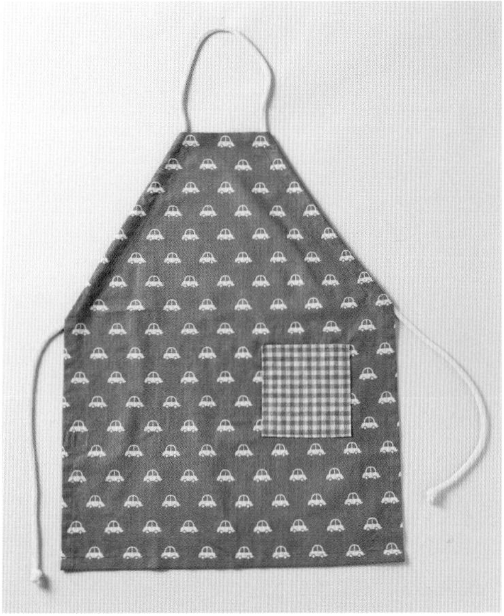

③ ポケットの口を三つ折りにして縫います。残りの3辺は、2つに折ってアイロンをかけます。

三つ折りにしたら、アイロンをかける。
●三つ折り縫いのいろいろ P.118 参照

④ ポケットをつける予定の位置に、まち針でとめ、しつけをしてから縫います。

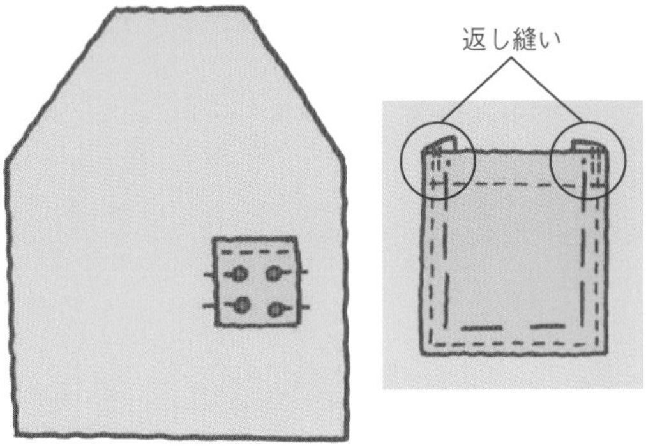

●いろいろな工夫

ポケットを別布にすると、アクセントになります。しま模様やさまざまな柄の組み合わせを考えてみましょう。

イニシャルやアップリケをつけるのもおすすめです。

よくある失敗 ひもが通らない！

これで解決！ ひもの太さとひも通し部分の幅を考えて型紙を作っておかないと、ひもが通らないことになります。細いひもに替えるか、ひもが通るような幅を決めて、縫い直します。

よくある失敗 ポケットが大きすぎた！

これで解決！ 手の幅にゆとりを加えたポケットの幅、手の長さを考えたポケットの深さにし、たてよこのバランスを決めて、縫い直します。よこに大きすぎた場合は、1本たてに縫ってポケットを2つにする方法もあります。下の例を参考にしてください。

前で結ぶ

エプロンのひもを後ろでうまく結べなかったら、ひもを長くして、前で結ぶようにします。

ひもの長さは、2.5mあれば大丈夫でしょう。

●エプロンのひもが後ろで結べない P.11 参照

大きいポケットを作ってみよう

手ふきタオルも入れられる大きなポケットを、中央に1つつけるのも便利です。

ただ、ポケットの幅が広いと、ポケットの口の布がたれてくることがあります。その場合は、1本たてに縫って2つのポケットにしてみましょう。

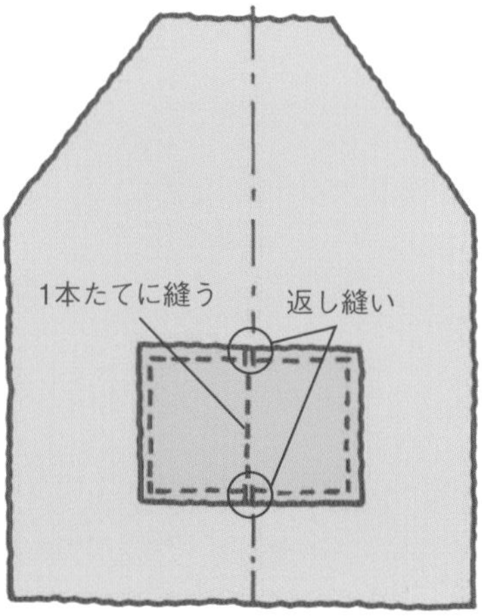

応用 残り布で三角巾と巾着袋

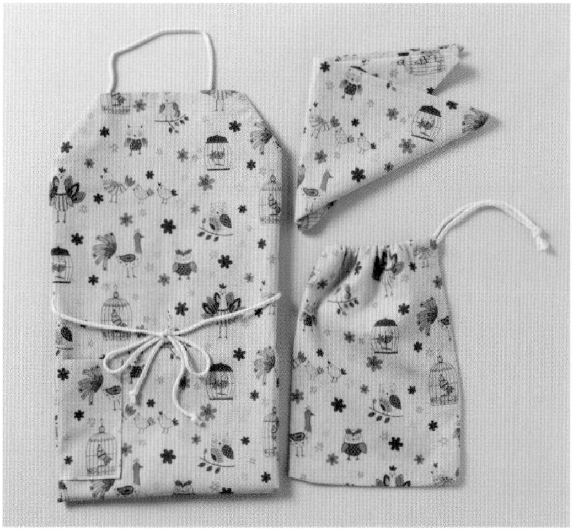

エプロンを作った残りの布で、三角巾や巾着袋を作ることができます。

三角巾を作ってみましょう

❶ 布の角を使って三角巾を裁ちます。

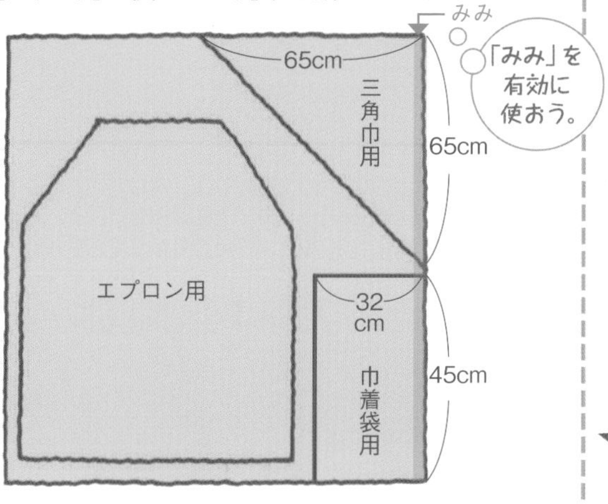

❷「みみ」を直角の1辺にし、他の1辺を三つ折りにして、ミシンをかけます。

はみ出した部分は、はさみで切り取ります。

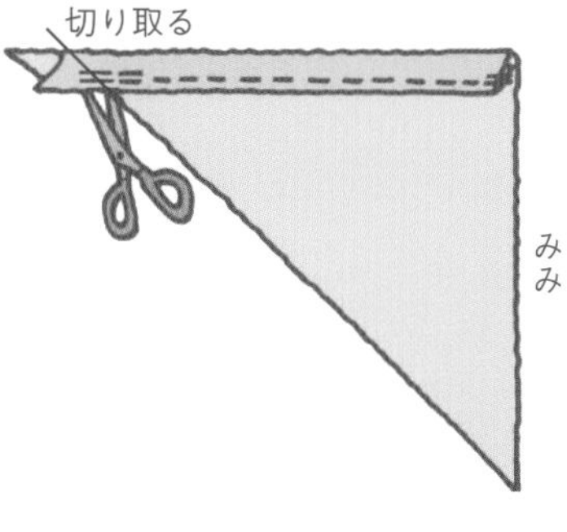

❸ 斜めの部分を三つ折りにします。はみ出した部分を切り取って、角を三角に整えます。

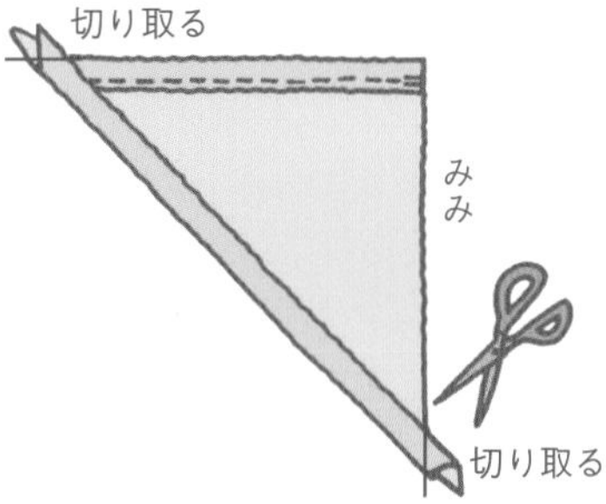

❹ 三角巾の2辺の縫いしろを整えてまち針でとめ、しつけをかけてミシンで縫います。縫い始めと縫い終わりは返し縫いします。

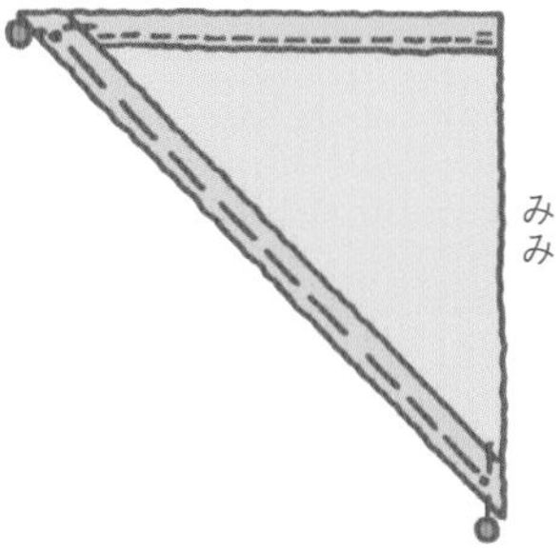

●返し縫い P.111 参照

巾着袋も作ってみましょう

残った布地でエプロンや三角巾を入れる巾着袋を作ることもできます。布目をただして裁断するのがポイントです。 ●巾着袋 P.92 参照

NO.
28 ミシン縫い
トートバッグ

時間のめやす 160分

材料
厚手の布（72cm×44cm以上）
平ひも……持ち手の長さの2倍（1mくらい）
ミシン糸、しつけ糸

用具
ミシン・アイロン・針・裁ちばさみ・糸切りばさみ

基本の流れ

1 型紙を作る

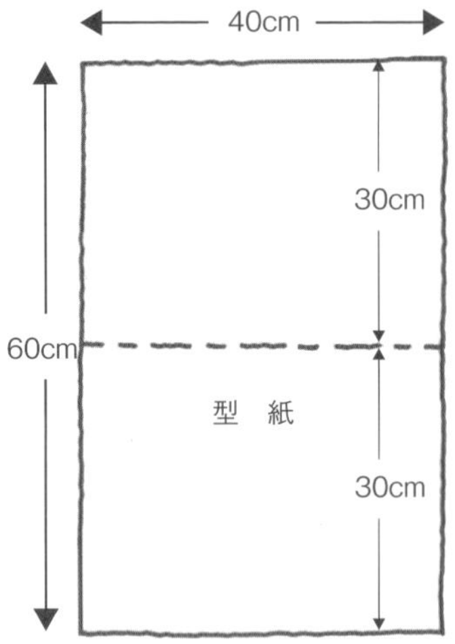

できあがりのバッグの大きさを決定し、型紙を作ります。

バッグの大きさは、中に入れるものの大きさにゆとりを加えて決める。

2 布を裁ち、しるしをつける

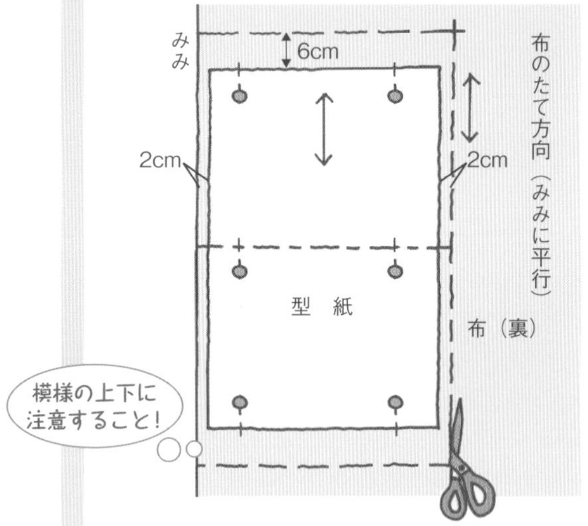

布の裏に型紙を置き、まち針でとめて縫いしろをつけ、布を裁ちます。型紙どおりにしるしをつけます。

マチを作ると、厚みのある物が入れやすくなります。
ただし、厚みの1/2だけ、マチのないバッグより丈が短くなります。型紙を作るときに注意しましょう。

学習内容・目的	● マチのある袋を作る。

トートバッグに適した布は？

丈夫で縫いやすい布。デニムや厚手のシーチングなどが適しています。

3 両わきを縫う

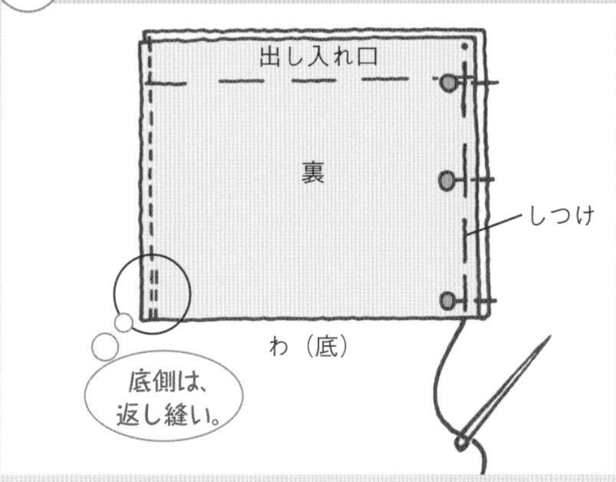
出し入れ口
裏
しつけ
わ（底）
底側は、
返し縫い。

布を中表に2つに折り、しつけをかけてから両わきを縫います。次に両わきの縫い目に沿って割り、アイロンをかけます。

縫い始めは、縫いしろの近くの目立たないところから。

4 出し入れ口を縫う

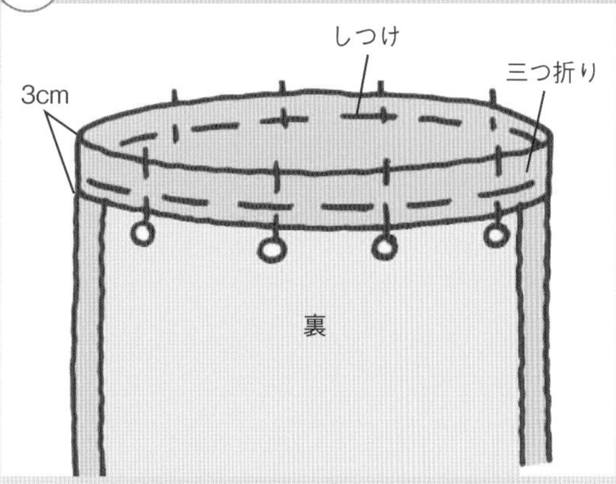
しつけ
三つ折り
3cm
裏

出し入れ口を三つ折りにして、まち針でとめます。しつけをかけてから、本縫いをします。

本縫いの前に、ひもの長さやつける位置を確認しておく。

5 ひもをつける

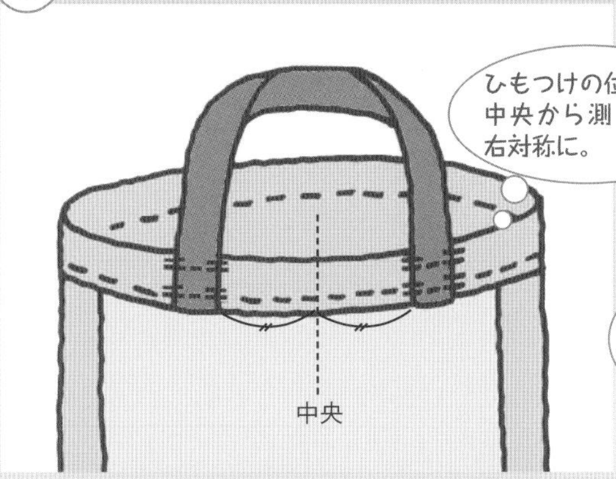
ひもつけの位置は、
中央から測って左
右対称に。
中央

ひもの長さや位置を確認してからしつけをし、それぞれ上下2か所ずつひもを縫いつけます。

●ひもを表につける

P.130 参照

ひもつけは、布が重なって厚くなるので、ゆっくり縫うこと。

6 マチをつける

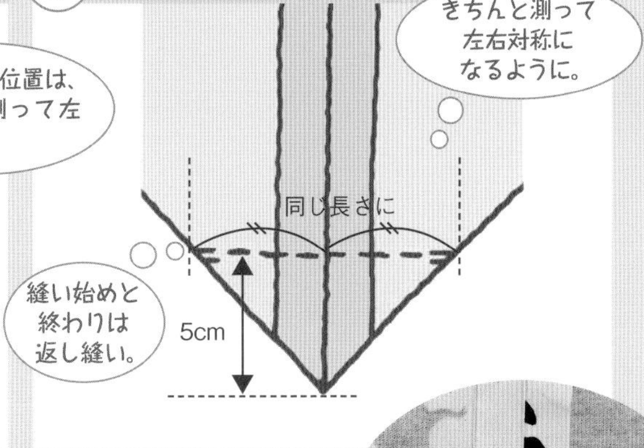
きちんと測って
左右対称に
なるように。
同じ長さに
縫い始めと
終わりは
返し縫い。
5cm

底の角の左右2か所を縫います。底のマチの部分にアイロンをかけ、表に返してできあがりです。

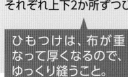

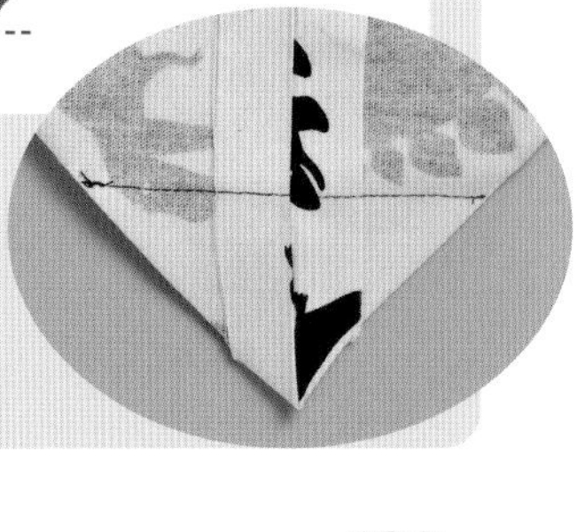

よくある失敗 ひもがねじれてしまう！

これで解決！ ●ひもがねじれたら、縫い直します。
●失敗しないためには、縫う前にまち針でとめて、ひもの位置を決めることです。しつけをかけたら、実際に手に持ってみて、ひもの長さや位置をもう一度確認しておきます。

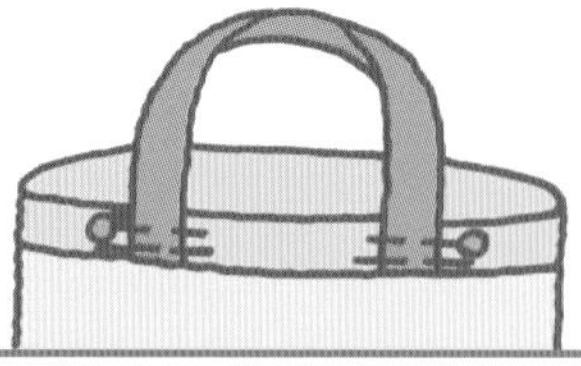

よくある失敗 マチの位置が、左右ずれてしまう！

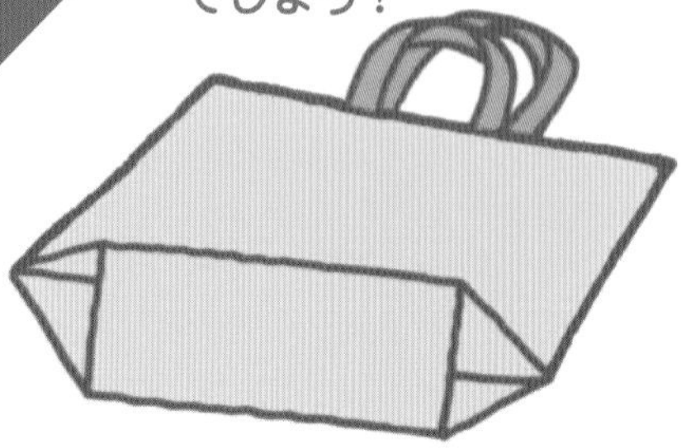

これで解決！ マチの位置を確認し、左右対称でないマチは、ほどいてからアイロンをかけ、縫い直します。

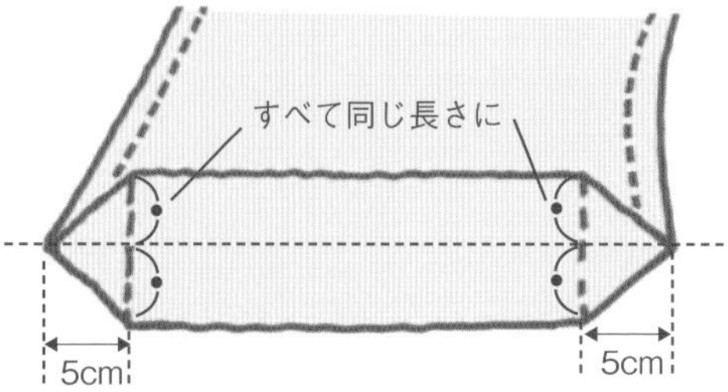

ひもを表につける

ひもを表につける方法もあります。

ひもの端を折り込むので、厚くなることを考えて縫いましょう。

ひもがゆがんだりねじれたりしないように、位置を確認してからしつけをかけて、本縫いをします。

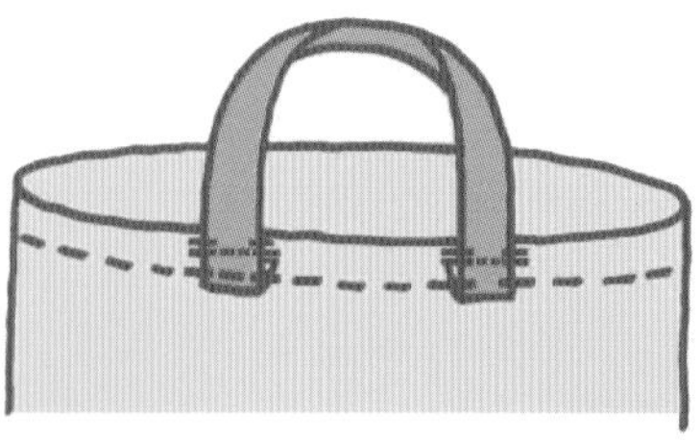

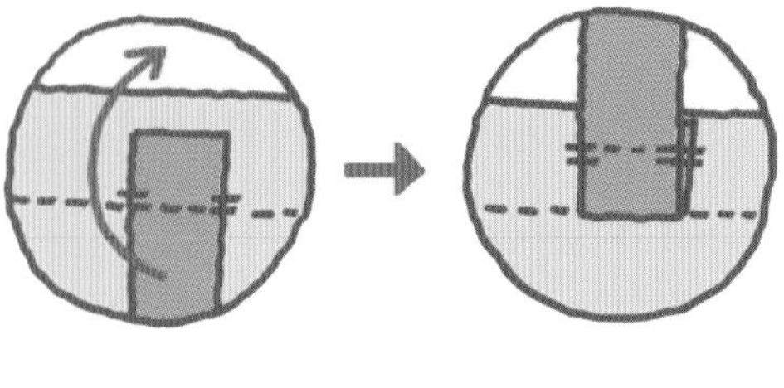

反対側の布に縫いつけないように注意！

応用 ひもを共布(ともぬの)で作る

バッグと同じ布でひもを作ることもできます。ひもの布を裁断するときには「みみ」をうまく使いましょう。端の始末の必要がありません。

みみが表になるように三つ折りし、しつけをかけてから、周りを縫います。

ひもを長くして両脇につければ、ショルダーバッグにもなります。

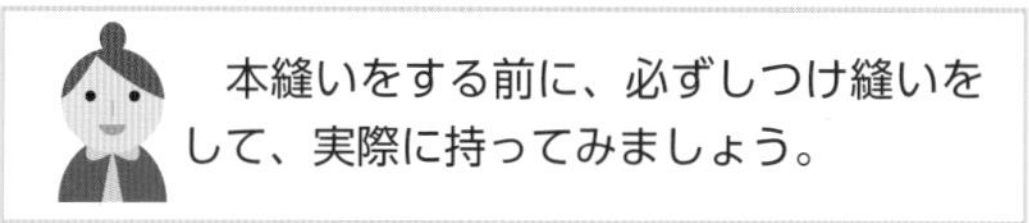
本縫いをする前に、必ずしつけ縫いをして、実際に持ってみましょう。

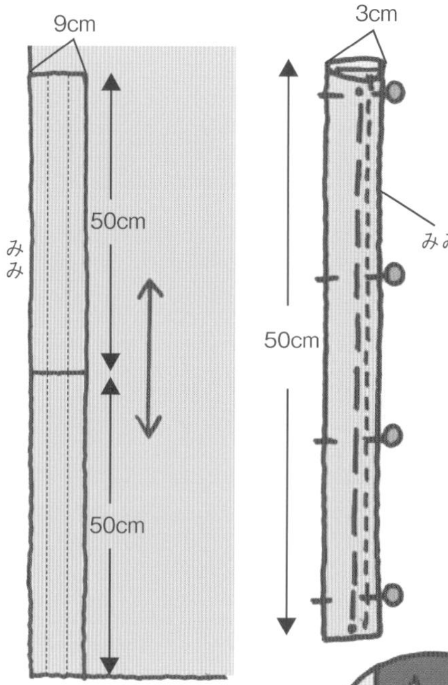

応用 ポケットをつける P.125参照

内側にも外側にもポケットをつけられます。

内側につけるときはP.129「基本の流れ」の④の段階で、外側につけるときは②の布1枚の段階で縫いつけます。

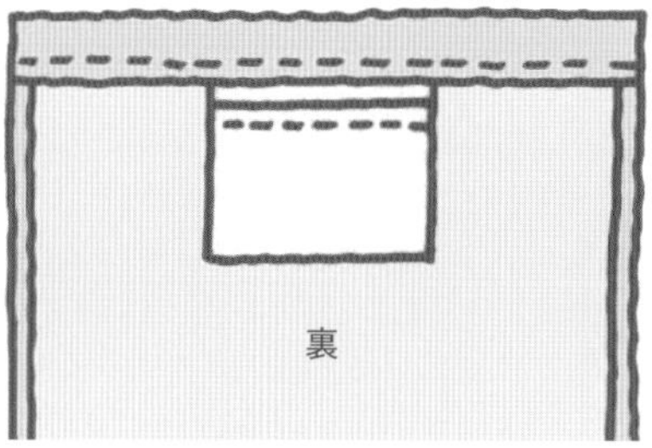

内側につける場合

トートバッグ

トートバッグ（英語：tote bag）は、ふつう持ち手が2本あり、さまざまな用途で用いられる手持ちカバンで、丈夫なキャンバス生地やナイロン、なめし革などで作られています。「トート（tote）」は「持ち運ぶ」という意味。マチが深く、さまざまな物が入れられ、薄手の物は折りたたんで携帯できます。本来は、氷のブロックを運ぶ目的で作られ、近年は、環境保護のための「マイバッグ」として注目されています。

NO.
29
快適な衣生活
衣類の快適な着方

時間のめやす
80分

基本の流れ

1 生活の中で、どんなときにどんな服を着ているか話し合う

眠るとき、運動をするとき、雨のとき、給食のときなど、どんな服を着て、なぜその服に着替えるのか、衣服の意味を考える。

応用 校外学習に持っていく衣服の計画を立てよう

★合宿にふさわしい服装を考えよう。
★現地の気候を考えて家の人と一緒にそろえよう。
★宿泊する場合は、また必要な衣服がありますね。

●どんな服を何枚持っていくか表にまとめる。
●校外学習後、実際に着てみてどうだったかを記入し、衣服の選び方をふり返る。

（例）夏合宿の場合

着ていく・持っていくもの	数	色・形・柄・素材など	着るとき	実際に着てどうだったか
上着（そでが長いもの）				
上着（そでが短いもの）				
ズボン（たけが長いもの）				
ズボン（たけが短いもの）				
下着　シャツ				
パンツ				
長そでのパジャマ				
くつ下				
ぼうし				
雨具				

教師は、移動先の気温のデータを用意し、学校のある地域と比較できるようにしておきます。

学習内容・目的 ● 衣服の働きや生活上の活動に合った着方を理解し、工夫することができる。

2 季節による衣服の違いをさがす

夏服と冬服の形、色、さわり心地、布の違いなどを調べて表にまとめます。

衣服を温かく着るためには、服と体の間に空気の層を作るとよい。

3 衣服に使われる布の性質を調べる

熱の逃がしやすさ、風通しのよさ、汗をよく吸い取るかどうか、動きやすさ、空気をよく含むかなどを、さまざまな実験を通して調べます。

➡P.134 参照

寒暖の調節に、空気が関係していることをしっかりとおさえる。

表のまとめ方の例

	暑い季節	寒い季節
形	半そで・えりが開いている	長そで・首回りがつまっている
色	青や水色、白など	緑や赤、茶色が多い
さわり心地	ざらざら・つるつる	毛羽立っているものが多い
布の厚さ	薄い	厚い
重ねて着る枚数	2枚	4枚
その他、足元など	はだしか薄い靴下、サンダル	厚い靴下、ブーツ

布の性質を調べる実験

布は、各班に1枚ずつ実物を用意します。

熱を逃がしやすい布はどっち？　保温性　温度を保つ性質

小型のペットボトルを2本用意します。1本には毛織物を巻き、もう１本には麻や綿の布を巻いておきます。ペットボトルの中に60℃くらいのお湯を入れて、温度の下がり方を記録して比べます。

または、冬用のスリッパと夏用のスリッパに同じ温度のお湯が入ったペットボトルを入れ、10分おきに温度を計測して、温度の下がり方を比べます。

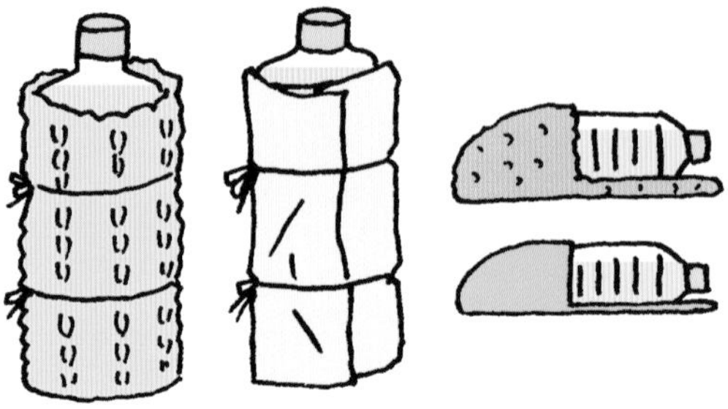

布が用意できない場合は、冬服、夏服の一部をそのまま巻いてもかまいません。

空気をよく含む衣類はどっち？　保温性

透明の水槽の中にセーターとＴシャツを沈めて、気泡の出方を比べます。

応用

どっちが温かい？

段ボールと新聞紙をそれぞれおなかに巻いて、どっちが温かいか比べましょう。

また、その理由を考えましょう。

風通しのよい布はどれ？　通気性　空気を通す性質

紙の筒の先を、ガーゼや厚さ・目の細かさの違うさまざまな布でふさぎ、輪ゴムなどでとめておきます。薄い紙（セロハンやハトロン紙など）に向かって、筒の反対側から息を吹きかけ、紙がどれくらい動くかを比べます。

布が用意できない場合は、冬服、夏服の一部で紙筒をふさいでもかまいません。

汗をよく吸い取る布はどっち？ 吸水性 水分を吸収する性質

＊空気中の水分を吸収するのは「吸湿性」。

冬服、夏服を持ち寄って、スポイトで水をたらしてみます。

濡らしていい服かどうか、注意しましょう。

汗を吸って発熱する布？

あるメーカーでは、汗など人の体から出る水分を吸収し、そのとき発生する熱で衣服内を温める新しい素材を開発し、スポーツウエアに使っています。

また、保温効果を上げるため、中にあらかじめ空気が入っている繊維など、新しい素材がたくさんできています。

動きやすい布はどっち？ 伸縮性 伸び縮みする性質

夏服と冬服を持ち寄って、布を軽く引っ張り、どちらがよく伸びるかを比べます。

応用

丈夫な布はどんな布？

さまざまな布を持ち寄って、引っ張り合います。どんな種類の布が丈夫なのか、その布はどんな衣服に使われているか調べましょう。同じ繊維で作られた布でも、布の構造によって強さは異なります。

●さまざまな布地 P.91 参照

実験を通してわかったことを、これからの衣服計画に反映していきましょう。

透湿性

水分は、衣服に吸収されるだけでなく、布を通って外部へ放出されます。このように布を通って水分が移動する性質を「透湿性」といいます。

私たちの皮膚の表面からは、汗以外にも絶えず水分が蒸発しています。夜眠っている間には、およそコップ１杯分の水分が蒸発するといわれます。ですから、下着やパジャマには「吸水性」や「透湿性」の高いものを選びましょう。

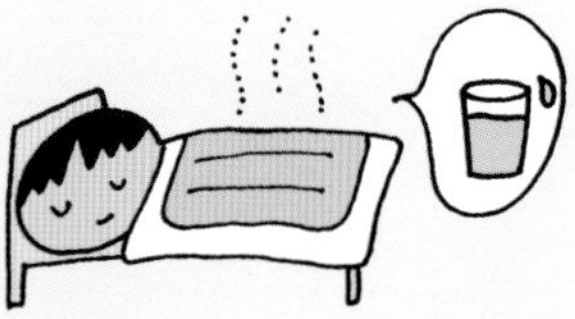

NO. 30

快適な衣生活

衣類の洗たく

時間のめやす 40分

基本の流れ

1 洗たくの必要性を調べる

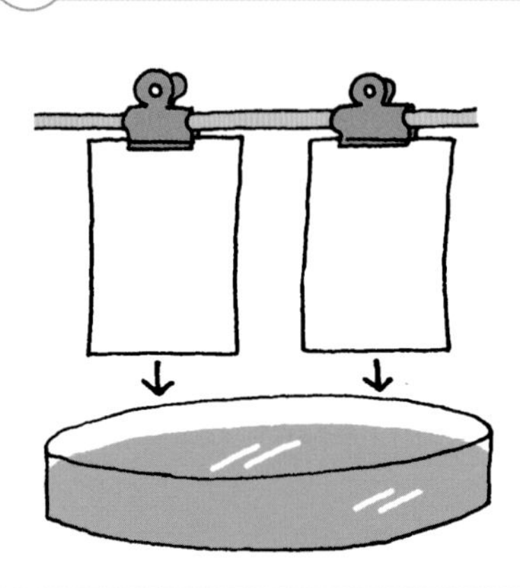

適当な大きさのさらしを2枚用意し、それぞれ手首に巻いておきます。そのうちの1枚を洗たくし、乾いてから、もう1枚の布と一緒に、絵の具を溶いた水に先を浸けます。水をよく吸うのはどちらか、またその理由を考えます。

2 体操着の汚れと、洗たくのしかたを調べる

汚れには、「水で落とせる汚れ」（土、ほこり、汗など）と、「水では落としにくい汚れ」（皮脂、油、食べこぼしなど）があります。また、汚れが付着してからの時間によって「落としやすい汚れ」と「落としにくい汚れ」とに分かれます。

洗たく（手洗い）のしかた

準備する

- 身支度をする。
- ポケットの中を調べる。
- 洗濯表示を見る。
- 洗たく物を布地、色、汚れの程度、洗い方によって分ける。
- 用具や洗剤を用意する。

水は、洗たく物の重量の10～20倍。洗剤は、標準使用量を守る。たらい（洗いおけ）に水を張る。

洗う、絞る、すすぐ

- もみ洗い
- 押し洗い
- ためすすぎ

P.138 参照

しわになりやすいものは、たたんで手で押して水を切る。洗剤を含む液は、できるだけ絞ってからすすぐ。

学習内容・目的 ● 衣服の手入れのしかたがわかり、手洗いで洗たくをすることができる。

3 洗濯表示を調べる

洗たくする衣類の、洗濯表示を見て、読み取り方を調べます。 P.139参照

4 体操着（またはくつ下）を手洗いする

手洗いは「たらい（洗いおけ）」で、脱水は洗たく機を使います。

干す

「着ている形」に干す。よく風が通るようにする。
くつ下は、ゴムを下にすると、水がたれて劣化するので、ゴムの方をピンチでとめる。

取り込み、たたむ

しわを残さない干し方

●両手で洗たく物を持ち、パンパンと上下によくふっておきます。特にタオルはこうすると布のループが起き上がり、ふんわり乾きます。
●たたんで形を整え、たたいてしわを伸ばしてから干します。

手洗いのいろいろ

もみ洗い

両手ではさんでこすり合わせます。シャツやズボンなどのじょうぶな布に向いています。

毛や麻はもんではいけません。縮んだりしわになったりします。

押し洗い

洗たく物は動かさず、手を上下に20～30回動かします。強い力をかけると、伸びたり変形したりするので、やさしく押します。毛のセーターなどはこの洗い方で。

つかみ洗い

両手で洗たく物をつかんだり、放したりして洗います。破れやすかったり、色落ちしやすかったりするデリケートな衣類に向いています。

つまみ洗い

指先で汚れをもみ合わせて洗います。汚れのひどい衣類に向いています。

毛織物や薄物は、縮んだりしわになったりするので、向きません。

応用 くつ下を洗ってみよう

くつ下を、片方は洗たく機で、片方を手洗いで洗い、洗い上がりを比べてみましょう。

【手洗い】

- 水の量…1.5～2L（布の重さの10～20倍）
- 水の温度…40℃
- 洗剤の量…小さじ1/4
- 洗い方…もみ洗い、ねじり絞り

●雑巾の絞り方 P.154参照

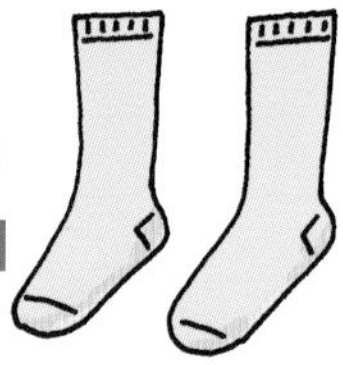

【洗たく機】

それぞれの洗たく機の使用法で。

血液汚れの落とし方

血液の主な成分はタンパク質なので、アルカリ性洗剤を溶かした液にすぐにつけておくと、ほとんどの汚れは落ちます。ただし、熱い湯では固まってしまうので、必ず水かぬるま湯を使うこと。

洗たく板の使い方

洗たく板の溝にはカーブがあります。

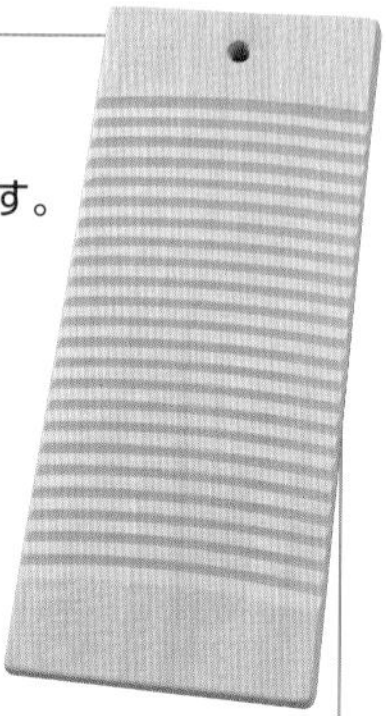

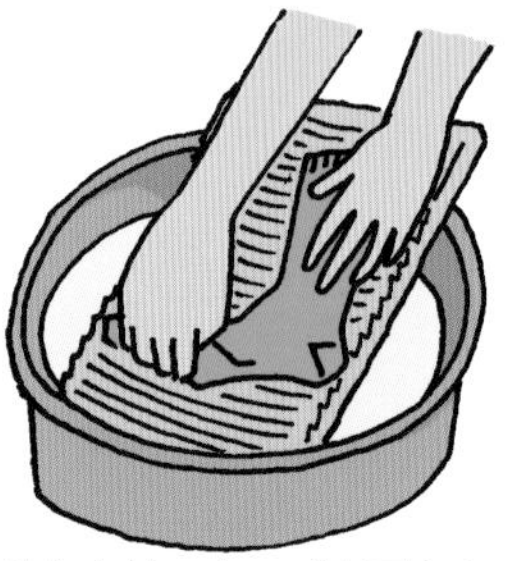

洗うときは、カーブを下向き（U字型）にして、洗剤が簡単に流れないようにします。

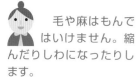

すすぐときは、カーブを上向き（山型）にして、水が流れやすいようにします。

洗たく機洗いのポイント

Point 1 洗たく物をしっかり仕分けること

汚れのひどいもの→部分洗いをしておく。

デリケートなもの→ネットに入れて洗う。

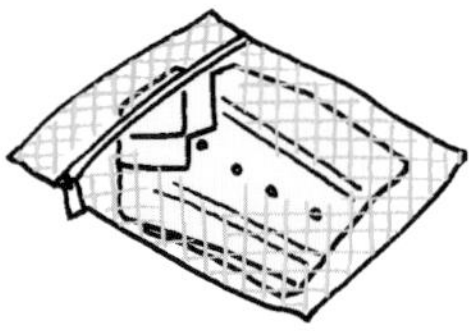

布地の伸びや、色落ちが心配なもの→手洗いまたは、単独で洗う。

安全ポイント

- 濡れた手でプラグに触れないこと。
- 洗たく機が完全に止まってから、洗たく物を取り出すこと。

Point 2 洗たく物を入れすぎない

洗たく物の量は、洗たく機の容量の8割位までにします。

Point 3 洗剤の量を正しく計り、よく溶かす

洗剤を2倍入れても汚れの落ち方は変わりません。また、よく溶けていないと洗浄力が弱くなります。

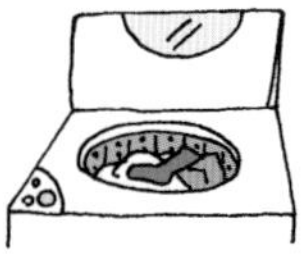

ECO（エコ）アドバイス
●洗剤を必要以上に使うと、汚れがよく落ちないだけでなく、環境にもよくありません。余分な洗剤で水をより汚してしまうからです。

Point 4 脱水しすぎないこと

木綿１分間、毛30秒間、化学繊維15秒間で十分です。全自動洗たく機の場合も、洗たく物の量と種類を考え、脱水時間を選びましょう。

ECO（エコ）アドバイス
●洗たくに使う水は、なるべく入浴後の風呂水を使いましょう。

洗濯表示（例）

40 液温は40℃を限度とし、洗濯機で洗濯処理ができる。	塩素系及び酸素系漂白剤の使用禁止。	脱水後日陰のつり干しがよい。
P パークロロエチレン及び石油溶剤によるドライクリーニングができる。	液温は40℃を限度とし、手洗いができる。	底面温度200℃を限度としてアイロン仕上げができる。

●アイロンのかけ方 ➡ P.101 参照

洗濯表示

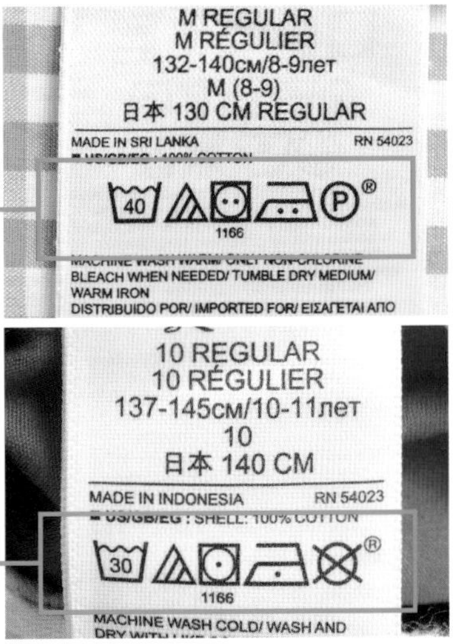

●「包む」と「結ぶ」 P.119 参照

和

日本の伝統文化「たたむ」と「繕う」

人の体を「包む」ものが衣服です。その衣服をきちんとたたんで大事に収納し、繕い、リフォームして、雑巾などになるまで使い切る。それが日本の衣服の文化でした。

たたむ

「和服」は、明治時代、ヨーロッパから入ってきた衣服を「洋服」と呼ぶ一方で、日本固有の衣服をさす呼び方です。今では、和服は、着る物の総称である「きもの」と呼ばれることが多くなりました。

和服の着方は、身体を衣服で「包み」、丈や幅の余分を「たたみ」、ひもや帯で「結び」、着付けていく方法といえます。

和服は平面で構成されているので、たためば平らになります。そこで、畳紙（たとうがみ）または「たとう」と呼ばれる紙に包んで、たんすに重ねて収納・保管します。

「たたむ」は、和服の縫製時の縫いしろの始末にもみられ、できるだけ布を切り取らずに仕立てる工夫がされています。

一方、洋服は立体構成なので、和服のように平らにたたみにくく、ハンガーなどにかけて収納します。ただし、洋服でもＴシャツのような平面構成のものは、たたんで収納できます。

Tシャツの簡単なたたみ方を下に紹介します。たたんで収納することで、場所の有効利用、快適な取り出しが可能です。ぜひ試してみましょう。

繕う

衣服を作るための素材は、例えば、栽培した麻や綿から繊維を取り出して糸にし、染められ、織られて作られます。従来、布は貴重な資源であり、衣服の素材として大切に利用され、最後はおむつや雑巾などに至るまで徹底的に活用されてきました。

西洋でも、洋服は、寸法直し、つぎはぎ、リフォームは当たり前でした。アップリケやパッチワークも布の有効利用の方法でした。

和服は、季節ごとにほどいて各部分に分解して洗い、縫い直して再生されます。平面構成の和服は、各部の余分を切り取らずに縫いしろにたたみ込んで縫われています。再仕立ての際には、布のいたみ具合によって各部を入れ替えたり（くりまわし）、おはしょり分を長めにして裾のいたみに備えるなど、長く利用する工夫がみられます。

青森県津軽地方の『こぎん刺し』、南部地方の『菱刺し』などは、地元で栽培された麻の織物のすき間を、防寒と補強の目的で綿糸で刺し埋めた、実用性の高いものでした。

しかし、刺しつづって自分の世界に没頭できる喜びやおしゃれ心から、さまざまな図案や配色が工夫され、美的価値の高い伝統工芸となりました。

今では、衣服は大量生産によって、容易に入手できるようになりました。しかし、自分に合った衣服を選び、繕って長く気持ちよく着続けることや、着られなくなったものを利用して生活に役立つものに作りかえることは、資源の有効利用だけでなく、丁寧な暮らしから生まれる、心の豊かさにもつながるのではないでしょうか。

●刺し子 P.103 参照

●Tシャツの簡単なたたみ方

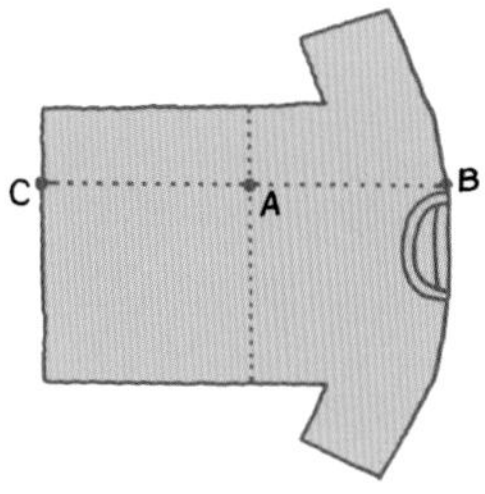

❶ Tシャツを裾を左にして置き、左手で丈の半分、幅の4分の1の部分Aを持ちます。

❷ 右手で右肩Bと裾Cを順に持って、交差している手を元に戻します。

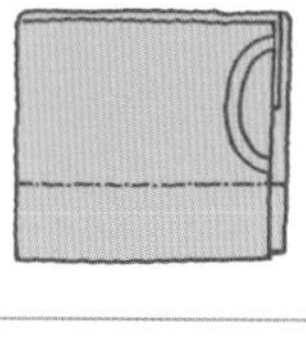

❸ 袖を入れ込み、整えます

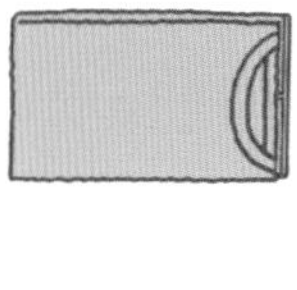

❹ はい！ たたみ終わりです。

【参考文献】建帛社『衣服製作の科学』　文部科学省『服飾文化』

住の基本

快適に住まうための知恵とワザ

小学校家庭科の学習指導要領（平成29年告示）では、「住」に関する内容は「B 衣食住の生活」の「(6) 快適な住まい方」の中で述べられており、次のような知識及び技能を身につけます。

ア…（ア）住まいの主な働き、季節の変化に合わせた生活の大切さや住まい方

…（イ）住まいの整理・整頓や清掃の仕方

イ　季節の変化に合わせた住まい方、整理・整頓や掃除の仕方の工夫

学習指導要領は、「A 家族・家庭生活」「B 衣食住の生活」「C 消費生活・環境」の3項目に分かれていますが、どれも関連があります。

暮らすということは、健康・快適・安全に自分のしたいこと、すべきことが行え、一緒に暮らす者みんなと調和して仲良く助け合って生きていくこと。それを日々積み重ねることなのです。

しかし、人生の半分は家庭生活が占めています。家庭生活をもっと見直し、一緒に暮らす人々がより楽しく豊かに暮らせるようにしたいものです。

近年は、エネルギーの問題やゴミの問題等があり、生活環境の見直しが課題になっています。

さらに地球温暖化やマイクロプラスティックの海洋汚染問題など、地球規模の課題も深刻になってきています。暮らし方を変えていくことは、そうたやすいことではありませんが、私たち一人ひとりの環境への関心を高め、できることから実践していきたいものです。ここで学ぶ「季節の変化に合わせた生活」は、これまでの日本の生活文化の良さをいかしつつも、より環境への負荷の少ない生活を目指し、無駄を省き、シンプルでも心豊かに過ごせるように工夫していくことをねらいます。

そのためにまずは、住まい方を見直し、身の回りにあふれている不用なものの整理・整頓から始めましょう。そして、家族や仲間とのコミュニケーションを充実させ、人間らしい楽しみの多い豊かな生活を創り出していきましょう。

NO.
31
快適な住まい
季節に合わせた住まい方

基本の流れ

●小学校の授業として考えられた内容です。

1 窓を閉め、電気を消した教室に入り、感じたことを話し合ってから、実際の温度・湿度を計る

暗い！
電気つけて！
寒い！（暑い！）
ストーブつけて！
（エアコンつけて！）
（　）は夏の場合

窓を閉めた状態で、温度、湿度を計って記録する。

2 教室内の各場所の温度・湿度を計って記録する

●液晶温度計 ➡P.145参照

教室の中は
どこも同じ
なのかな？
調べてみよう！
壁に貼った
液晶温度計
窓側は寒い
（暑い）よ。
廊下側は
暗いよ。

まず、教室内の各場所で机の高さの位置の温度・湿度、風通し、照度を計る。次に天井近く、床近く、目の高さなど、さまざまな高さを調べる。

ご家庭でも、場所によって部屋の温度・湿度は違います。計ってみると、思わぬ発見がありますよ。

学習内容・目的 ● 快適に生活するための住まい方の原理を理解し、工夫することができる。

温度計、湿度計、照度計などを用意しておきます。

3 人が快適だと感じる温度・湿度を調べる

寒く（暑く）感じたのは、どんな場所だった？
どんな温度・湿度のときに「快適」に感じるのかな？

教室内のさまざまな物の放射熱（物が発する熱）を調べる。

4 エネルギーを使わずに暖かく（涼しく）する方法を実験で調べる

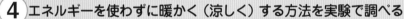

窓の外に植物がない場所で気温を測る
窓の外に植物を植えた場所で気温を測る
これが「緑のカーテン」です！

通風、太陽による採光・採暖、窓やドアによる保温（または熱を逃がす放熱）、放射熱、気化熱（水が水蒸気に変わる時にうばう熱）の効果、日よけの効果、色による寒暖の違いなどを調べる。

➡次ページに続きます。

●実験例
➡P.145 参照

5 効果的な換気のしかたを実験で調べる

■材料

2Lのペットボトル（四角い形のもの）、粘土（白）、菓子の缶のふた、線香またはインセント（西洋のお香）、幅の広い透明な粘着テープ、アルミホイル、マッチ

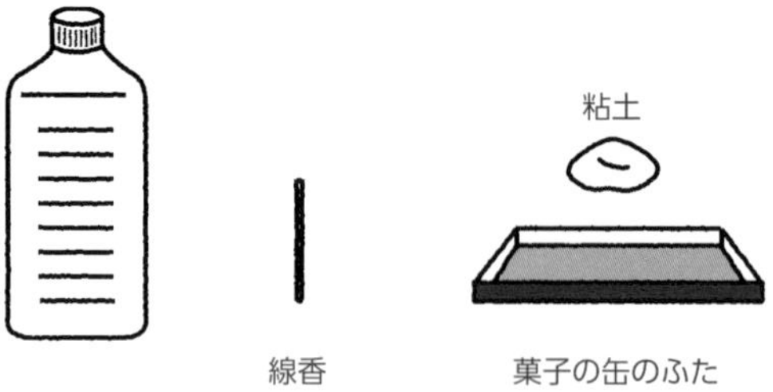
粘土
線香
菓子の缶のふた

■実験装置の作り方

❶ペットボトルの底の部分を切って、筒状にする。
❷上と下によこ5cm、たて2.5cmくらいの四角い窓を2つ切り取る。
❸❷の向かい側に同じ窓を作る。
❹それぞれの窓を覆うように上から粘着テープを貼り、テープの端を折り返してつまみにする。

■実験の方法

❶菓子の缶のふたの上に粘土を敷く。
❷粘土の上にアルミホイルを巻いた（または敷いた）お香を置き、点火する。
❸煙が出てきたら、お香に接触しないようにペットボトルを置き、上部をかぶせる。
❹煙がペットボトルの中に充満したら、窓やペットボトルのふたを開けて煙の出方を観察する。

4つの窓に
つまみを作った
テープを
貼ります。

背景に黒い紙を置くと、煙の様子がよく観察できます。

ペットボトルの底から
煙がでていくようなら、
粘土ですき間をうめる。

考えよう

どうしたら煙はよく流れていくかな？ もしペットボトルが部屋だったら、空気の流れをよくするには、どの窓を開ければいいかな？

よくある失敗 お香が消えてしまった。

これで解決！ ペットボトルをかぶせる前に、お香から煙がよく出ているかどうかを確かめましょう。

よくある失敗 どの窓からも煙が出てしまう。

これで解決！ 窓の切り込みにすき間ができているので、窓より大きくテープを貼ってすき間をうめます。

通風や採光、放射熱を調べる実験例

家庭でも実験できます！

通風

ヘリウムガス入りの風船を浮かべ、窓を開けて動きを観察する。

2cm幅にさいたティッシュを割り箸の先や窓枠につけても、風の流れが観察できます。

太陽による採光

照度計を使って調べる。照度計は、太陽に向けないこと！

太陽による採暖と除湿効果

座布団を日に当てる前後で重さを比べる。

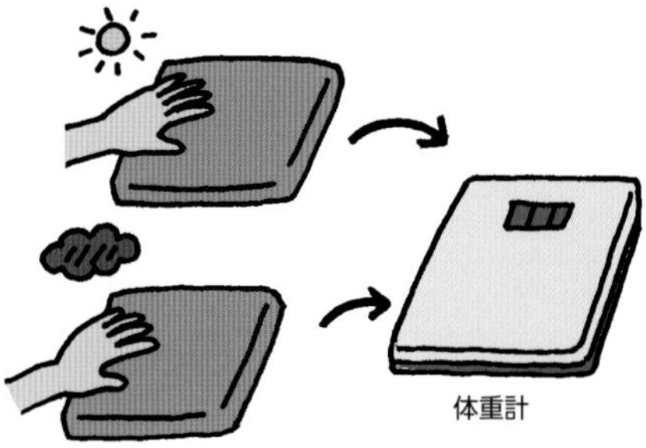

ものが発する放射熱

放射温度計を近づけて、教室内のいろいろなものの放射熱を計る。

安全ポイント

●光を絶対に目に当てないこと。

よくある失敗 放射温度計が動かない。

これで解決! ●反応するまで、時間がかかる場合があるので、数値が出るまで待ちましょう。次々とあわてて計らないで、温度計の反応を確かめてから次の計測に移ります。

放射温度計

物体から放射される赤外線や可視光線の強度から、物体の温度を測定する温度計。温度計からの光は、**絶対に**目に当てないよう注意する。

オリジナル温度計を作ろう！

厚紙を好きな形に切り液晶温度計を貼る。

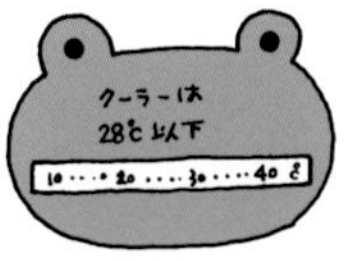

よくある失敗 照度計の目盛りがふり切ってしまって読み取れない。

これで解決! ●目盛りの設定を調節しましょう。

照度計の使い方を事前によく説明しましょう。

よくある失敗 教室の高い所の温度が測りにくい。

これで解決! ●液晶温度計を使いましょう。テープ式なので、どんな場所にも貼って調べられます。理科実験材料を扱う教材メーカーで入手できます。

調べた結果を整理して、生活に生かす

　実験や調査でわかったことを、実際に生活に生かすにはどうしたらよいのか、家族で話し合いましょう。

　家庭によって家族構成や家の造り、生活に違いがあるので、それぞれに合った工夫が必要です。

ECO（エコ）アドバイス
冷房器具の使い方
◆冷房器具を使う前に窓や戸を開けて、風通しをよくする工夫をしよう。
◆冷房の温度は28℃を目安にし、下げすぎないこと。
◆扇風機と併用して効率よく。

夏を快適に過ごすには

●季節によって気持ちよいと感じる温度と湿度

	夏	春・秋	冬
温度（℃）	20～25	17～22	16～21
湿度（%）	60～70	55～65	50～60

（武田満す『住居学』理工学社）

●風通しをよくする。（マンションなど）

換気扇を
回すだけでは、
風は流れません。

●日差しをさえぎる。

●水をまく。
●緑のカーテンを作る。

●涼しく感じる衣類を着る。

冬を快適に過ごすには

●日当たりをよくする。

●カーテンを閉めて、温まった空気を逃がさない。

●暖房器具や加湿器を効果的に使う。

●温かい衣服の着方を工夫する。

●照明器具のそうじしたり、位置を変えたりする。

和 日本の生活文化
なぜ夏に風鈴をつるすの？

　風鈴の音が気持ちよく感じるのは、音の波長に「f分の１のゆらぎ」があるからといわれます。「f分の１のゆらぎ」は、連続的でありながら、一定ではないゆれのこと。これが、リラックスしているときの脳波α波を誘発するといいます。同じように、扇風機の風やエアコンも一定の風力や温度設定にするよりも、風に強弱をつけたり、何分かおきに設定温度を変えるほうが気持ちよい涼しさを感じます。

一酸化炭素中毒に注意！

　閉め切った部屋の中でストーブや湯沸かし器など、点火式の器具を使い続けると、酸素が足りなくなって、一酸化炭素中毒を起こす危険があります。

　一酸化炭素が空気中の濃度0.02%になると、3時間で頭痛がします。0.08%以上になると、気を失うこともあります。1時間に一度は、必ず窓を開けて換気をしましょう。

和 日本の伝統的な住まいの工夫

日本の伝統的な住まいは、その土地の気候に合った造りをしているので、見学してみましょう。

庇（ひさし）
夏の太陽光をさえぎり、冬の太陽光はとり入れられる角度と長さで取りつけられている。

軒（のき）
屋根の下に日陰をつくる。

屋根近くの通風口
温まった空気や煙などを逃がす。

木の窓枠
窓は木製なので、すきま風が入り、換気の必要があまりない。

南西に落葉樹
夏は繁って直射日光を防ぎ、冬は落葉して日が入るように、家の南西側に落葉樹を植える。

建具の取り替え
冬期はふすま。夏期はふすまを外し、すだれをつるす。

床下の通風口
換気し、湿気を逃がす。

すだれやよしず
直射日光を防ぐだけではなく、風をとり入れることができる。
外からの視線を防ぐ働きもする。家の内側からは外がよく見えるが、外からは家の中が見えにくい。

NO. 32

整理・整とんの基本

持ち物の整理

時間のめやす **30分**

基本の流れ

1 持ち物表を作る

自分の持っている物の数を数えて、「持ち物表」に記入します。表は、「毎日使う物」、「ときどき使う物」、「季節によって使う物」、「特別なときに使う物」、「考え中の物」に分けます。「考え中の物」は、専用の箱を用意して入れておきます。

2 不用な物を取り除く

「持ち物表」に書いたそれぞれの物から、「不用な物」を選び出し、専用の箱を用意して入れます。

「不用な物」とは、ここ１年間使わない物のこと！

3 必要な数だけに減らす

使う物を使う数だけに減らすために、まず「考え中の物」を見直すのはいつにするかを決めます。

春休みや夏休みなどの前には、必ず見直すようにする。

持ち物表の分け方

- 毎日使う物
- ときどき使う物
- 季節によって使う物
- 特別なときに使う物
- 考え中の物

こうすると「不用な物」をそれぞれの分類の中から見つけやすくなる。

●引き出しや道具箱の中の物を全部取り出して、仕分けようとして、収拾がつかなくなる子どもが出てきます。

その場合は、まず全体の中から「いらない物」だけを取り出させます。次に「絶対にいる物」と「迷う物」とを分けるという順で作業を進めていくとよいでしょう。

●使う物・不用な物の仕分けを、使う物には緑、考え中は黄色、不用な物には赤のシールを貼るなどすると、楽しく作業できます。

「持ち物の数調べ」は、各自で行うこと。友だちと比べる必要はないことを話しておきましょう。

学習内容・目的	● 身の回りの持ち物を必要な物だけに整理することができる。

4 使う場所に取り出しやすくしまう

その物を使う場所の近くに、その物の「指定席」を決めます。しまい忘れないようにラベルをつけたり、透明の袋に入れたりして目につくように工夫しましょう。

P.150 参照

決まった場所に、取り出しやすくしまうのがポイント！

5 不用品の生かし方を考える

「不用な物」の箱に入れた物の中で、人にゆずるなど別の方法で生かすことができるものはないかを調べましょう。そのほかの物はごみとして出します。

●ごみの出し方 P.158 参照

ごみ出しのポイントを参考に！

よくある失敗 時間内に終わらない！なかなか整理できない。

これで解決! 学校では、整理する物は、筆箱や道具箱の中の文房具などがよいでしょう。作業の終了が子どもにも把握しやすく、量的にも時間的にも無理のない物を選びましょう。

学校では、みんなで意見を出し合いましょう。
家庭では、フリーマーケットの情報や支援物資の募集情報などを集めて、家族で相談しましょう。インターネットを利用すると便利です。住んでいる地域の情報にも注意をおこたりなく。

不用品を生かすにはどんな方法があるかな？

割れ物はどうするんだっけ？プラスチックは？

NO.
33

整理・整とんの基本
整とん上手になろう

時間のめやす
1時間

基本の流れ

1 しまう場所を決める

「どこで」、「どのくらい」使うのかを考えて、しまう場所を決めます。

まず「どこで」（収納する場所）を考える。よく使うところはどこかを考え、しまう場所を決める。たとえば、帽子→玄関、辞書→机の上など。

物の大きさは5タイプ

物の大きさ（奥行き）は、大きく次の5種類に分かれます。収納のめやすにしましょう。

①ふとん類…90cm
②衣類…60cm
③雑貨類…45cm
④食器用具…30cm
⑤本・アルバム…23cm

2 「どのくらい使うか」で位置を決める

指定席を決めよう

「どのくらい使うか」（使用頻度）を考えて、置く位置を決めます。

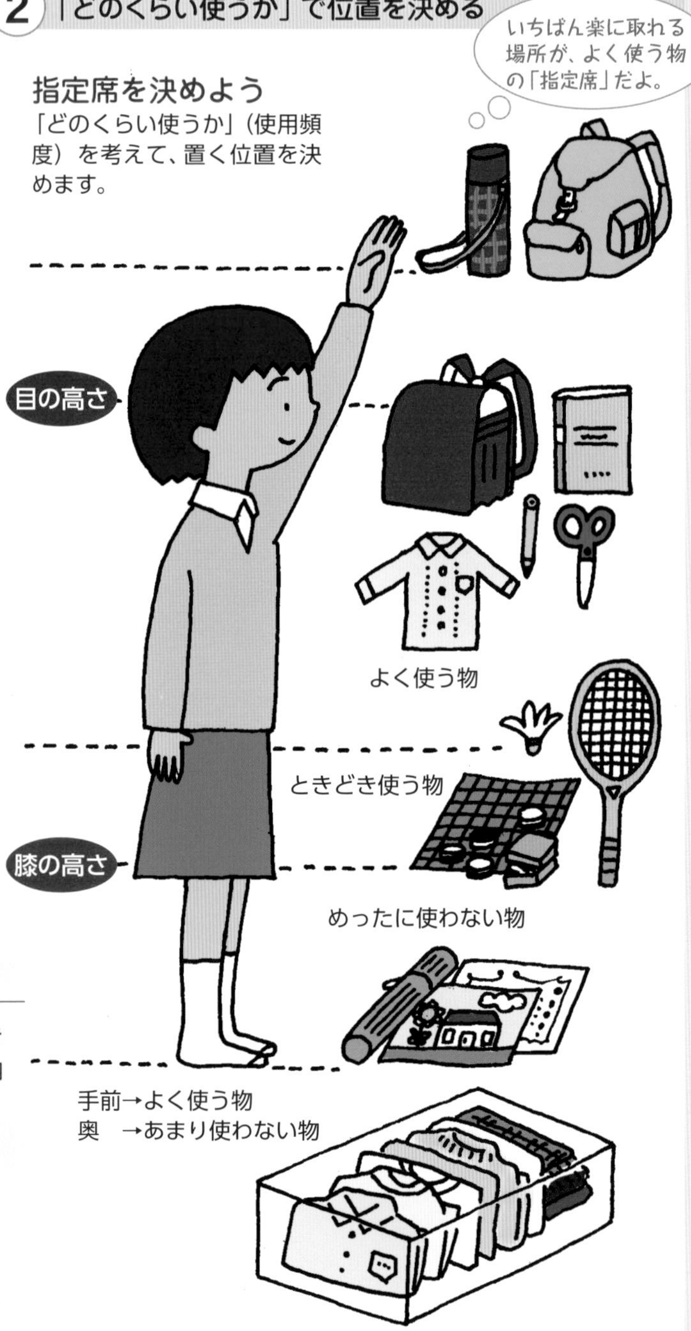

学習内容・目的 ● 物を使いやすく収納する方法を知り、収納を行うことができる。

3 仕切り方を工夫する

引き出しや道具箱の中にしまう物の形や大きさに合わせた仕切りを作って、仕切ると使いやすくなります。

4 細かい物はまとめて収納する

チャックつきのポリ袋などにまとめて入れます。手作りの巾着袋にまとめて入れてもいいでしょう。

●巾着袋 ➡ P.92 参照

5 動かしてみる

引き出しや道具箱を、その場で手前に引き出したり、左右に動かしたりしてみます。動かして物がぐちゃぐちゃになってしまったところに③の「仕切り」をつけます。

よくある失敗 せっかくきれいにしまったのに、いつの間にか元のぐちゃぐちゃに戻ってしまう。

これで解決!

●多くの場合は、「使ったら元に戻すこと」が、できていません。「どこで」使うのかをもう一度見直し、しまいやすい場所を考えましょう。

●しまうときの手間数が減らせないかも考えます。たとえば、鉛筆を「鉛筆立てにしまう」なら手間数は1回。「引き出しを開けて、鉛筆入れにしまう」だと手間数は2回です。しまうのが簡単な場所を選ぶのが、ポイントです。

●物が多すぎてしまいにくいために、出しっぱなしになることもあります。物を減らす工夫をしましょう。

●持ち物の整理 ➡ P.148 参照

ほかの友だちはどうしているのかなどクラスで話し合うと、よい学習材料になります。

細かい物は、まとめておきます。何を入れたのかがいつでもわかるようにするためには、どうしたらいいのか考えましょう。

収納した箱には、ラベルを4か所に貼っておくと、置き方がを変えてもすぐにわかります。

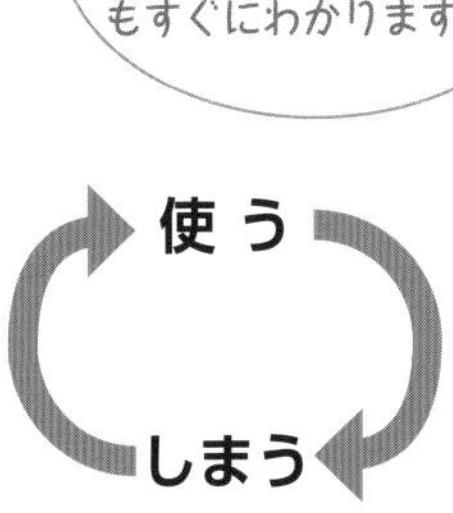

NO.
34
そうじの基本
そうじ名人になろう

道具 はたき・ほうき・ちりとり
雑巾・バケツ・そうじ機・
化学雑巾やモップ

用意するもの エプロン
三角巾
マスク

時間のめやす
4時間

基本の流れ

1 そうじの大切さを知る

そうじをしないと、どんな影響が出るか。体への影響、心への影響などを考え、そうじの大切さを理解します。

2 汚れを調べる

5cmくらいの透明な粘着テープを調べたい所に貼りつけて、どんな汚れがあるかを調べて表にまとめます。 P.154参照

3 計画を立て身支度する

どこをどんな方法で、どんな順序でそうじするかを決め、汚れてもいい身支度をします。

そうじをしないと、ぜんそくやアレルギーなど健康にかかわること。どの家にもその原因となるダニがいること、ダニは食べかすや汚れをエサにしていることを伝える。

子どもが驚く資料を提示しましょう。
（例：ダニの写真など）

ケナガコナダニ

あなたの家にも「必ずいる」ダニ！

旧厚生省の調査によれば、ダニなし家庭はゼロでした。家庭にいるダニの中でも、人を刺すダニは数%しかいません。人を刺さないチリダニ類（死骸やフンがアレルゲンになる）が多いので、大量のダニと生活を共にしていても私たちは気がつかないのです。

このような環境で生活を続けると、アレルギーにならなくてもすむ人まで発症してしまいますし、過敏症の人にはたまりません。

日本は湿度が高いので、そうじ機をかけてほこりを吸い取り、表面上はきれいになったように見えても、カーペットや畳、寝具などの中には大量のダニが生息していることがあります。また、高気密の住宅が増え、留守がちで換気不足の家庭が多くなっていることも、ダニの増殖を助長しています。

一般家庭で調べたところ、そうじ機で取れたほこり、小さじ１杯には、平均500～2000匹のダニの死骸があったという結果が出ています。

学習内容・目的	
	● そうじの必要性がわかる。 ● 汚れに応じたそうじのしかたがわかり、行うことができる。 ● 工夫してそうじ道具を作る。

4 汚れに応じたそうじ

はたく・吸い取る・はく

まず「ほこり」を取ります。ほこりは、はたきではたく、ほうきではく、そうじ機で吸い取るなどします。

ほこりには2種類ある。
●ほこりの取り方 ➡ P.154 参照

5 汚れに応じたそうじ

拭く

次に「拭きそうじ」。汚れたところを、モップや雑巾で拭き取ります。

汚れに応じたそうじをしないと効果が少なく、時間も無駄。

6 エコそうじにチャレンジ！

ECO（エコ）
アドバイス

できるだけ洗剤を使わないそうじの方法を試してみましょう。

環境に負荷をかけないそうじの方法にはどんなものがあるか調べる。

7 後片づけをする

用具は決められた場所に片づけ、雑巾は洗って干し、手を洗います。

雑巾は毎回洗って干し、乾いたら見えないところ（用具入れ）にしまう。

そうじを始める
前に、必ず窓を
開けること！

●学校でのそうじには、役割分担が大切。役割はなるべく細かく決めておくことです。

また、同じ場所であきてしまわないように、1か月ごとにローテーションするなど、工夫しましょう。

●家でのそうじのコツは、毎日すべてを済まそうとしないこと。

例えば、毎日そうじするのは、玄関周りと台所だけなどと決めておき、ほかの場所は週に1日そうじすることにします。

また、家族内での役割分担も決めるといいでしょう。

高橋

汚れを調べよう

教室のさまざまな場所、家の台所や居間、玄関などのさまざまな場所の汚れを調べましょう。

どこにどんな汚れやごみが多いかで、そうじの方法が変わります。

❶ 透明な粘着テープを、調べる部分に軽く押しつける。
❷ 静かにはがして、紙に貼る。
❸ どんなごみが多いかを観察し、表にまとめる。

場所	汚れ
1階の床	砂ぼこり

そうじの基本

●窓を開けて換気を十分にする

そうじ中は、空気中にほこりが舞い上がります。閉め切った部屋では、そのほこりは再び床に舞い降りてしまい、そうじの効果がありません。窓を開けて、十分に換気をしましょう。

●上から下に

ほこりが落ちるので、上から下（天井か窓の上の方→机や台→床）の順に。

●奥から手前に

部屋の手前からそうじをすると、奥の汚れが手前について、二度手間になってしまいます。

●入り口から時計と逆回りに、壁に沿って

左利きの人は、時計回りにすると作業がしやすくなります。

ほこりの取り方

ほこりには、軽いほこりと重いほこりの2種類があります。軽いほこりは、はたきではたいたり、そうじ機で吸い取ったり、化学雑巾につけたりして取ります。

砂や土などの重いほこりは、ほうきではいて集めたり、雑巾などで拭き取ったりします。

雑巾の使い方

絞り方　手のひらを上にして、両手で持ち、手の甲が見えるようにひじを伸ばしながら絞ります。

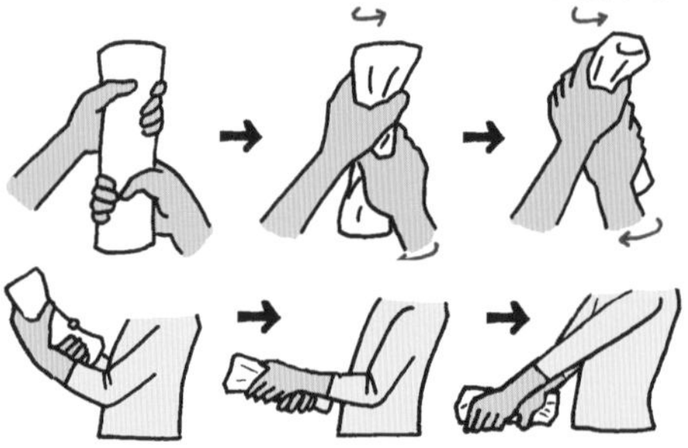

使い方　乾いたままで「から拭き」、1/3水につけてしめらせて「しめり拭き」、水に濡らし固く絞って「水拭き」、水に濡らして軽く絞って「濡らし拭き」などがあります。汚れに応じて使い分けます。

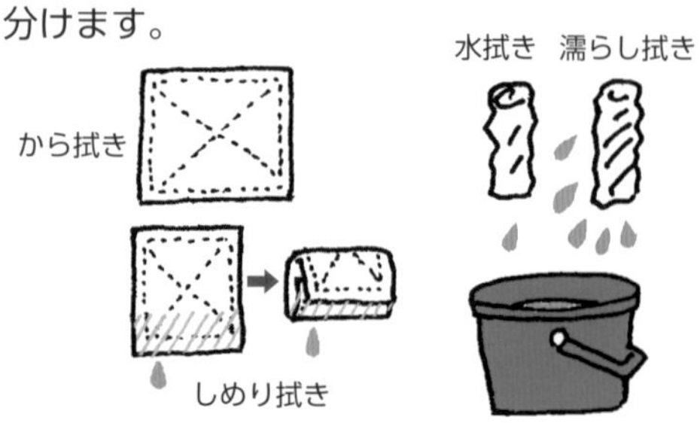

よくある失敗　雑巾がよく絞れておらず、水がたらたらとたれている。

→ これで解決！　雑巾は手首ではなく、腕の屈伸を利用して絞ります。

そうじ機のかけ方

●ごみを確認

まず、そうじ機内のごみの量を確かめ、いっぱいなら捨てます。また、そうじ機の先の部分（ヘッド）のほこりや汚れも取り除いておきます。

●ノズルの往復は三拍子で

ノズルは、身長の半分の長さを1で進んで2、3とゆっくり戻す三拍子で往復させます。

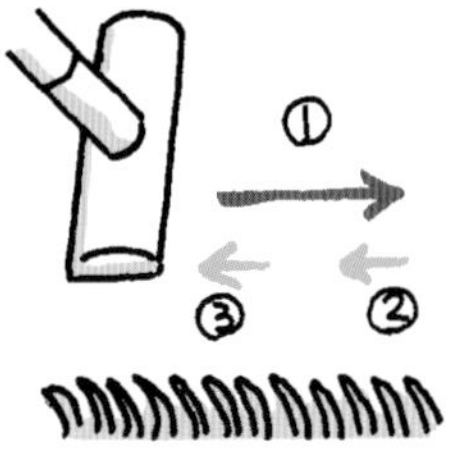

●床から離さない

そうじ機は、押すときも引くときも吸引力があるので、床から離さないでかけましょう。

●カーペットなどは

カーペットは、逆目にかけた後、目に沿ってもう一度かけます。

畳とフローリングは目に沿ってかけます。

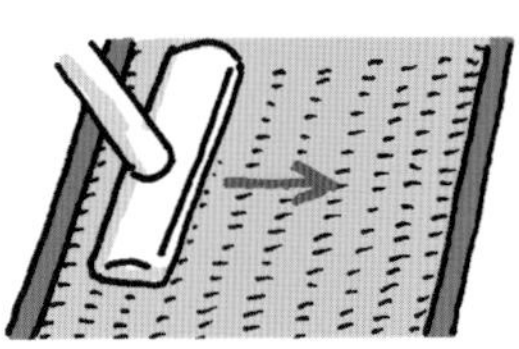

よくある失敗 何でもすぐに洗剤を使おうとする。

↓

これで解決！ 汚れのほとんどは水溶性です。まず水拭きをしましょう。エコそうじにもなります。

安全ポイント

●塩素系漂白剤＋酸性タイプの洗浄剤
→有毒ガスが発生する

トイレ用の洗剤など、塩素系の漂白剤と酸性の洗浄剤を混ぜると、有毒ガスが発生します。まず､注意書きをよく読むようにしましょう（「混ぜると危険」などと書いてあることが多い）。また、2種類以上の洗剤を混ぜて使わないように、常に心がけることも大切です。

そうじは、理科の応用！

●アルカリ性と酸性

石けんかすや人の尿などはアルカリ性の汚れ。（弱）酸性の洗剤で汚れが落ちます。反対に、人の皮脂や食べかすなどは酸性の汚れなので、アルカリ性の洗剤を使います。つまり、酸性とアルカリ性の中和力を利用するのです。

汚れの種類を知って、洗剤を選びましょう。

●かびは植物

かびは、水、養分、温度の3つで育ちます。かびを発生させないために、次の3つの方法が効果的です。

❶水気を拭き取る。
❷汚れ（養分）を取り除く。
❸温度を下げる（風呂上がりに床や壁に冷たい水をかけるなど）。

ECO（エコ）アドバイス
エコそうじにチャレンジ！

知っていると
ちょっと鼻が
高い（?）

食品を使ったエコそうじ

●酢

台所の流しなど、石けんや水あかなどのアルカリ性の汚れがつくところに使います。

塩素系漂白剤と一緒に
使わないこと！

●重曹（じゅうそう）

手あかや食べこぼし、油汚れなど酸性の汚れがつくところに使うと効果的です。

ガラスのコップを磨くとぴかぴかに。排水溝に注ぐと、排水パイプのつまり防止にもなります。冷蔵庫の中のそうじも、食品でもある重曹なら安心です。重曹の粉をそのまま振りかけたり、水に溶かしたりして使います。

●米のとぎ汁

床や戸棚などの木製品を磨くと、ぴかぴかになります。

●茶がら

畳や床にまいてからほうきではくと、綿ぼこりが取れます。

●小麦粉

換気扇など、油でべとべとした所に効果的です。水で溶いて使います。

その他のエコそうじ

●エタノール

冷蔵庫のそうじの仕上げには、エタノール拭きを。かびも防げます。

●新聞紙

水で濡らした新聞紙で窓をざっと拭いて、乾いた新聞紙で拭き取ると、窓がぴかぴかになります。

●使った後のラップ

台所の流しをこすります。

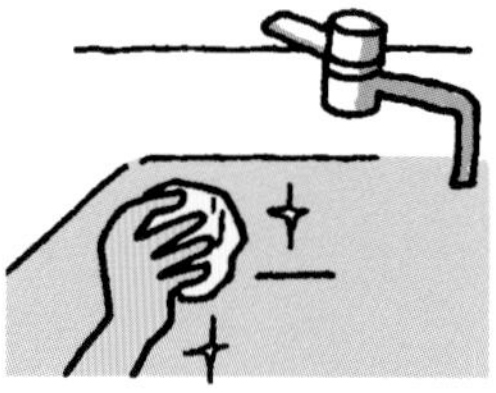

●古い軍手

細かいところもスイスイ。ブラインドなどのそうじにも有効です。

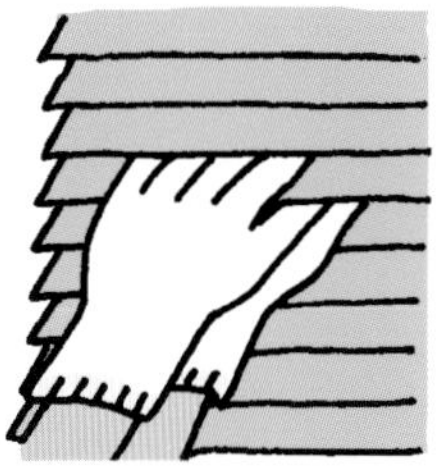

MYそうじ道具を作ろう

楽しくそうじをするために！

そうじを楽しく楽にするには、そうじ道具の工夫と使い方が重要なポイントです。

竹串

フローリングの溝やすき間の汚れを取るのに使います。爪切りのやすりの部分で先端を少しこすって、丸めておきます。

ぼろ布・ストッキング

Tシャツなどを15㎝角に切ります。

古いストッキングは、足首のあたりで切り、中に残りのストッキングを細かく切った物を詰め込んで入り口をしばると、ナイロンたわしの代わりになります。

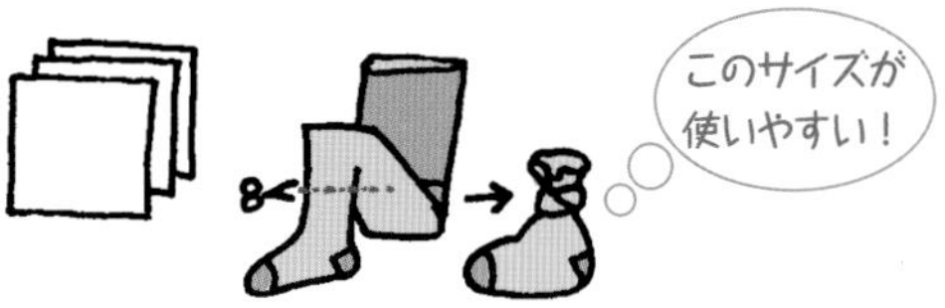

このサイズが使いやすい！

割り箸

引き出しのすみや窓のサッシのレールをきれいにするときに使います。

両端を30度の角度になるように、削っておきます。

傷がつきやすい場所には、古布を先端に当てて使います。

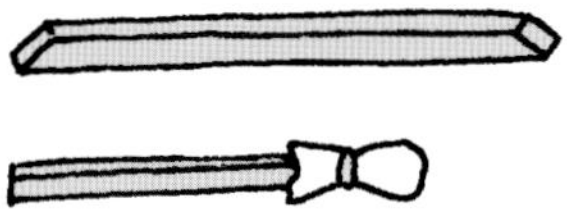

歯ブラシ

家具や床にこびりついた汚れをこすり落とします。

使い古した歯ブラシの先を少し切りそろえておくと、使いやすくなります。また、2～4本を背中合わせにして輪ゴムでとめて使うと便利です。

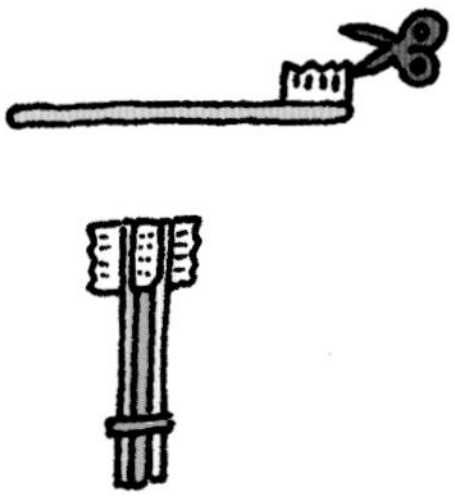

そうじ道具入れ

2Lのペットボトルを底から13cmのところで切って、両端にひもを通し、そうじ道具入れにすると便利です。

安全のため、切り口にはテープを貼るとよい。
13cm

そうじ用具の使い方

●はたき

はたきは、上から下に手首を使って軽く動かしましょう。

ほこりを落とす道具なので、布先を当て、棒は当てないようにします。コンコンと音がしたら、上手にはたきがかけられていない証拠です。

●ほうき

ほうきには、前と後ろがあります。穂が長い方が前。長い穂の先を使って、ごみをかき出してからはき集めます。

NO. 35

そうじの基本

ごみの出し方

基本の流れ

1 しっかり分ける

燃やすごみ、燃やさないごみ、有害ごみ、資源ごみ、粗大ごみなどに分けます。

2 きれいにする

収集する人のためにも、ごみはきれいにして捨てます。

びんや缶の中は、水洗いしてから捨てる。

3 安全に配慮する

爆発する危険のあるスプレー缶や竹串などのとがったもの、割れ物などに注意。安全に気をつけましょう。

●スプレー缶は、使い切ってから捨てる。

●収集作業をする人がけがをしないように、割れ物や危険なものは、新聞紙などにくるんで、「割れ物」「刃物、危険」などと赤字で書く。竹串などのとがったものは、牛乳のあきパックに入れたり、先端にガムテープをまいたりしてから捨てる。

ごみの分け方のめやす

●燃やすごみ（焼却ごみ）
生ごみ、紙ごみ、ビニール、プラスチック類など。
※地域によっては、プラスチックは燃やさないごみに入っていることがあるので、注意。

●燃やさないごみ（埋め立てごみ）
ガラス、陶器、金属など。

●有害ごみ
電池、体温計、鏡、蛍光灯、ライター、刃物、スプレー缶、ガスボンベなど。水銀を含むもの。爆発のおそれのあるもの。けがをしそうなもの。

●資源ごみ
新聞紙・段ボール、雑誌、紙類、びん、缶、衣服など、ペットボトル、食品トレー、アルミ缶など、回収しているもの。

●粗大ごみ
机、タンス、冷蔵庫、テレビなど。

台所のごみの捨て方

生ごみを濡らさないこと！水気はよく切っておく。

油は、牛乳のあきパックの中に古布や古紙を入れ、そこに流し入れる。

生ごみバケツの下には、新聞紙を敷いておくとよい。

学習内容・目的 ● ごみの出し方がよくわかり、リサイクルやリユースに関心が持てる。

4 小さくする

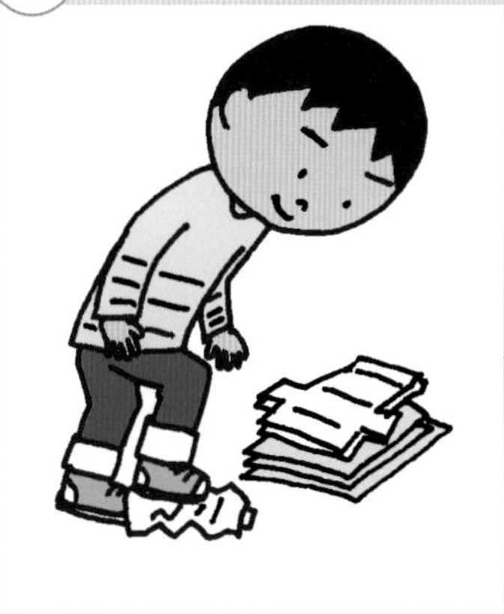

つぶす、たたむなどして、小さくできるものは、できるだけかさを減らしてから捨てます。

5 ルールを守る

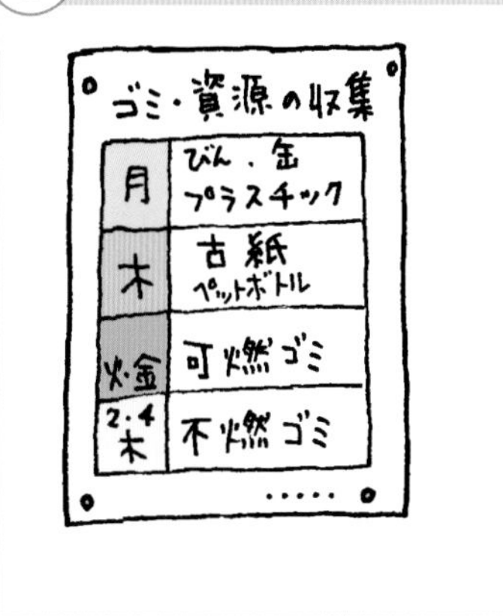

分別のしかた、出し方（出す場所・出す日など）は、各地域によって異なります。

燃やすものと燃やさないものが混在している場合は

できるだけ分けて、燃やさないごみとして出すか、地域のルールに従いましょう。

どんなごみが増えているのか？

増えているのは、プラスチック類。2002年に全国から出た家庭ごみ5,100万トンのうち、約10%の508万トンがプラスチックごみです。そのうち約70%が容器包装で、約20%が家庭用品です。

マイクロプラスチックとは?

マイクロプラスチックは、5mm以下のプラスチックで、捨てられたプラスチックごみが紫外線や波や風の力などで劣化して小さくなったものと、洗顔剤や研磨剤に使うために初めから小さく加工されたプラスチックの2種類があります。

今、海の底にはこうしたマイクロプラスチックがたくさんたまっており、多くの海洋生物を死に至らしめています。海洋生物だけでなく食塩や空中にもたくさんのマイクロプラスチックが検出されています。

特に日本を含む東アジア海域には、1km²あたり172万個のマイクロプラスチックがあり（2015年）、これは北太平洋の約27倍の個数です。2050年には、世界の魚の量をマイクロプラスチックの数が上回るという予測もあります。

ごみは毎年どのくらい出ているのか。子どもたちに調べさせて、ごみ、特にプラスチックごみを減らすにはどうしたらよいのか、みんなで話し合う機会を作りましょう。

やってみよう

牛乳パックのリサイクル

①中を洗って→②切り開いて→③干す

ペットボトルのリサイクル

①中を洗って→②まわりのラベルを取り除いて→③小さくつぶす

新聞紙などのしばり方

❶ ひもを十字に置く。
❷ その上に新聞紙、雑誌、古紙などをのせる。
❸ AをBに通して、引っ張り、Cと結ぶ。

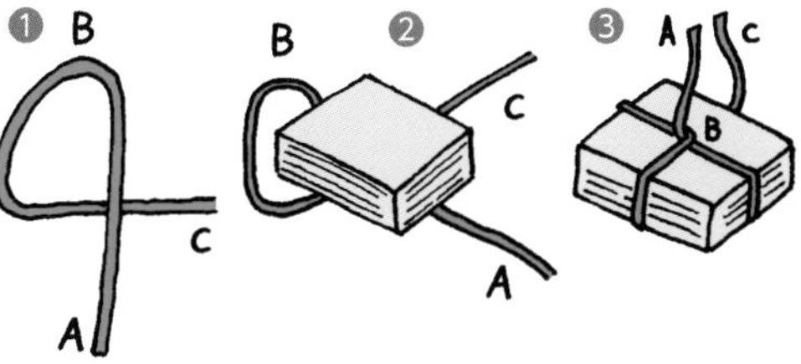

できますか？ 教えられますか？

改訂版 家庭科の基本

監修者・執筆者紹介

■ 監修者

流田 直（ながれだ・なお）　元・十文字学園女子大学教授

お茶の水女子大学文教育学部教育学科体育学専攻卒業。東京都内公立小学校教諭、お茶の水女子大学附属小学校教諭・副校長、十文字学園女子大学人間生活学部児童教育学科教授を歴任。『せいかつの図鑑』（小学館）監修など。

■ 執筆者（五十音順）

勝田 映子（かつた・えいこ）　帝京大学教育学部初等教育学科教授

お茶の水女子大学人間文化創成科学研究科博士課程前期修了。修士（人文科学）。東京都内公立小学校教諭、筑波大学附属小学校家庭科教諭（筑波大学非常勤講師兼任）を経て、2018年より現職。文部科学省小学校学習指導要領作成協力者（家庭）。『子どものよさを活かす家庭科授業ー出会う・かかわる・つくり出す』（筑波叢書）、『スペシャリスト直伝！ 小学校家庭科 授業成功の極意』（明治図書出版）執筆など。

亀井 佑子（かめい・ゆうこ）　愛国学園短期大学家政科特任教授

お茶の水女子大学家政学部被服学科卒業。千葉大学大学院教育学研究科家政教育専攻・修士（家庭科教育学）。都立高校教諭、國學院大學栃木短期大学家政学科准教授を経て、2013年より愛国学園短期大学家政科教授。2020年より現職。DVD『新衣服実習基礎の基礎（手縫い編／ミシン縫い編／衣服製作の流れ編）』、同DVD準拠『基礎縫い生地セット』（教育図書）執筆など。

田中 京子（たなか・きょうこ）　元・お茶の水女子大学附属高等学校教諭（家庭）

お茶の水女子大学大学院人間文化研究科博士前期課程修了。修士（生活科学）。お茶の水女子大学附属高等学校教諭ほか、大学非常勤講師等多数歴任。文部科学省高等学校学習指導要領作成協力者（家庭）。『ミニマム・エッセンシャル・クッキングカード』（地域教材社）執筆など。

協力者一覧

編集協力 ―― 松永もうこ・上村朋子・依田美佳
表紙・本文デザイン ―― 宮塚真由美
料理 ―― 伊藤純子
撮影 ―― 大川 範・伝 祥爾
イラスト ―― 小沢ヨマ・遠野冬子・矢田加代子
写真提供 ―― アース製薬株式会社
撮影協力 ―― 筑波大学附属小学校（浅井那月・坪井悠莉・中北 魁・宮田俊希）
製作協力 ―― 柴田奈緒美

監　修　流田 直
執　筆　勝田映子・亀井佑子・田中京子
企画・編集　梯ともみ・鈴木菜々子・建田小百合・戸泉竜也

発行所　株式会社 学研教育みらい
〒141-8416 東京都品川区西五反田2−11−8
印刷所　共同印刷株式会社

この本は、環境に配慮した紙、インク、印刷方式を使用して製作しました。